教师教育精品教材·学前教育专业系列

幼儿保育学

柳　倩◎编著

华东师范大学出版社

·上海·

图书在版编目(CIP)数据

幼儿保育学/柳倩编著. —上海:华东师范大学出版社,
2023
ISBN 978 - 7 - 5760 - 3871 - 2

Ⅰ.①幼…　Ⅱ.①柳…　Ⅲ.①幼儿教育　Ⅳ.①G61

中国国家版本馆 CIP 数据核字(2023)第 087558 号

幼儿保育学

编　　著　柳　倩
责任编辑　余思洋
责任校对　郭　琳　时东明
装帧设计　庄玉侠

出版发行　华东师范大学出版社
社　　址　上海市中山北路 3663 号　邮编 200062
网　　址　www.ecnupress.com.cn
电　　话　021 - 60821666　行政传真 021 - 62572105
客服电话　021 - 62865537　门市(邮购)电话 021 - 62869887
地　　址　上海市中山北路 3663 号华东师范大学校内先锋路口
网　　店　http://hdsdcbs.tmall.com

印 刷 者　常熟市文化印刷有限公司
开　　本　787 毫米×1092 毫米　1/16
印　　张　16.25
字　　数　342 千字
版　　次　2024 年 8 月第 1 版
印　　次　2024 年 8 月第 1 次
书　　号　ISBN 978 - 7 - 5760 - 3871 - 2
定　　价　43.00 元

出 版 人　王　焰

(如发现本版图书有印订质量问题,请寄回本社客服中心调换或电话 021 - 62865537 联系)

目

MU LU

录

第一章　学前儿童保育的基本观念

 本章提要 ●

　　科学保育与人们对于健康、发展、文化以及教育等的理解有着密切的关系。本章将从健康观、发展观、文化观以及教育观的内涵出发，讨论建立在这些观念基础上的学前儿童科学保育的含义。

第一节　健康观和学前儿童保育

　　学前儿童保育是指成人（家长或保教人员）为儿童提供生存与发展所必需的物质环境和物质条件，并给予精心的照顾和培养，以帮助儿童获得良好发育，逐渐提升独立生活的能力。从字面上理解，"保育"有保健、保护、养育等含义，因此就包含了保护和促进儿童健康的含义。在这个层面上，人们对于健康概念的认识将影响对保育的内涵和性质的理解。

一、"身体—心理—社会"整体健康观和学前儿童保育

（一）健康观的演变

　　自从人类社会出现以来，人们就有了控制和增进健康的想法，以达到主宰社会的目的。人类的健康发展是文明得以延续的前提。

　　在很长的历史时期内，原始人认为健康受损是由于魔鬼作怪，只有借助于超自然力量才能驱魔治病。古希腊和古罗马时期，希波克拉底、盖伦及其追随者们相信健康是血液、黏液、黑胆汁和黄胆汁四种体液的平衡状态，体液失衡会导致疾病，而疾病是一种自然的过程，是可以被了解和处理的。文艺复兴以后，医学的发展为很多疾病找到了有效的治疗方式，微生物学、免疫学和药学先后发展起来，狂犬病疫苗、伤寒疫苗等被成功地发明。健康观在对生

物学的论证上向科学迈进了一大步。

1948年,世界卫生组织(World Health Organization,简称 WHO)在《世界卫生组织组织法》中将健康明确定义为:"健康不仅为疾病或羸弱的消除,而且是体格、精神与社会适应完全良好的状态。"即定义健康时应当考虑到生理健康和心理健康的特征,以及所有器官可被检查衡量的功能正常。健康不仅仅体现在各项身体指标上,还包括自我稳态平衡的维持。健康的特征存在于机体的所有组织中。理想状态下,健康应满足三个标准:(1)身体健康;(2)心理健康;(3)社会适应健康。

2021年,国际顶级学术期刊《细胞》上刊载了一篇有关健康定义的里程碑式综述——《健康的标志》。在该文中,健康被定义为一系列可维持生理学特征的动态而有序的标志。这些标志并不仅仅代表了机体活力,更与机体谨慎地参与其稳态维持有关。同时,这些标志被分为三个类别:空间划分、良好的稳态维持、对应激的充分反应。此外,随着人们对社会公平、人权等问题日渐关注,人本主义思潮兴起,社会生态学流行,社会医学挑战了逐渐主导现代医学实践的生物医学典范。对于健康的定义也从个体健康,逐步拓展至社会全体健康上。社会医学最早的推动者——德国细胞病理学家鲁道夫·魏尔肖认为:社会与经济状况会深刻地影响健康、疾病和医学实践;人类的健康是社会关注的问题;社会应当通过个人或社会的手段来促进健康。在两次世界大战之间,社会医学的理论获得了学术界和政治界的广泛支持。同时,以理解健康、疾病与社会境遇之间相关性为目标的社会医学为人们从社会责任的视角定义健康提供了可参考的框架。1948年,联合国大会通过的《世界人权宣言》也从这一角度提出了健康观:每个人有权享受为维持他本人和家属的健康与福利所需的生活水准,包括食物、衣着、住房、医疗和必要的社会服务。

在1978年的国际初级卫生保健会议上,各国签署了《阿拉木图宣言》,重申了对社会全体健康而非单纯个体健康的关注,并将健康问题和人权联系在一起,明确提出:健康是基本人权,达到尽可能的健康水平,是世界范围内一项重要的社会目标,这一目标的实现需要卫生部门、社会与经济部门等多个部门的共同行动。

1986年第一届全球健康促进大会通过的《渥太华宪章》被认为是对人类健康的再认识,其重视个人的价值观和生活方式对健康所起的关键作用,而对更为广泛的环境和制度因素关注较少。

1998年第51届世界卫生大会通过了世界卫生组织提出的"21世纪人人享有卫生保健"的全球卫生战略,提出了以"提高生活质量、促进人类健康长寿、实现人人享有卫生保健"为健康目标。这一观点又一次明晰了"身体—心理—社会"整体健康观的含义,从社会责任、社会价值的角度来认识健康问题。

(二) 生命早期健康促进的相关理论

1. 健康和疾病的发展起源学说

在经过一系列流行病学研究后,英国著名的临床流行病学专家大卫·巴克教授提出了慢性病胚胎起源学说(Developmental Origins of Health and Disease,简称 DOHaD)。巴克教授认为,生命早期的营养状况与成年后慢性病的发生有关,个体在胚胎时期和 1 岁以前的营养状况对个体的一生都有深远的影响,个体若在早期发育过程中经历不利因素,人体组织器官在结构和功能上将发生永久性或程序性改变,进而易导致成年期的一些慢性非传染性疾病,包括糖尿病、心血管疾病、恶性肿瘤、慢性呼吸系统疾病等的发生发展。他的研究主要是以出生在伦敦及周边的 15 000 个孩子为对象,统计了这些孩子出生时的体重和 1 岁以前的体重变化与发育状况,然后追踪调查这些孩子在成年以后的健康状况。这项流行病学调查的结果显示:出生时体重过低和 1 岁以前营养不良的孩子(不包括早产的婴儿),在成年以后罹患冠心病、糖尿病、肥胖的风险比同时期体重和营养正常的孩子高 7 倍以上。

这一学说被提出后,更多的临床和实验工作证实了胚胎期的不良因素可通过影响发育中的一些微妙环节,使个体出生后患高血压、糖尿病等疾病的风险明显增加。我国的胎源性疾病研究始于 2000 年左右,徐智策教授及其团队在这方面起到了开拓引领的作用,对"胎源性疾病"这一名词最早的中文定义及记录便来自该团队。他们率先在国内进行了胎源性心血管疾病研究,围绕母亲孕期多种因素,如营养失衡(高糖、高盐饮食,咖啡因摄入)、烟(尼古丁)暴露和缺氧等,探讨它们对胎儿心血管发育的急性影响和对子代出生后的慢性作用,结果揭示胎儿宫内生长发育状况与成年后某些疾病的发生存在一定的关系。

2. 生命早期 1 000 天理论

生命早期 1 000 天,即从母亲妊娠到孩子出生后 2 岁。这一理论的基本观点是:这一时期是通过营养干预来降低慢性病发生概率的窗口期。

这一时期影响个体成年后健康的机制可以通过表观遗传学作一个简要的解释:宫内营养对于个体生命的各个周期都会产生影响,这个影响在胚胎时期就开始发生作用了。它可以改变胎儿的 DNA 甲基化,从而调节胎儿基因的表达,进而调控器官的形成,最终通过调节血压、胆固醇代谢、胰岛素应答等,导致慢性病的发生。另外需要注意的是,母亲孕期营养过剩也是营养不良的一种类型,同样会影响胎儿。个体的出生体重和成年以后 2 型糖尿病的患病率呈一个 U 形曲线的关系,如果宫内胎儿的能量供给过度的话,高血糖的暴露会导致胎儿高出生体重,身体所含的过多脂肪会增加心血管疾病、胰岛素分泌异常发生的风险,巨大儿的出生尤其会直接增加子代远期慢性病的发生率。

3. 进化与健康:文化的进化超过了生物的进化所带来的健康问题

丹尼尔·利伯曼在《人体的故事:进化、健康与疾病》一书中提出了"文明的进步超越了人体的适应能力"的观点。他认为,我们的身体其实在很大程度上仍然适应过去数百万年间的各种不同环境,而人体的生物学机制仍然无法适应生活在过于闲适、饮食过饱、过于舒适、过于清洁等环境中,这很大程度上是由于文明的进步超越了人体的适应能力所致。众多的文化变化改变了人们的基因与环境的相互作用方式,因而诱发了许多健康问题。他认为人类仍在不断进化,不过当前最有力的进化形式不是达尔文式的生物学进化,而是文化进化,通过这种进化,我们发展出了新的思想和行为,并将其传递给我们的朋友和其他人。

"文明的进步超越了人体的适应能力"这一观点,可以用于解释一些现代人高发但古人很少罹患的疾病。以近视为例,近视是一种过去罕见的进化失配,但在现代环境下被加剧了。"正常的眼球发育需要多种混合的视觉刺激,比如多种强度的光线和不同的颜色,而不是室内环境或书页那种单调而微弱的颜色。"但随着文明的发展和城市的建设,目前的居住环境大多是被高楼所覆盖的城市,在这种居住环境中,学前儿童缺少能够满足其活动需求的天然户外活动场所,从而导致儿童的户外活动时间大大减少,对于户外活动的兴趣也逐渐降低,可儿童本身的身体状况是难以适应长时间位于室内的。众多因素叠加导致儿童缺少太阳光的照射,与自然的接触,以及在户外活动中远视、远眺等放松、锻炼眼睛的方式,进而使近视的发病率上升。这种情况反映在文化意义上,以眼镜的使用为例,眼镜之前仅作为一种用具,而今被看作时尚配饰,其背后就是人类在社会文化上对近视的接受。

(三)"身体—心理—社会"整体健康观在学前儿童保育中的运用

在不同的历史时期,由于生产力、生产关系、科技水平和哲学思想的影响,社会所流行的健康观不尽相同,不同维度的健康观以不同形式存在。现代保育应该兼顾不同维度的健康观,不仅要关注传统的安全、营养等健康问题,而且还应该认识到健康与环境的关系,关注每个人的健康权利,具有民主的健康思想,体现生态的健康方式。

1. 将学前儿童健康目标纳入重要的社会目标中

2000 年,联合国各成员国共同提出"联合国千年发展目标",一共涵盖 8 个方面,其中 3 项与健康有关:降低儿童死亡率,改善产妇保健,与艾滋病毒/艾滋病、疟疾和其他疾病作斗争。其余 5 项社会发展指标均是健康社会的影响因素:消灭极端贫穷和饥饿、普及小学教育、促进两性平等并赋予妇女权力、确保环境的可持续能力、建立促进发展的全球伙伴关系。

2015 年,联合国各成员国共同提出"联合国可持续发展目标",旨在从 2015 年到 2030 年以综合的方式彻底解决社会、经济和环境等 3 个维度的发展问题,转向可持续发展道路。其中第 3 项目标便是良好健康与福祉,即确保健康的生活方式,促进各年龄段人群的福祉。

为进一步提高我国儿童的健康水平,国家卫生健康委于 2021 年发布《健康儿童行动提升计划(2021—2025 年)》,将主要目标定为:到 2025 年,覆盖城乡的儿童健康服务体系更加完善,基层儿童健康服务网络进一步加强,儿童医疗保健服务能力明显增强,儿童健康水平进一步提高。具体目标如下：

（1）新生儿死亡率、婴儿死亡率和5岁以下儿童死亡率分别控制在3.1‰、5.2‰和6.6‰以下。

（2）6个月内婴儿纯母乳喂养率达到50%以上；5岁以下儿童生长迟缓率控制在5%以下。

（3）适龄儿童免疫规划疫苗接种率以乡（镇、街道）为单位保持在90%以上。

（4）儿童肥胖、贫血、视力不良、心理行为发育异常等健康问题得到积极干预。

（5）儿童常见疾病和恶性肿瘤等严重危害儿童健康的疾病得到有效防治。

（6）儿童健康生活方式进一步普及，儿童及其照护人健康素养提升。

党的二十大报告提出："推进健康中国建设。人民健康是民族昌盛和国家强盛的重要标志。把保障人民健康放在优先发展的战略位置，完善人民健康促进政策。"根据这一精神，对于学前儿童健康的价值定位已经作为国家战略被高度重视。

2. 扩展学前儿童保育的内涵

和健康观的演变历史一样，在相当长的一段时间内，受到"健康等于身体健康"这一观念的影响，学前儿童保育是把身体健康放在首位，强调预防身体疾病、提供合理平衡膳食以及培养有规律的生活习惯。亚里士多德认为，0—5岁以儿童的身体发育为主，特别重视对婴儿的抚育，要多给孩子喂营养成分丰富的食物，多进行身体活动，同时，要注意保护儿童脆弱的肢体，以免骨骼弯曲。

而今，从整体健康观的视角审视学前儿童保育，不仅应该关注学前儿童身体疾病预防和护理、膳食结构的均衡性、物理环境的安全性等聚焦于身体健康方面的保育问题，还应该关注心理疾病的预防、儿童进餐的情绪以及同伴交往，等等。因此，学前儿童保育的内涵逐步扩展为整体保育观念，即从保护身体，扩展到兼顾儿童个性、社会适应能力的发展。

整体保育观念的实现对从事保育的研究者和实践者的知识结构提出了新的要求。基于"身体—心理—社会"的整体健康观开展学前儿童保育，需要保育研究者、实践者的知识结构和关注点兼顾生物学、心理学、社会学、教育学等多方面，进而综合性地看待儿童发展及其保育。

整体保育观念的实现也对幼儿园、家庭和社会提出了优化大环境、相互联系、同步保育的要求。一方面，幼儿园、家庭、社会互通信息，建立密切的联系，如可开展开放日、家园联系、家访等活动；另一方面，以幼儿园为核心、家庭为纽带，充分利用社区资源，提高家长和全社会的科学育儿水平，可通过家长志愿者、社区宣传栏、社区咨询等方式，共同营造一个有利于学前儿童健康发展的环境。

二、预防健康观和学前儿童保育

20世纪70年代以来，随着人们从政治、经济、社会、卫生服务等方面保护和促进身心健康,预防健康观逐渐受到关注。也就是说,要求治疗和预防相结合、求助和自助相结合、医学与社会相结合、生理与心理相结合、传统方法与现代方法相结合,把人类一切科学成就全面地、系统地、积极地用于保护和促进人们的身心健康上。

(一) 从初级卫生保健到健康促进

1978 年,《阿拉木图宣言》提出"人人享有初级卫生保健"的全球目标,此处的初级卫生保健是对个人、家庭实施的基本卫生保健,是通过各国人民积极参与和政府提供资助来进行的。同时,初级卫生保健目标的实现是国家社会、经济发展的必要要求,是具有广泛社会实践意义的保健活动,应包括所有人。基于健康是最根本的社会目标的认识,《阿拉木图宣言》为卫生政策的制定指明了新的方向,即强调人人参与、社会各部门协调和以初级卫生保健为基本策略。

1986 年,《渥太华宪章》提出了健康促进的概念,健康促进的最终目标是创造一个全部个体在所有的生活舞台上从事劳动、学习、休息等社会活动时,都能公正地享受健康的社会环境。为了达到上述目标,必须认识到以下五个方面的基本原理并付诸实践:健康促进不仅针对患病的人,而且针对所有健康的人;健康促进应该围绕制约健康的条件和主要因素开展活动;健康促进必须采取各种相互补充的方法;健康促进要包含个体或集体参加的具体而有效的活动;健康促进要取得进展,必须依靠和发挥初级卫生保健领域里医疗保健专家的作用。健康促进成功的关键在于个体养成健康的生活方式,从上述内容来看,健康促进活动包含影响生活方式的两个重要方面——个体与整个社会环境。

(二) 预防健康观和三级预防系统

随着预防健康观的确立,人们提出了三级预防系统,其核心思想就是将治疗和预防相结合。除了在疾病发生之前有预防医学的任务外,疾病的发生、发展和转归的全过程,都有预防医学的任务。三级预防系统的提出,处处体现着主动、积极向疾病进攻的态度,生动地体现了预防健康观的整体性特点。

一级预防包括两方面的任务,即增进健康和特殊防护。前者指提高人们的卫生知识水平、坚持体育锻炼、保证合理营养、保护环境、保证清洁饮水、无害化处理垃圾、创造良好的劳动和生活(居住)条件、注意合理生活方式、控制人口过度增长、进行社会心理卫生教育、纠正不良卫生习惯等。后者指免疫接种、杀菌灭虫、监测高危险性环境和高危险性人群等。

二级预防包括早期诊断和及时治疗。二级预防注意提高人们利用卫生保健服务的知识水平,如宣传小儿营养不良的先兆症状或体征,使人们能够在早期自觉寻找卫生保健机构进行检查。此外,预防医(药)源性疾病也是二级预防,这类疾病包括医务人员在诊断、治疗和用药过程中,由于语言、行为、操作等不慎而增加患者身心痛苦,甚至导致死亡等。

三级预防包括防止病残和进行康复工作。防止病残是为了使患者不丧失劳动能力,即病而不残,保存人的社会价值;或者虽然患者器官或肢体缺损,但要力求残而不废,即进行康复工作,使他们能够在身体上、心理上、社会上成为有用的人。

(三) 通过跨部门行动,将健康融入所有政策

"将健康融入所有政策"是由 1978 年的《阿拉木图宣言》提出并倡导的理念,即真正做到"健康是世界范围内一项重要的社会目标"。但仅仅依靠卫生部门的努力是难以实现该目标的,而是需要其他社会、经济部门的共同参与、协作配合。1986 年的《渥太华宪章》将"制定健康的公共政策"作为五大行动纲领之一,促使各国政府在决策前有意识地思考政策的实施对健康可能产生的影响及政府应该承担的健康责任。2013 年,第八届全球健康促进大会以"将健康融入所有政策"为主题,提出"将健康和平等置于社会发展优先领域是政府对公民的核心责任,为了健康的政策协调是必须且迫切的"。同时,呼吁各国政府承诺将健康融入所有的社会发展政策,建立健全将健康融入所有的政策所需的组织结构和程序,明确相关卫生部门的职能定位;加强领导力并充分利用倡导和调解等方式,通过落实政策,促使其他相关部门获得相应的健康产出。

"将健康融入所有政策"的理论基础是:健康的社会决定因素非常广泛,其他部门(如交通、农业、教育、就业等)的政策会对健康产生深刻的影响。因此,要解决健康问题,需要各个部门共同制定有利于健康的政策,而不是仅靠卫生部门。

作为一种公共政策制定方法,"将健康融入所有政策"的关键是卫生部门组织跨部门行动,与其他部门合作,共同制定政策、实施干预,因而是一种跨部门治理。跨部门治理机制是解决跨部门权力不均衡问题的一套制度化策略,包括健康方面政治领导力的建立、将健康融入其中的政府组织结构及决策程序、相应监督与评估机制的完善、政策倡导能力和评估工具应用能力的构建等。

(四) 预防健康观在学前儿童保育中的运用

1. "将健康融入所有政策"在学前儿童相关领域的落实

学前儿童能够养成适量运动、合理膳食的良好生活习惯,但却无法避免在运动中吸入被污染的空气,也难以避免饮食中抗生素、激素、农药残留等对健康的影响。这就需要体育和住建部门为儿童提供充足的健身场所与器材,环保和工业部门加大环境治理力度,农业和市场监管部门管理好全流程食品安全、疫苗安全,只有整个社会以及各部门建立起统一的健康价值观,用政策手段形成合力,才能最终推动"将健康融入所有政策"的实现。

芬兰、澳大利亚、泰国等国家已成立了由多部门联合组成的委员会,专门审查与健康有关的政策或出台相关法律法规,探索出不少行之有效的方法,形成了一套完善的机制。

2. 预防由于保育不当导致的对学前儿童健康的损害

健康问题具有隐蔽性,定期开展健康检查,对学前儿童的发育状况进行评估,有助于及时把握学前儿童的健康状况,从而制定有针对性的保育措施,并对评估结果在正常范围之外的学前儿童进行进一步的观察和治疗。6 个月到 3 岁是婴幼儿常见传染病高发的年龄,在这一阶段进行必要的预防接种,可以有效地避免传染病对婴幼儿的身心造成损害。创设宽松的心理环境,有助于减缓学前儿童生活中的各种冲突,满足其合理需要。根据学前儿童身体生长发育的特点,创设适宜的物理环境有助于学前儿童身体的正常发育。

3. 培养有利于学前儿童健康的生活方式

随着生活水平的提高,危害人类健康的因素也由生物病原体逐步转为不良的生活方式。20 世纪以来,心血管疾病和恶性肿瘤的患病率急剧上升,研究机构花费了大量时间和经费来进行药物的研发、手术的探索等,虽然取得了某些成果,但从长远眼光来看,问题远未得到解决,仍需要以自我保健的综合措施来控制疾病的发生和发展。

20 世纪 70 年代,随着个体生活方式对健康影响的研究成果的发表,尤其是预防健康观的深入人心,从公共卫生资源使用的有效性出发,基于提高人口质量的立场,一些发达国家率先开展了第二次公共卫生革命,即通过改变生活方式提升人口素质。生活方式作为影响人体健康的重要因素,往往受到一定文化、种族、经济、社会、习俗、规范的影响,具有可控性和长期性,因此,还在发展中的学前儿童成为这场公共卫生革命的重点目标人群。

对于学前儿童而言,其致病因素与生活方式有十分重要的关系。例如,学前儿童生长发育不良与导致膳食结构不均衡、热量摄入不均衡的偏食、挑食、过食等不良生活方式有关;不能及时清洁双手的学前儿童,其血液中的血铅浓度明显偏高,从而对神经系统、消化系统、血液系统等产生副作用,对蛋白质、细胞的平衡产生较大影响。因此,在保育中培养孩子良好的生活方式,不仅有助于学前儿童的健康成长,而且有助于其一生生活质量的提升。

第二节　发展观和学前儿童保育

对于学前儿童而言,发展就是身体能力和心理能力的变化与进步,从一个生物预置而生成的自然人成为一个有智慧、有感情、有个性、有创造性的社会人。学前儿童发展的过程、规律是实施保育的重要理论基础。那么,学前儿童发展究竟有哪些基本规律? 如何在保育中运用这些发展的基本规律? 应该顺应发展,还是推动发展? 对于这些问题的理解,直接影响着学前儿童保育的科学实践。

一、学前儿童发展

（一）关于遗传作用和环境作用的争论

有关儿童发展的动因问题，长期以来存在着关于遗传和环境在发育中作用的争论，表现为遗传决定论、环境决定论和共同作用论。

遗传决定论认为儿童的发展是由先天的、不变的遗传素质所决定的。儿童发展的过程就是这些先天遗传素质的自我发展和自我表露过程，与外界环境、教育影响无关；外界环境和教育影响即使对儿童的发展起作用，至多也只能促进或延缓遗传素质的自我发展和自我表露，但不能改变它的本质。遗传决定论早期的代表人物是英国的高尔顿和美国的霍尔。科学心理学诞生后，格塞尔成为新一代遗传决定论的领军人物，他运用双生子爬梯等实验提出成熟论的观点，认为个体的生理和心理发展从一开始就是受基因控制的，并把这种通过基因来控制发展过程的机制定义为成熟（Maturation）。格塞尔认为，成熟是推动儿童发展的主要动力，个体的生理和心理发展，都是按照基因规定的顺序有规则、有顺序地进行的，儿童的发展中有一定的生物内在时间表，影响儿童发展的机制是生理上从不成熟到成熟的过程。

环境决定论否定了人的遗传素质在儿童发展中所起的作用，确信在儿童发展过程中，后天的生活经历和环境影响起着决定性的作用，个体的发展是环境影响或塑造的结果，有什么样的环境就有什么样的心理和行为。环境决定论关注儿童成长的环境调教，关注后天教养内容和教育方法以及相关环境因素在儿童成长与发展中的重要影响作用。其代表人物是美国的华生和斯金纳。

共同作用论认为遗传和环境在儿童发展中都是不可或缺的，作用程度因事因人而存在一定的差异性。共同作用论的代表人物皮亚杰认为，儿童的思维是客体和主体相互作用的结果，这一理论承认遗传和环境都是发展动因，在发展机制上是相互作用的，年龄越小，遗传的影响越大，低级的心理功能受环境的制约越少，但越高级的心理功能受环境的影响越大。共同作用论认为，在个体发展的某一个点上，任何经验的效应均有赖于具体经历的性质与个体的天赋结构，也就是说，个体所经历的发展的任何一点上，均折射出他们的内源特性和生活各方面的交互影响。个体生来就具有一种可起作用的行为倾向，这种倾向在起作用时受到环境的限定，即个体的周围环境和经历制约着这种潜在倾向作用的发挥。由此，个体经历着早期发展。

关于遗传和环境在发育中作用的争论，目前普遍认为发展是遗传和环境共同对个体作用的结果，人类特有的变化和发展是个体的先天因素、环境因素以及个体和环境持续不断相互作用的结果。孟邵兰将遗传和环境在发展中的作用描述为3种关系：只要不是处于环境刺激完全被剥夺的条件下,具有高度遗传潜能的儿童比遗传潜能在平均数以下的儿童在智力测验中得分高;在环境刺激条件严重被剥夺的条件下,无论遗传潜能高或低,智力测验的得分均十分低;无论遗传潜能如何,生活在丰富环境中的儿童比生活在贫困与局限环境中的儿童能得到更高的智力测验分数。

按照斯卡尔的观点,生命早期的婴儿更多属于被动型,主要受到父母为他们安排的生活环境的影响。随着年龄的增长,他们的内在遗传素质在生活活动中的作用日益显露,即有意或者无意地以自身行动诱发环境因素——使他人对他们作出反应,进而日益地走上主动创造适宜自身发展的环境。斯卡尔同样将这种作用分为 3 种类型。

表 1-1　斯卡尔的遗传—环境相互关联的类型

遗传—环境相互关联的类型	特　征
被动相互关联型	父母为孩子提供的是适合其遗传素质的环境,从而使孩子接受的环境条件与其遗传素质是相互关联的。这种遗传和环境之间的关系不是父母或者孩子有意安排的,所以被称为被动型。
诱发相互关联型	孩子的某些遗传素质易于诱发他人作出某些反应,而这些来自环境中他人的反应会加强原有的遗传素质的作用。
主动相互关联型	遗传素质影响儿童主动地寻求环境刺激。即遗传影响环境,这种类型决定着孩子对于环境的选择与利用。

由此可见,遗传的作用如何发挥取决于环境,而学前儿童能在何种程度上对环境作出反应又取决于遗传的潜在影响。生活在相同的环境中的孩子,由于其遗传素质等的差异,在环境中的受益程度是不同的。同样,个体的高度个性化和独特性并不全是由于遗传素质的不同,如果将环境因素分成个体共同和非共同的,许多研究表明,非共同环境因素对个体的作用更大。学前儿童的发展遵循着一种不以成人意志为转移的自然规律。这种规律是儿童天性的流露,只有在天性的展现中,我们才能把握儿童多样发展的可能性;同时,这种自然规律对于环境也具有一定的能动作用。当我们对孩子生活中的环境加以人为控制时,只要不带强迫性,孩子总是以自己特有的方式作用于环境的,而环境的作用表现为对儿童发展建构过程的支持或妨碍。儿童在这样的过程中实现自我发展。至于儿童的发展是否可以达到最优水平,关键在于为儿童创设的,或者由儿童选定的环境和他们对于环境的操作是否适合并有利于发挥其所具有的遗传素质的优势作用。

(二) 发展的连续性和阶段性

儿童的发展变化是连续性的还是阶段性的? 对于这个问题存在两种不同的观点。

主张发展的连续性的学者认为发展变化是以一小步一小步递进的方式连续进行的,无论是身体生长还是心理发展上,均呈现出这一现象。环境决定论者大多持这一观点,如行为主义理论和社会学习理论,都认为发展是量的累积而不是质的飞跃,认为发展是一条平滑向上的曲线,而并不认为环境对儿童的影响会使儿童的发展出现任何跳跃式的变化。

主张发展的阶段性的学者认为学前儿童经过一定时期的发展,达到另一时期的新的发展水平,这之间有质的飞跃,并且显示出发展上的阶段性。持这一观点的学者有皮亚杰(发生认知论)、格塞尔(成熟论)、弗洛伊德(精神分析理论)、埃里克森(人格发展阶段理论)等,他们都将儿童的发展分成若干阶段。

目前普遍认为,发展既是连续性的,又是阶段性的。前一阶段是后一阶段的基础和必然前提,后一阶段是前一阶段的延伸。每一个阶段都具有不同于其他阶段的本质特征,与一定的年龄相呼应。心智结构中新经验的积累过程显示为一个持续的状态,在新经验的获得和子系统的形成中,可以观察到稳定的持续状态和显著的变异状态。例如,婴儿从爬行到行走的过程呈现出连续性和阶段性两种特点,婴儿的爬行技能是一个渐进的、逐步熟练的持续获得过程,而从爬行到行走则是两个阶段,行走并不只是爬行技能的简单扩展,而是需要一组完全不同的运动,是一组本质完全不同的行为模式,从而呈现出一个阶段性、非连续性的变化。

维果茨基认为个体发展存在不同的年龄时期。发展在经过良好的分化以后,突然进入混乱期——此前已经确立的心理机能模式似乎解体了,且新机能缓慢地从这种状态中产生。发展可以用过量产生和消失来加以描述,在混乱期,退化过程支配着发展的进程。然而,每一个混乱期都有自己发展的“峰点”,即实现了辩证综合的一个中心点。因此,发展的道路并不是平坦的。在经历了退化的时期后,进步就不再是单调的,而是可被更好地描述为非单调的跳跃式的时间序列。维果茨基将这种暂时性的退化看作是对发展具有建构意义的,因为这种退化并不是后退到此前已经存在的状态(如退化到儿童期),而是表明当前心理系统正处于分化状态——期待接下来会出现新的组织,并跨越到本质全新的水平上。维果茨基所描述的个体发展经历混乱期,是一种非线性的状态,非常符合发展的开放系统性质及包含因果关系的循环性质。

(三)发展的敏感期

学前儿童发展中究竟有没有敏感期?敏感期对于学前儿童保育究竟有什么价值?对于这一问题的探讨,不仅引起了心理学家的关注,更引起了教育学家的注意。

事实上,敏感期与关键期有着密切联系。关键期的概念最早出现于实验胚胎学中,此后很快引起了生物学、行为科学和心理学的关注。20世纪30年代,奥地利习性学家劳伦茨发现,小雁、小鹅、小鸭等在出生后数小时就能跟随自己的母亲。但是,如果在刚出生时就把它们与母亲分开,不久,这些小动物就再也不会跟随自己的母亲了。这说明动物某些行为的形成有一个关键期,错过了这个时期,这些行为就再也不能形成了。动物的其他行为也有类似情况。劳伦茨将这种现象叫作印刻（Imprinting），印刻发生的时期就叫作关键期。过去认为，印刻只能在关键期内形成。但是，近年来许多学者的研究表明，关键期虽然非常重要，但是某些行为即使错过了关键期，只要经过一定的再学习，仍然是可以形成的。因此，所谓关键期实际上是学习的最敏感、最容易的时期。

目前普遍认为，学前儿童发展中存在最佳发展年龄——敏感期这一现象，即在某一特定的年龄时期，儿童对某种知识或者行为十分敏感，学习起来非常容易。错过了这个时期，学习起来就会发生困难，甚至影响终身。意大利教育家蒙台梭利认为在敏感期内，儿童对一定的事物表现出高度的积极性和兴趣，并且学得很快，过了这个时期，这种情况就会消失。在认识到敏感期在学前儿童教育中的价值的同时，人们也倾向于客观地审视敏感期在保育中的运用，因为人们认识到了个体发展的差异性对于敏感期的影响。对于不同的人来说，大脑的同一功能的敏感期不完全一致，存在着一定的个体差异，因此要针对个体的实际情况在敏感期内实施保育。

（四）发展的普遍性和特殊性

学前儿童的发展兼有普遍性和特殊性两个方面。发展的普遍性指的是在特定的年龄阶段中，所有学前儿童在整体上的心理和行为的一般发展状况、趋势，这种发展状况、趋势不受文化、种族、性别以及环境等因素的影响。普遍性从儿童整体发展的平均值中得出，不考虑个体之间的差别。例如，爬行、站立、行走等，都是个体在出生后经历的成长过程中发展起来的。从整体上看，大致以同一速度、在同一时间段内完成。

发展的特殊性指的是学前儿童发展在功能特性和行为上的个体多样性，每个学前儿童的生物学和社会学因素的不同决定了他们之间的差别，成熟的过程和时间也会有些差异。由于遗传和环境的相互作用，在正常的个体之间，存在着生长速度、成熟类型等方面的个体差异。例如，对于语言的发展而言，女童比男童略早完成，而口吃的发生率，男童明显比女童高；不同气质类型的学前儿童在活动的兴奋度等方面的表现不同。个体差异是普遍存在的，任何儿童都毫无例外地有其特有的发展样态。

目前普遍认为，发展兼有共同规律和个体差异性。根据学前儿童发展的普遍规律，特别是当研究取样具有足够的广泛性和代表性时，可以在临床上制定不同年龄阶段儿童发展的标准。同时，考虑到学前儿童发展具有个体差异性，很难在正常和异常之间划分一条明确的分界线，不同的文化背景等会使人对界定某种行为的正常与否产生不同的看法。因此，在判断学前儿童发展是正常还是异常时，需要以发展为背景，用发展的观点进行评价，同时，文化等因素在临床评估中也发挥着重要作用。例如，基于某一人群研究基础上的评估技术在用于另一人群时可能是不准确的。认识到该问题的重要性，就可以用不同方法去防止评估中文化偏向产生消极影响。

二、发展的观点在学前儿童保育中的运用

学前儿童发展,一方面表现为遗传作用下成熟的自然显露过程,另一方面表现为环境影响下获取知识的经验学习过程。越是在早期的发展阶段,这两者越是交织在一起进行的。因此,发展的自然性和发展的干预性始终是学前儿童发展与养育中的一对矛盾,究竟是从发展的自然性出发顺应发展,还是从发展的干预性出发推动发展?

(一) 发展的自然性和发展的干预性辩证统一

目前普遍认为,学前儿童保育应该遵循顺应发展与推动发展辩证统一的原则:顺应发展是基础,是前提;推动发展是目的,是方向,两者是辩证统一的。一方面,我们强调要顺应孩子的天性,尊重孩子身心发展的规律,让他们在丰富的、适宜的环境中实现大脑与环境有效的物质交换和信息交换,以达到"自然发展、和谐发展、充实发展"的目的。另一方面,我们也要重视对敏感期等发展规律的运用,以推动学前儿童的积极发展。脑科学的研究揭示了这样一个有意义的事实:人的生命的最初几年,是大脑发育最快的时期。因此,要关注学前儿童经验获得的机会和发展的潜能,使儿童在按照"自身发展大纲"发展的同时,让环境、教育成为其发展过程中的重要支撑。

1. 顺应发展和学前儿童保育

人类从出生到生长发育成熟,身心发生了一系列变化。人类的幼稚期特别长,而且有越来越长的趋势,因此特别需要保育。基于自然性视角,保育主要指向顺应儿童的特点,保护其生命。

保护生命是保育的基本目标。对于新生儿来说,除了具有基本的一些反射动作以外,其生命的保持和身心的发展均依赖成人的照顾,否则营养的缺乏、病菌的感染以及安全问题都会使之无法生存;之后虽生长发育发展迅速,对外界充满好奇,但是婴幼儿仍没有保护自己的能力。

2. 推动发展和学前儿童保育

如果说通过保育实现对婴幼儿生命的保护只是一种最为基础的目标导向,主要关注保育带给婴幼儿本身的影响,那么,促进婴幼儿健全发展则是基于发展的干预性保育,更关注婴幼儿时期的保育结果给其未来人生带来的发展性影响。

从事神经学和心理学研究的学者都认为人生最初几年对于一个人的认知、生理、社会性和情感发展十分重要:在人生的最初几年,儿童的大脑有很大的发育空间。有关大脑的研究成果有力地支持了发展性保育的观点:婴幼儿时期的照顾不周、营养不良、适应不良以及没有形成健康的生活方式,对于其一生行为都有着负面影响。因此,一个人未来能否热爱学习、积极生活以及拥有健康的生活方式,关键之一就在于相关能力能否在人生最初几年中得

到培养和巩固。如果错过了这一时期,后来的补救将会昂贵而低效,而幼儿园的保育正是实现这些目标的有效手段。这种发展性保育观念正在日益影响着当今的学前儿童保育目标,幼儿园在保障婴幼儿生存的同时,更多地将保育目标指向培养健全的儿童,使他们有健康的身体、和谐的情绪、恰当的人格,并且学会自我保护。

基于发展的干预性,保育者应该适时、适度地控制、调整环境,促进孩子获得完整发展的机会。在创设学前儿童生活环境时,应该避免随意性和偶然性,有意识地关注成长环境的生态平衡。

(二) 差异和潜能的辩证统一

从发展的普遍性和特殊性出发,目前普遍认为,学前儿童发展应该遵循年龄特征和个体差异性,以儿童的自然差异为基础,更多地实施因人而异的个别化教育。同时,从发展的普遍性出发,可重视儿童各方面发展的潜能开发。

根据学前儿童发展的个体差异性,进行有针对性的干预,避免学前儿童保育中教条、机械的情况。在家庭中,父母或者缺乏育儿经验,或者过度紧张,总是倾向于求助权威,这本是科学育儿的开始,但是,当父母对待他人的经验、成果过于教条,无视孩子的个体需要时,原本科学的保育就变得质量不高了。父母需要根据孩子的特点进行相应的观察和有针对性的保育。以儿童的气质为例,托马斯和切斯的研究将儿童分成易养型、难养型和迟缓型。如果儿童的气质与周围环境相互协调时,则产生调适良好,处于这种状态的儿童会获得最佳发展,反之,则调适不良。美国儿科医生布列奇兹提出:新生儿的气质类型会影响母亲育儿的方式,而母亲表现出的育儿方式又会强化婴儿的性格特征。因此,从个体差异性出发,需要对不同气质的儿童进行相应的保育措施。例如,对于反应强度高的儿童,当了解他们的强烈哭闹并非由伤害而引起时,可以采取延迟处理以及分散注意力等方法,这样哭闹的强度则会有所缓解。

在幼儿园保育中,由于不同个体在性别、年龄、种族、气质、发育情况等方面存在着差异,因此在集体保育的同时,如果不能兼顾学前儿童发展的个体差异性,不能对学前儿童进行动态的、个别化的保育,那么,"一刀切"的保育模式不仅不可能是优质的保育,甚至会损害某些儿童的健康发展。例如,睡眠时间的差异性和睡眠管理的统一性,容易导致个别早醒不愿继续睡眠的儿童发生习惯性阴部摩擦的问题行为;饮食量的差异性和饮食管理的统一性,容易导致个别儿童出现厌食、拒食或者神经性呕吐的问题行为;身高体重的差异性和桌椅配置的统一性,容易导致个别儿童脊柱弯曲异常。在体弱儿童保育和婴儿保育中,更要充分重视个体差异性。对于过敏体质的儿童,在季节转换、食谱的安排上要注意个别化保育;对于婴儿来说,建立一组相对固定的师幼依恋关系至关重要。对于幼儿园保育而言,个别化保育模式的实现首先取决于保教人员和学前儿童的比例。过高的生师比,不利于保教人员观察儿童,不利于保教人员从儿童的表现中洞察他们的需要,了解他们的发展水平,或是捕捉异常行为,并及时矫治。其次,保教人员的专业素质,即其敬业精神、保育观念、文化素养和保育能力都是关键因素。保教人员应充分认识到照顾和养护在学前儿童发展中的意义,将每个儿童看成是独立的个体,考虑他们有不同发展样态,满足他们的合理需求,并且通过不断的自我更新提高保育能力。

第三节 文化观和学前儿童保育

20 世纪 50 年代以后,人类学学者、文化心理学者以及社会文化学学者开始从文化差异和生态环境等视角出发,对人类发展展开研究,他们的研究结果对于人们如何认识保育产生了重要影响。

一、文化与学前儿童保育

(一)生存观和保育的文化策略

儿童生存是儿童保育的核心部分。在那些有着高婴儿死亡率的社会群体中,父母对于孩子的权利有别于其他社会群体,父母会生育许多孩子来用于确保有足够数量的孩子能够存活下来,照顾更小的孩子,并在长大成人后照顾那些缺乏其他社会安全形式的老年人。

美国学者罗伯特·列文提出了不同社会群体中的父母养育孩子的三种水平:

(1)一级水平:高婴儿死亡率的社会群体中,父母必须首先考虑孩子的物理生存和健康。

(2)二级水平:使孩子准备好实现最大化成熟度。

(3)三级水平:如果前两者都已经实现,父母应该致力于根据每个孩子的潜力来最大化实现其他文化价值,例如威望、个人满意和自我实现。

罗伯特·列文对非洲农业人口的研究再次证明了一级水平的育儿模式。在那里,孩子的物理生存和经济未来是父母最重要的目标和育儿策略。他们在孩子出生后 2—3 年在物理养育方面给予每个孩子特别的关注。18—24 个月的婴儿采用母乳喂养,且和母亲睡在一起,以便随时可以喂养,其他大部分时间都被抱在怀里,以便在哭闹时能够得到及时的回应。这种方式通过仔细的监控和足够液体的提供,防止了最普通的危险——腹泻脱水的发生。一旦断奶,孩子便加入年长孩子的集体中,而母亲将自己的精力集中到下一个婴儿以及她的农活中。罗伯特·列文对美国中产阶级群体的研究证明了其提出的三级水平:在那里,婴儿死亡率非常低,孩子很少为家庭经济作贡献,父母很少在年老的时候依靠自己的孩子(更多地依靠社会支持)。普通的策略是生育很少的孩子,并且不对他们的健康状况给予太多关注(尽管所有父母都考虑到这一问题)。目标是使孩子达到或者超过父母的社会地位和生活水平。此处隐含的育儿观是父母大力投资于少量的孩子身上,同时将对孩子性格特点的培养视作育儿的重要目标,这需要父母花费时间从婴儿期开始培养,并贯穿整个学前阶段。

考虑到以上两种环境中婴儿死亡率和经济环境的差异性,这两个社会群体的育儿策略是不能互换的。针对这样的研究结果,罗伯特·列文建议各地区的育儿策略采用文化妥协公式,它能够提供给父母经过验证的结论,这些结论曾经在历史上发挥作用,解决了父母育儿的问题。每一代的策略都建立在一个变迁的历史基础上,保持了他们的父母、祖父母的一些观点,并且根据环境进行了修正。

一级水平和三级水平代表着不同的保育策略。一种注重繁衍,在生育一个孩子之后,继续生育下一个孩子,每一个都给予投入。这种策略目前已比较罕见,更多的是生育少量的孩子,基于文化衍生、适者生存的观点,选择性地投入。

在更广泛的层面上,布朗芬布伦纳从生态学的宏观视角对于儿童发展的影响因素进行了论述。他认为个体发展的生态系统从里到外包括微观系统、中间系统、外层系统、宏观系统等几个层次。对于儿童而言,微观系统可能是家庭、托儿所和幼儿园等离个体最近的环境;中间系统是家庭、同伴和幼儿园等微系统之间的联系和相互关系;外层系统是与儿童发展没有直接关系但仍会影响儿童的环境,例如家长的工作环境等;宏观系统是文化、亚文化、社会阶层等。布朗芬布伦纳认为这些不同层次的系统共同作用于儿童发展。

(二) 儿童和保育者的依恋关系

长期以来,对依恋关系的研究都建立在一个观点上:养育者与儿童的关系是一种天生的依恋关系,使儿童和养育者之间相互吸引。但文化研究者对于这种关系提出了质疑。

文化研究者在描绘了养育者和儿童之间依恋关系的社会群体特征(包括社会群体的健康经济状况、育儿的文化目标、家庭生活的文化安排)的基础上,认为养育者与儿童的关系中应该加入生态模型和文化过程等更多的背景因素。

文化研究者发现,在古希腊,杀死或者抛弃年幼儿童是得到社会接受的行为。而在 18 世纪的法国,将婴儿送到乡下与赤脚医生生活在一起,却不考虑婴儿生存的高风险,也是经常可见的。

人类学家谢珀观察到母亲与儿童分离时的冷漠。当母亲认为自己没有能力维持儿童的生命时,便将生命视作一种抗争,其代价是允许一些婴儿,特别是那些体质非常虚弱的孩子,在缺少注意、保育和保护的情况下死亡。这些母亲选择了那些看起来在生理和心理上能够活下来的儿童,例如活跃、敏感、喜欢玩,甚至有一点野蛮的孩子。在这些观察的基础上,谢珀讽刺了医院在无法确保母亲和儿童离开医院后有一个支持性环境的前提下,鼓励早期母婴之间建立一种情感联系的做法。她指出,与其将忽视儿童或者虐待儿童简单归咎于早期与生俱来的依恋关系难以实现,还不如考虑儿童保育环境的社会特征。

实际上,婴幼儿的依恋对象与社会群体对于育儿的安排有关,折射出家庭在育儿中的历史环境和文化价值。文化研究者假设育儿规则有几种情况:由母亲提供、由父母提供,由特别的一个成人承担。在许多社区中,母亲不是单纯的养育者或者依恋对象。依恋对象与谁是家庭事务的承担人员以及他们承担的育儿责任有关。不同社会群体中父亲的育儿责任差异很大。在现代的育儿观中,强调父母的共同参与,以对学前儿童的整体发展产生正面的影响。

二、文化观在学前儿童保育中的运用

在当今社会经济文化快速变化的时期,需要审视文化因素对于学前儿童保育带来的影响。

(一)家庭保育因文化因素而发生变化

所有地区的父母都关注孩子的健康、营养和安全问题,然而,文化因素使各地区父母保育的内容有所差异。例如,西方文化中认为母亲之外的社会机构是无法代替母亲在儿童养育中的作用的,因此,遵循这一文化的家长不愿意选择机构保育。西方文化中强调儿童发展的自然属性、反对过早干预,因此,并不提倡对儿童进行各项训练。在这种文化的影响下,若家庭贫困,家庭保育则容易导致儿童患病率、死亡率过高等问题。

儿童喂养是一种文化建构,包含了很多层面:什么类型的食物比较合适、谁应该(或不应该)喂养儿童,对儿童成长的期望是什么,等等。喂养儿童对生存至关重要——因此通过喂养建立的是集体文化的规则,喂给孩子的食物不仅仅意味着营养物质,而且具有一种集体文化创造的象征性价值。

同样,照料儿童也是一个文化组织的过程。从文化上说,日夜的交替和其背后所隐含的文化层面的危险和机会对儿童养育有重要意义。如:夜晚常被设想为和危险(因为黑暗)等不安全因素联系在一起,因此在儿童就寝之处对哺乳等照顾行为的组织就非常重要。第一种是婴幼儿和母亲一起睡。母亲可以直接哺乳、哄孩子,和孩子有充分的身体接触。第二种是儿童有自己睡觉的地方(摇篮或婴儿床),和母亲同一个房间,夜间照顾要求母亲起身来到儿童所在的地方,这样,持续的身体接触就不存在了。第三种是儿童被安排到自己的房间,这往往造成父母的矛盾心理,一方面他们想知道儿童的情况如何,另一方面他们想通过和儿童保持距离来维护隐私。

当前,我国的家庭保育正在因文化因素而发生巨大的变化。例如,在西方快餐文化的冲击下,我国饮食文化观念的转变正在改变着学前儿童的健康状况——快餐给我国儿童带来新奇饮食文化的同时，也带来了儿童营养过剩等健康问题。又如，西方保育中对儿童独立意识的关注，改变着我国父母对于儿童睡眠环境的观念，同床睡眠正在被分床以及分房睡眠所代替。快节奏的生活方式、消费观念、人口流动等带来的社会问题、意外事故、信息污染综合征等都带来了新的保育问题。科学技术在给学前儿童健康带来福音的同时，也存在滥用后的更大危机。

（二）母亲在学前儿童保育中的角色的转变

当今社会的巨大改变影响着家庭的变化，直接表现为某些家庭的结构发生了变化，父母的角色也发生了变化，母亲在学前儿童保育中的角色被祖辈、父亲、保姆以及幼儿园等代替或得到分担。

祖辈养育的情况越来越多。这种状况一方面和文化有关，另一方面与年轻父母缺少时间和经验有关。父亲的角色也在发生变化，积极承担育儿责任的男性更多，并且仍有增多的趋势。另外，一些家庭选择保姆或者幼儿园帮助实现儿童保育，这也正在成为一种新趋势。

第四节　教育观和学前儿童保育

学前儿童保育常常和教育联系在一起，被统称为"养育"或者"教养"。长期以来，存在着保教合一、保教结合等不同的理解，在实践中也存在保教分离、重教轻保或者重保轻教等现象。对于保育和教育之间关系的理解，影响了学前儿童保育的观念和实践行为。

一、对于保教关系的理解

我国的幼儿教育，几乎没有像西方那样经历一个单纯重视保育的历史阶段，兴起之初就是保教兼顾、以教为主。保教兼顾就是指既要重视对儿童的教育培养工作，又要重视对儿童的卫生保健工作，促进儿童的身心健康发展。

目前，人们普遍比较认同的是，保育与教育联系在一起的实质，是指保育与教育相互渗透的过程，保教合一比保教结合、保教并重的提法更加准确和科学。在幼儿园中，通过保教目标和内容的相互渗透、保教人员合作的加强、对生活和学习环节自然过渡与衔接的重视，树立了一日活动的整体观。

但是，尽管人们在理论层面认识到保教合一在学前阶段的重要性，要想在实践层面真正做到保教合一，仍面临诸多困难。这些困难既来自物质条件，更来自理念、工作机制的限制。保教合一的原则实际是依靠分工协作的工作机制来完成的。其优点在于教师、保育员等各司其职,责任明确;但也容易导致各人只顾完成自己的分内职责而不计其他,分工是实,协作是虚,分工是真,协作是假,教师管教不管保,而保育员管保不管教。

20世纪80年代中期以后,保教合一的原则得到明显重视,幼儿园中较注意儿童的学习活动与其生活环节的结合,注重挖掘儿童一日生活起居中的教育价值,增强幼儿园教育的生活气息和意义。近年来,我国在国家、地方层面颁发的学前教育政策文件中都体现了这一原则。如2012年教育部颁布的《3—6岁儿童学习与发展指南》中指出,《3—6岁儿童学习与发展指南》"以为幼儿后继学习和终身发展奠定良好素质基础为目标,以促进幼儿体、智、德、美各方面的协调发展为核心,通过提出3—6岁各年龄段儿童学习与发展目标和相应的教育建议,帮助幼儿园教师和家长了解3—6岁幼儿学习与发展的基本规律和特点,建立对幼儿发展的合理期望,实施科学的保育和教育,让幼儿度过快乐而有意义的童年"。

2016年教育部颁布的《幼儿园工作规程》中,提出幼儿园的任务是:"贯彻国家的教育方针,按照保育与教育相结合的原则,遵循幼儿身心发展特点和规律,实施德、智、体、美等方面全面发展的教育,促进幼儿身心和谐发展。"

2022年教育部颁布的《幼儿园保育教育质量评估指南》聚焦幼儿园保育教育过程及影响保育教育质量的关键要素,围绕办园方向、保育与安全、教育过程、环境创设、教师队伍5个方面提出了15项关键指标和48个考查要点,使幼儿园更加尊重幼儿年龄特点和发展规律,注重幼儿发展的整体性与连续性,坚持保教合一,以游戏为基本活动,有效促进幼儿身心健康发展。

二、保教合一原则在学前儿童保育中的运用

(一) 保育和健康教育有分有合

保育和健康教育的目标都是促进学前儿童健康,但侧重点有所不同。影响学前儿童健康的因素来自遗传、环境和生活方式等方面,健康教育的内容侧重于学前儿童能够理解的内容,主要是培养学前儿童健康的生活方式;保育的内容侧重于学前儿童还不能够理解的内容,主要是呵护学前儿童健康。以风险为例,学前儿童容易理解的是直接风险,例如喝热水时被烫了,学前儿童通过感官直接感受到的烫能够帮助学前儿童建立对于这一风险的理解,从而培养自我保护的能力;学前儿童不容易理解的是非直接风险,例如桌上放着的滚烫的汤是非直接风险,孩子不能建立若自己碰到桌子而可能导致滚烫的汤洒在身上,并烫伤自己这一因果关系,这类风险就需要通过保育工作加以排除,达到保护儿童的目的。

(二) 在生活中将保育和教育相互结合

学前儿童的全部生活中充满着保育与教育,在此过程中,实行保育和教育相结合应是自

然的、灵活的,需要创造性地进行工作,努力创造出保育和教育的最佳环境,使学前儿童随时随地受到良好的保育和教育。

　　美国健康教育学家格林认为影响人类健康的重要因素为生活方式,而生活方式的根源是人类学、社会学、临床心理学,具有永久一致性,且以文化传统、社会关系、地理和社会经济环境、人格为基础。在通过保育工作保障儿童健康的同时,可将健康的生活方式、良好的生活习惯传递给孩子。如在给儿童进行个人清洁等保育时,自然渗透"饭前洗手好习惯"等生活方式培养的教育活动。当儿童还不会自己拿勺吃饭前,家长就可以通过餐前擦手给儿童一种信号:吃饭前后都要清洁双手。当儿童自己拿勺吃饭以后,可以提出饭前洗手的要求。只要家长带头坚持这么做,并在洗手时向儿童说明这是吃饭前必须做的事情,儿童自然会跟着模仿。家长可以把洗手的程序,编成一段顺口溜或一首朗朗上口的儿歌,在教儿童洗手时,一边做动作一边说这些要领。还可以为孩子准备一条漂亮的小毛巾,并强调这是给他专用的,不仅是为了卫生,还有助于树立儿童的自主意识。此外,在儿童开始出现自觉洗手的行为时,家长一定要及时表扬,激励儿童把这种好的行为坚持下去。作为影响人体健康的重要因素,生活方式是人们长期受一定文化、民族、经济、社会、习俗、规范,特别是家庭影响而形成的一系列生活习惯、生活制度和生活意识。个体的生活方式影响着个体的一生,而学前阶段是生活方式养成的重要阶段。学前阶段养成挑食的习惯,就是未来营养不良乃至许多身体疾病的源头所在;学前阶段养成的良好个人卫生习惯,有助于传染病及其他常见身体疾病的预防或康复;学前阶段养成的有规律的睡眠习惯,有助于生长激素的正常分泌,以促进正常的生长发育。正因为如此,利用生活中的保育培养学前儿童健康的生活方式,有利于个体本身,也有利于社会发展。所以,在给学前儿童进行身体保育时,可自然地将语言、数学、社会等教育活动进行渗透。

 问题与思考

　　1. 观察一个孩子的一日活动,分析可能存在的导致健康问题的不当保育行为。

　　2. 结合"文明的进步超越了人体的适应能力"这一观点,对现代社会中儿童肥胖率上升这一现象进行分析,并尝试提出优化建议。

　　3. 讨论祖辈养育和父母养育中的观念冲突与妥协现象。

第二章　学前儿童的生长发育和行为

 本章提要

　　了解学前儿童的生长发育和行为是实施科学保育的基础。本章的前三节内容介绍了学前儿童不同时期生长发育和行为的特点，后三节内容介绍了学前儿童生长发育和行为的基本规律、影响因素、评价。

　　与学前儿童的生长发育和行为相关的基本概念有生长、发育和成熟。生长是指细胞的繁殖、增大和细胞间质的增加，表现为全身各部位大小、长短和重量，以及身体化学组成部分的变化；发育是指组织器官在结构和机能上的分化与不断完善，以及心理、智力和体力的发展等，通常表现为从人体形成到成熟过程中所出现的一系列变化。成熟指生长发育的结束，即机体的整体和局部，系统或器官在形态、功能上达到成人水平。学前儿童的生长发育是一个很复杂的现象，不仅仅是个体随着年龄增长而长大的现象，而且是一个涉及个体细胞的增殖、分化、相互紧密协调作用的复杂过程。研究学前儿童生长发育，不仅要围绕体格的改变，而且要研究随着年龄增长出现的组织成熟和功能改变。

　　学前儿童的生长发育是一个连续过程，各阶段之间并无严格界限，但有着密切的联系。以生物学为界，可以将0—6岁这一阶段划分为：胎儿期、新生儿期和婴幼儿期。

第一节　胎儿期的生长发育和行为

　　从卵子和精子结合到婴儿出生，这段时期被称为胎儿期，从受精开始算起约为38周，从末次月经第1天算起约为40周。

　　胎儿是按固有的程序和时间顺序发育的。受精后，受精卵细胞分裂、分化，从输卵管进入子宫，在子宫内膜上着床；第3—8周，胚胎的外胚层发育，发育出最初的皮肤、感觉细胞、神经细胞、肌肉、循环系统和内脏器官。第 9 周开始到出生时为胎儿阶段,各系统器官逐步发育完善。

一、胎儿期的生长发育

根据生理解剖的特点,一般将胎儿的形成和生长发育过程分为两个时期:胚胎的生长发育和胎儿的生长发育。

(一) 胚胎的生长发育

受精完成后的 2 周是胚芽期,受精卵从输卵管进入子宫,在子宫内膜上着床,同时不断分裂、增殖;妊娠第 3—8 周为胚胎期,胚胎期是个体一生中生长发育速度最快的时期,各系统器官在这一时期几乎都已经分化成形:外胚层分化为神经细胞、皮肤、皮脂腺、指甲、汗腺、乳腺、牙齿(珐琅质)和感觉器官等;中胚层分化为骨骼、肌肉、肾脏、循环器官、脾脏、性腺、皮下组织和排泄器官等;内胚层分化为消化器官、肝脏、胰腺、呼吸器官、甲状腺、咽喉和肺等。同时,孕妇已经知道自己怀孕了,通过超声检查可以听到胎心音,也可以看到胎儿心脏的跳动。

(二) 胎儿的生长发育

妊娠第 9—10 周,是胎儿神经管发育的敏感时期,也被认为是危险期,如果胎儿顺利地完成了这一时期的发育,以后的发育通常也比较顺利。

妊娠第 3 个月时的胚胎已经具备人形,从这时到分娩出生,胎儿的内脏发育更趋完善、身体发育更加迅速,要经历以下的生长发育变化。

妊娠第 3 个月时,胎儿身长 7—9 厘米,体重约 20 克,生殖器官已经发育,但男胎和女胎的外生殖器还很相似,肉眼无法分辨。手指已分开清楚,并有指甲,骨骼开始生长。

妊娠第 4 个月时,胎儿身长 13—17 厘米,体重 100—120 克,头部占身体的 1/3。胎儿开始在羊水中活动,使孕妇能够感觉到胎动,医生可以通过听筒听到胎心音,可通过外生殖器用肉眼分辨其性别;胎儿全身长出绒毛;胎儿开始有听力,能够吞咽身边的羊水到肚子里,并且开始排尿到羊水中;能够吮吸自己的手指,并且能够做呼吸样的胸肌运动。

妊娠第 5 个月时,胎儿身长约 25 厘米,体重 250—300 克,活动能力增强,但还没有皮下脂肪,看起来瘦瘦的;头皮上开始长头发,眉毛和睫毛也开始生长;全身上下被一层油脂包裹以保护皮肤,被称为胎脂;指甲清晰可见,耳、口、鼻等已经成形。

妊娠第 6 个月时,胎儿身长约 30 厘米,体重 650—750 克,外表看起来像满脸皱纹的老人,皮肤薄而皱。听觉系统已经初步发育,具备了听觉功能,听到的声音一般为 1 000 赫兹以下的低频音。超声检查发现,给予声音刺激后胎儿会出现眨眼反应。

妊娠第 7 个月时,胎儿身长约 35 厘米,体重 1 000—1 200 克。眼皮已打开,皮下脂肪是红色的,男胎的睾丸已经下降至阴囊,女胎的大阴唇发育还不完全;7 个月出生的早产儿能低声哭泣;孕妇腹部能够触知胎动,也可区别胎儿的头部和身体。

妊娠第 8 个月时,胎儿身长约 40 厘米,体重 1 500—1 700 克,身上的绒毛已经逐渐消失,皮肤上的红色也渐褪,皮下脂肪增多,指甲已经长到手指尖端;循环、呼吸和消化系统几乎已经达到成熟;胎儿若在此期出生,虽然生命力不强,但可以在保育器中养育。

妊娠第 9 个月时,胎儿身长 45—47 厘米,体重 2 300—2 500 克,身上的绒毛消失,皮肤呈粉红色,头发更长,皮下脂肪发育良好,不再像老人脸。

妊娠第 10 个月(足月)时,胎儿身长约 50 厘米,体重 3 000—3 200 克,头部占身体的 1/4,头发已长得又长又黑,身上的绒毛完全消失,指甲已经长出指尖,皮下布满脂肪,女胎的大阴唇已发育良好。

二、胎儿的生长曲线

胎儿宫内生长曲线图描述了不同胎龄胎儿体重、身长和头围的标准数据。根据这些标准数据,可以初步地估计胎龄,推测新生儿死亡和患病等高危情况。超声检查为测量胎儿发育情况提供了便利,如可为胎儿个体生长发育提供评估,双顶径、头围、骨骼长度和小脑横径的精确测量,可为估计胎儿大小提供参考。

胎儿生长曲线的共同规律为:体重(身长或者头围)随着胎龄的增加而呈现曲线形的增加;曲线显示,大约从第 24 周起,至第 37 周止,体重(身长或者头围)的增长率稳定,呈现持续性;第 38—39 周有一个平台期,体重(身长或者头围)的增长率下降。

第二节　新生儿期的生长发育和行为

从胎儿分娩出并结扎脐带时开始,至出生后足 28 天,为新生儿期。

新生儿期,新生儿刚刚离开母体,开始新的生活。此时,新生儿虽然具有一定的调节机制和适应能力,但生活环境发生巨大变化,同时自身的神经系统发育尚不完善,对身体各部分的调节能力较差,机体抵抗疾病的能力差,对外界环境的适应能力较差,容易发生感染。新生儿日龄越小,发病率、死亡率越高。

表 2－1　胎儿和新生儿生活的比较

项目	出生前	出生后
环境	羊水	空气
温度变化	母体温度（变化不大）	随气温而变化（变化较大）
光线	黑暗	室内光线，不断变化
外在刺激	很小	人为及环境刺激均很大
营养	依赖母体的供给	依赖外在食物及自身的消化系统
氧气	由母体的血液、胎盘供给	由呼吸系统供给
排泄物	由母体血液排出	由自身的肾、肠道和皮肤排出

一、生长发育

（一）体格生长

在经历围产期短暂而复杂的生理、代谢转变以后，新生儿出生后便进入一个快速生长发育的阶段。

新生儿骨骼中的无机物少、有机物多，骨骼韧性强、硬度小，脊柱平直。头部由于经过产道的挤压而变长，这种状况在出生半个月后有所改善。另外，新生儿头部存在未完全闭合的前后囟门，这为后续婴幼儿期快速的脑发育提供了空间，同时也便于分娩时头部能够收缩通过狭窄的产道。颈椎和脊椎呈现一条直线，没有足弓，腕骨都是软骨。肌肉柔软，肌纤维较细，间质组织相对较多，肌肉发育较差，其总重量只占体重的 20％左右。

新生儿出生后的第一声啼哭，是由于吸入空气而使肺部膨胀所致，出生时没有鼻道和鼻毛，气管上端相当于第四颈椎水平，管腔狭窄，最初的呼吸并不完全，也不规则，呼吸频率比成人快 1 倍以上，每分钟呼吸 40—44 次；另外，新生儿必须通过打哈欠、喘息、打喷嚏、咳嗽等方法来调节所需的空气量。

新生儿心脏的位置较高且呈横位，心尖搏动在第四肋间锁骨中线外，心率快，心脏体积相对身体的比例比成人大，重量为 20—25 克。心脏的增长速度并非均等，出生时 4 个心腔的容积为 20—22 毫升；新生儿期，右心室负荷较大，两心室厚度几乎相等。出生 10 天后平均心率为 120—160/次，迷走神经张力较高，吮吸、恶心、呕吐等均可引起迷走神经兴奋而出现心动过缓现象，脉搏节律不稳定。

新生儿血容量为体重的 7％—8％，血液中凝血物质和无机盐含量少，水分较多，出血时血液凝固约需 8—10 分钟，比较缓慢。白细胞中的中性粒细胞数量少，容易发生感染。

新生儿胃容量为 30—50 毫升，第 2 周时为 90 毫升，差不多相当于新生儿每次的进食量，健康的新生儿能够通过吮吸来摄取母乳等。胃接近圆形,2 个开口且呈水平位置,容易发生吐奶。出生后 1—2 天有胎便(初次排便),这是妊娠后期积存于胎儿体内的。新生儿的肠管总长度约为身长的 8 倍,由于胎便排出、对新生活的不适应、吞咽能力尚未发育完全、不能获取每日所需营养素等原因,出生后会出现生理性体重减少的现象,出生后第 7—10 天,体重开始逐渐回升并恢复至出生时的体重。

出生时,乳牙已经隐藏在颌骨面的牙囊中了,其生长在妊娠期已经完成,并且已经钙化。而恒牙还在乳牙之下,除了第一恒磨牙(俗称六龄齿)在新生儿时期已经钙化外,其余的都还没有钙化。新生儿的唾液腺尚未发育好,唾液少,口腔比较干燥。

新生儿肾约重 25 克,每天排尿 15—20 次。

新生儿皮肤调节温度的能力差,体温容易受到外界温度的影响而发生变化,通常靠皮下脂肪保持体温,在天冷时应及时为其添衣被。

新生儿出生时脑重为 350—380 克,神经髓鞘化不全,对外来刺激的反应较慢且易泛化。

新生儿无明显的昼夜节律,出生后通常每日睡眠 16—18 小时,每 3—4 小时睡眠后就会保持清醒 1—2 小时。其动作能力很弱,颈部很软,不能竖起,1 个月时可以竖头片刻。足月出生的新生儿,出生后 1—4 小时内很安静,生理指标平稳,第 3 日开始显现各种活动、休息和注意的方式。新生儿最初的行为表现,以及在此基础上父母和新生儿之间建立的相互联系,是其以后建立社会关系和情绪依恋的基础。这些重要的新生儿行为反映了其中枢神经系统的成熟水平以及内在神经行为功能的个体差异性。

(二)反射行为

新生儿刚出生时的重要行为就是一系列反射行为。有些反射行为具有适应生存的意义,被称为生存反射或适应性反射,主要有瞬目反射、瞳孔对光的反射、吞咽反射、吮吸反射和觅食反射,这些反射是新生儿生存必不可少的,前四种反射永久存在,觅食反射在婴儿稍大以后转变为转头反射。有些原始反射则在进化进程中失去了最初的意义,如拥抱反射、巴宾斯基反射、抓握反射、游泳反射、踏步和步行反射等,但这些动作常常是评价新生儿神经系统发育是否正常的重要临床指标。

反射行为和脑发育的成熟性及以后一些生理功能的出现有关。如果新生儿没有表现出这些反射或者反射消失的时间推迟,则提示其可能存在一些问题。反射的消失使很多重要躯体能力开始发展,如够物、抓握和行走。

(三)感知觉

整体上来说,婴幼儿的感知觉功能按照一定的顺序发展,触觉系统发育最早,在妊娠第 3 个月时发展起来,随后是前庭、听觉和视觉系统。在妊娠后期的 3 个月和婴儿出生后的几个月内,感觉系统发育迅速。足月新生儿已经具备各种感知觉功能。具体来说,各感知觉功能呈现出如下特点。

新生儿的眼球发育不完善,眼球的前后轴较短,而垂直轴较长。由于前后轴较短,物体往往成像于视网膜后面,眼外肌的协调调节差,出生时为生理性远视。出生时因为缺乏双眼单视功能,可能会出现暂时性斜视。新生儿的眼睛对于光的反应敏感,出生时瞳孔已有对光的反应;出生时视网膜的锥体细胞未发育,仅有周围视觉;新生儿特别喜欢看脸的外形,2周时的新生儿已经能够区分人脸和非人类客体的图形。

新生儿的听觉发展优于视觉。新生儿不仅能够听到声音,还能够区分声音的频率、强度和持续时间,平均出生58小时的新生儿已能区分200赫兹和1000赫兹的声音,并且转动眼睛寻找声音。

新生儿的味觉已经发育完善,对几种基本味道很敏感:出生后仅2小时的新生儿已能分辨无味、甜味、酸味、苦味和咸味,对于甜味表现出明显偏好,在最初几天,女婴比男婴更喜欢甜味。

新生儿出生时,嗅觉中枢及末梢就已发育成熟。对气味有反应,能够区别不同的气味,会对不同的气味产生偏好,依据嗅觉建立食物性条件反射,具有初步的嗅觉空间定位能力。当闻到令人愉快的气味时,新生儿面部肌肉放松,嘴角后缩,表情愉快,并伴有吮吸和舔唇活动。出生后1—2周,新生儿就能够识别母亲与其他人的气味,闻到母乳的气味能够积极转头寻找乳头。

皮肤感觉包括痛觉、触觉、温度觉等。新生儿已能感受到痛觉,但是不甚敏感,尤其是在躯干、眼、腋下部位,痛刺激后会出现泛化现象。新生儿的触觉有高度的灵敏性,尤其是在眼、前额、口周、手掌、足底等部位;而大腿、前臂、躯干处则比较迟钝。躯干有些反射的出现就与触觉的敏感性有关。新生儿的温度觉也比较敏感,如能区分出母乳温度的高低。冷的刺激比热的刺激更能引起明显的反应。

新生儿具有形状知觉,对于不同形状、有无生命的物体的注意有区别。形状知觉是空间知觉的一个方面,给1—15周的新生儿及婴儿看形状和复杂程度不同的模式,结果发现他们对于各种模式注视的时间有显著差异,他们喜欢看清晰的图像,喜欢看活动和轮廓多的图形,喜欢注视曲线等。

在言语知觉方面,刚出生时,新生儿就可以对声音进行空间定位;在各种声音中,能够判断不同语音之间的细微差别,表现出对于语音尤其是母亲语音的偏好。

新生儿出生时就有注意,出生后的第一个月内,外界各种强烈刺激都能够引起新生儿的注意,一些特别的或者新异的刺激会引起新生儿相应的生理反应,如心率、脑电波等的改变,并表现出一定的躯体活动。对于物体的注意时间为十几秒。

新生儿出生后几小时内就已经产生了记忆。

（四）情绪和气质

新生儿出生后就有情绪反应,情绪反应已经分化并且至少具有两种不同性质的情绪反应:积极、愉快的情绪和消极、不愉快的情绪,此时的情绪和生理需要是否被满足直接相关。

在气质方面,即在对刺激的反应敏感性、反应强度、警觉性和调节能力等方面,新生儿已经表现出一定的差异性,这种个体差异性和父母的育儿方式相互作用。

第三节　婴幼儿期的生长发育和行为

婴幼儿期的特点是生长身体发育迅速,尤其是在体格和神经系统方面。

一、婴幼儿身体各系统器官的发育

（一）与体格生长有关的身体发育

1. 骨骼

婴幼儿的骨骼生长发育迅速,通过充足的营养和适当的体育活动,可促使骨骼发育。

和成人的骨骼相比,婴幼儿骨骼中的无机物少、有机物多,骨骼韧性强、硬度小,容易发生弯曲变形,一旦发生骨折,可能出现折而不断的"青枝骨折"现象。

（1）颅骨。

婴幼儿颅骨的发育,通过头围、囟门大小和骨缝闭合程度来反映。0—2岁是头围变化最快的阶段。囟门是由一层结缔组织膜连接的,容易受到损伤,后囟门在出生后2—3个月闭合,前囟门在1—1.5岁左右闭合,最迟于2岁闭合。

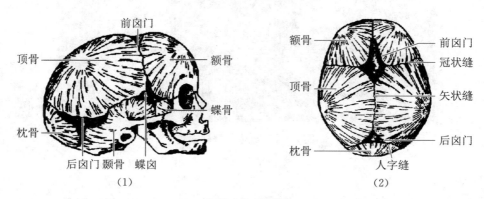

图 2-1　头骨

（2）脊柱。

脊柱发育的时间较长，3个月的婴儿会抬头，出现颈椎前凸；6个月会坐时，出现胸椎后凸；1岁会行走时，出现腰椎前凸，形成了生理性脊柱弯曲，在6—7岁时出现骶椎后凸，但直到青春期末脊柱才真正完善、定型。在整个发育阶段，脊柱容易因外界的影响而发生变形，导致脊柱侧弯等异常。

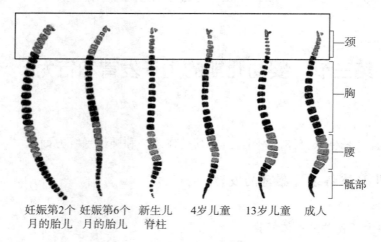

图2-2　脊柱

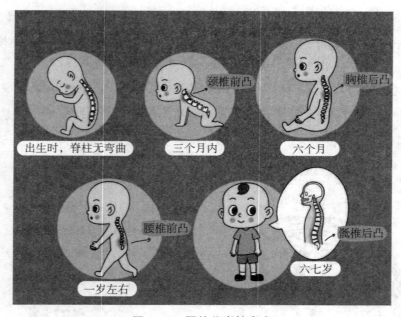

图2-3　婴幼儿脊柱发育

（3）腕骨。

腕骨随着年龄的增长逐渐骨化。骨化中心依次是：3个月时出现头状骨和钩骨；2岁半时出现三角骨；3岁时出现月骨；3.5—5岁时出现大小多角骨；9—10岁时出现豆状骨。10—13岁左右整个骨化基本完成。在整个骨化过程中，女童比男童完成的时间相对早些。但婴幼儿由于指骨和掌骨的骨化尚未完成，腕部力量不足，手部的精细动作仍需要逐步发展。

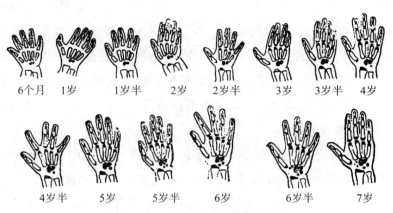

6个月　1岁　1岁半　2岁　2岁半　3岁　3岁半　4岁

4岁半　5岁　5岁半　6岁　6岁半　7岁

图2-4　学前儿童腕骨的变化

（4）骨盆。

骨盆是由脊柱下端的骶骨、尾骨、髋骨和韧带连接而成的，能有效保护盆腔内的脏器。通常骨盆的固化在18—25岁完成。婴幼儿的髋骨尚未定型，是由客骨、坐骨和耻骨通过软骨相连而成的，组成髋骨的三块骨之间结合不牢固，容易在外力的作用下产生位移，发生不正常的结合，影响骨盆的发育。因此，应该避免让婴幼儿从高处向硬的地面上跳。

（5）足弓。

脚背向上拱起的弓形结构被称为足弓，是由跗骨、跖骨及韧带、肌腱共同组成的。它的主要功能是，使人体的重力分散，以保证直立时足底支撑的稳固性，在行走和跳跃时发挥弹性和缓冲震荡的作用。

人类是唯一有足弓的脊椎动物，足弓的存在既表示了人类的特征，同时也是人类进化过程中的一个标志。人类的祖先生活于森林中，其上下肢功能无明确分工，皆以攀爬抓握为主，故手、足相似，无足弓，前足发达，趾长而伸屈灵活自如，足跟不负重。当人类逐渐进化后，特别是发展到直立行走时，手足有了明确分工，手主要从事劳动生产，足专司负重行走，为此，人类的足部结构

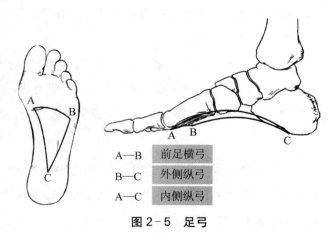

A—B　前足横弓
B—C　外侧纵弓
A—C　内侧纵弓

图2-5　足弓

和形态也发生了与之相对应的适应性改变。

从临床解剖学的角度看,足有两个不同方向的足弓——横弓和纵弓,纵弓又分为外侧纵弓和内侧纵弓。

足弓整体的发育顺序主要分为 0—3 岁、3—9 岁、9—13 岁三个不同的阶段:(1)3 岁前的婴幼儿,足弓大多没有开始发育,没有形成足弓。0—3 岁的婴幼儿,其足部的骨骼 70% 为软骨,足底有脂肪,这一时期走路也较少。(2)3—9 岁儿童的足弓逐渐发育形成,儿童足底的脂肪开始逐渐消失,脚底的掌纹会逐渐增多,足部骨骼开始出现骨化,肌肉韧带逐渐稳定,所以会形成足弓,这是足弓发育的黄金期。如果不进行走路或跑步锻炼,足弓会退化。(3)9—13 岁儿童的足弓已基本发育成熟。

扁平足指的是,由于足弓出现低平或足扁平,导致脚失去了足弓的弹性缓冲功能,表现为运动能力低下,长时间走路、跑跳或者站立会压迫足底的神经和血管,容易造成下肢疼痛,引起疲劳。扁平足可以分为两种:一是足弓即使在不负重时也不存在;二是负重时会发生足弓塌陷。扁平足的危害主要有:影响正常行走、压迫足底血管神经,长时间行走或站立后比一般人更容易累;影响下肢对全身的支撑功能。扁平足的症状在早期的表现为,踝关节前内侧疼痛、肿胀,尤其是长时间站立、走路后,疼痛更加明显,甚至影响走路,而休息后疼痛减轻。

近年来,由于运动不足而导致扁平足的婴幼儿开始增多。扁平足的预防措施如下:增加运动量;根据运动项目的不同需求选择合适的鞋;运动时做好热身和拉伸;掌握正确的运动姿势;避免参加负荷过重的劳动和运动;平时应加强足部及小腿的锻炼。当婴幼儿出现扁平足伴随足跟外翻时,需要积极地进行治疗,可在医生的指导下进行按摩处理,也可使用矫形鞋垫进行矫正,五到七岁是最佳的矫正年龄。

2. 骨连接

骨与骨之间的连接被称为骨连接。关节、骨与骨之间的结缔组织都属于骨连接。其中,关节是主要的骨连接方式。

婴幼儿的关节面软骨相对较厚,关节囊、韧带的伸展性大。关节运动范围大于成人,关节的灵活性和柔韧性强于成人,关节囊和韧带松弛,关节牢固性较差,在外力的作用下,容易发生脱臼。脱臼时,常伴有关节囊撕裂和韧带损伤,会出现肿胀、疼痛,甚至失去运动能力。

3. 肌肉

婴幼儿的肌肉柔软,肌腱宽而短,肌肉中含有的水分多于成人,相应地,蛋白质、脂肪、碳水化合物和无机盐的含量就少于成人,能量储备能力差。因此,婴幼儿的肌肉收缩力差、容易疲劳。但疲劳后,肌肉的恢复也比较快。

婴幼儿肌肉重量的增长较其他器官快得多。充足的营养和适当的体育活动是促进肌肉重量增长的重要手段。

婴幼儿各肌肉群的发育不平衡。大肌肉、上肢肌发育比较早,小肌肉、下肢肌发育比较晚。具体表现为婴幼儿的动作不够精确、灵活、协调,粗大动作的发展早于精细动作,上肢动作早于下肢动作。婴幼儿的运动时间不能过长,否则容易产生疲劳。

婴幼儿的肌力随年龄的增长而显著增长。一般右手较左手有力,男童的肌力比女童稍高。

4. 牙齿

在整个发育期间,先后有乳牙和恒牙2组牙齿的萌出。乳牙在出生后6—8个月时开始萌出,最迟不晚于1岁,2—3岁20颗乳牙全部出齐。6—7岁时,乳牙开始脱落,恒牙开始萌出,12—14岁,乳牙、恒牙的交换基本完成。

乳牙的萌出有一定顺序和规律,最先萌出的是2颗下中切牙(下门牙),然后出上面的4颗切牙(上中切牙和上侧切牙),再出2颗下侧切牙,1岁半时出4颗第一乳磨牙,接着4颗乳尖牙长出,2岁半左右,4颗第二乳磨牙萌出,至此20颗乳牙全部出齐。6岁左右,第一恒磨牙在第二乳磨牙的远端萌出,所以,第二乳磨牙的位置对于建立正确的咬合关系起重要作用,若过早失去,会使邻牙向缺隙处倾倒,造成牙列不齐。

婴幼儿乳牙的结构和钙化程度都不够成熟,牙釉质和牙本质的致密度都不高,牙齿咬面的窝沟又多,容易被过硬的食物损伤,或者被食物残渣的发酵物腐蚀致龋。

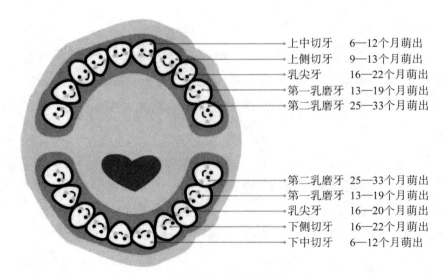

图2-6　乳牙萌出

(二) 呼吸系统

婴幼儿的呼吸系统包括鼻、鼻咽部和咽部、喉部、气管和支气管、肺、呼吸肌和胸廓、胸膜。

1. 鼻

婴幼儿鼻和鼻腔相对短小，4岁时鼻道才完全形成。婴幼儿没有鼻毛，鼻腔相对狭窄，鼻黏膜柔软，含有丰富的血管，容易发生感染。鼻腔发生感染后，由于鼻黏膜充血肿胀，狭窄的鼻腔更加狭窄，鼻道阻塞，易引起呼吸困难。因此，在普通感冒时，婴幼儿就可能发生呼吸困难，拒绝吃奶及烦躁不安，导致口部呼吸，容易出现咽喉充血现象，感染可能向下累及咽喉与其他部位。另外，婴幼儿的鼻泪管较成人短，开口处的瓣膜发育不全，感冒时可能并发泪囊炎和结膜炎。

2. 鼻咽部和咽部

婴幼儿鼻咽部和咽部相对狭小，而且较垂直，位于咽鼻部通向中耳鼓室的咽鼓管相对短而宽，且呈水平位置，上呼吸道感染时，容易引发中耳炎。

咽部中，扁桃体具有一定的免疫功能，但是当细菌藏于腺窝深处时，就成为慢性感染灶，进而发生扁桃体炎。

3. 喉部

婴幼儿的喉腔相对狭长，黏膜柔软，含有丰富的淋巴组织和血管，若发生炎症，容易因为水肿而出现呼吸困难，造成喉梗阻。

婴幼儿的声门短而宽，声带较薄，声调较成人更高。声门肌肉容易疲劳，发炎时，会出现声音嘶哑等症状。

4. 气管和支气管

婴幼儿气管上端的位置比成人高，随年龄增长，位置逐渐下降。右侧气管和支气管较直，其插管常易滑入右侧，支气管异物也以右侧多见。气管和支气管的管腔相对狭窄，软骨尚未坚硬，气管黏膜柔嫩，纤毛运动不足，因此，尘埃颗粒或微生物的入侵容易造成呼吸困难。

5. 肺

婴幼儿肺的间质发育旺盛，血管丰富，毛细血管间隙较成人宽，肺的弹性组织发育较差，整个肺脏含血多而含气少，容易发生肺淤血。肺泡数量少，肺容积也比较小，被黏液堵塞时，容易发生肺不张和肺气肿。

6. 呼吸肌与胸廓

呼吸肌是呼吸的动力，婴幼儿胸部呼吸肌不发达，主要靠膈呼吸，易受腹胀等的影响。其胸廓较短，前后径相对较长，呈桶状。

7. 胸膜

婴幼儿胸膜较薄，胸膜囊大于肺脏且有储备间隙。胸膜腔有较大积液时，容易发生纵隔器官的移位。

8. 呼吸运动

婴幼儿肺脏的容量相对较小,呼吸肌发育不健全,肺通气量小,潮气量(每次呼吸量)的绝对值小于成人。由于快速发育时需要通过旺盛的新陈代谢来获得氧气,而婴幼儿胸廓的解剖特点使其难以满足身体代谢的需要,因此,婴幼儿只有加快呼吸的频率、采取浅快的呼吸作为消耗能量最少的方式,才能满足身体生长发育的需要。因此,婴幼儿年龄越小,呼吸频率越快,1 岁时呼吸频率为 30 次/分钟,1—3 岁时为 25—30 次/分钟,4—7 岁为 20—25 次/分钟。环境中新鲜的空气和充足的氧气量,也有助于婴幼儿的呼吸运动。

(三) 循环系统

在人体的生理活动中,各组织要不断获得氧气,同时将体内产生的二氧化碳和飞沫排出体外,这个过程是由循环系统完成的。循环系统包括心血管系统和淋巴系统。

婴幼儿的循环系统在出生时尚未发育完善,是随着年龄的增长而逐渐成熟完善的。婴幼儿时期心血管系统疾病的发病率仅次于呼吸系统和消化系统疾病的发病率,其中以先天性心脏病多见。

1. 心血管系统

(1) 心脏。

心脏是血液循环的动力,由于它的收缩、舒张,血液得以在全身不断地循环。出生时心脏的位置较高且呈横位,2 岁后,横位逐渐变成斜位,心尖搏动下移至第五肋间隙,心尖部分主要是左心室。

婴幼儿心脏重量的增长速度并非均等,新生儿期心脏重量增长很少,此后,心脏重量持续增长并在某些阶段有跳跃式的增长。1 岁时,为出生时的 2 倍;5 岁时,为出生时的 4 倍。

婴幼儿 4 个心腔的容积随着年龄增长而增加。1 岁时达到出生时的 2 倍,2.5 岁时达到 3 倍。心房相对较大,心室增长刚开始较慢,以后逐渐赶上并且超过心房的增长速度。左心室主要参与体循环,而右心室主要参与肺循环。出生后两心室厚度随着体循环的范围越趋扩大,左心室负荷明显增加,而肺循环的阻力在出生后明显下降,右心室负荷相对减少,左心室壁增长速度明显快于右心室。

(2) 血管。

婴幼儿血管壁的弹力纤维较少,年龄越小,血管壁越薄,且越柔软。毛细血管特别粗,尤其是肺、肾、肠和皮肤的毛细血管内径都相对较大,冠状动脉相对较宽,因此,心、肺、肾和皮肤的供血较好。

婴幼儿的血管比成人短,血液在体内循环一周所需的时间短,因此,供血充足,有利于生长发育和消除疲劳。

由于心脏收缩力较弱、心脏排出血量较少、动脉管径较大等原因,婴幼儿年龄越小,血压相对越低。

（3）血液。

婴幼儿的血容量和成分与成人不同，其生理机能有别于成人。其血容量增加较快，1 岁时为出生时的 2 倍。血容量占体重的比例逐年下降。

婴幼儿血液中的凝血物质和无机盐含量少，水分较多，出血时血液凝固得比较缓慢：婴幼儿约需 4—6 分钟，而成人仅需 3—4 分钟。

婴幼儿血液中红细胞和血红蛋白的含量随年龄的增长而变化，出生 2—3 个月时可能会出现生理性贫血，之后这两者的含量又逐渐增加，12 岁时达到成人水平。在此期间，如果身体中缺乏用以合成血红蛋白的蛋白质和铁，就会出现缺铁性贫血，进而不利于婴幼儿的新陈代谢及生长发育。除此之外，血液中的白细胞数量逐渐下降，白细胞中的中性粒细胞数量少，因此容易发生感染。

（4）心率。

婴幼儿的迷走神经张力较高，吮吸、恶心、呕吐等均可引起迷走神经兴奋，出现心动过缓现象，心脏收缩频率不稳定，直到 10 岁左右才比较稳定。

婴幼儿调节心脏的交感神经占优势，副交感神经发育不完善、兴奋性低，对于心脏收缩的频率和强度的抑制作用较弱，因此，婴幼儿的心率较快。

在正常情况下，心率和脉搏是一致的。但婴幼儿的脉搏容易受到各种内外因素的影响，如进食、运动、哭闹、发热等，因此，应该在婴幼儿安静时测量脉搏。当婴幼儿脉搏显著增快，并且在睡眠时依然不减少，或者在劳累、走路时出现口周青紫、心慌气短等症状时，应该怀疑是否有器质性心脏病，并及时就医。

2. 淋巴系统

淋巴系统是由淋巴管、淋巴结、脾和扁桃体组成的，主要功能是运输全身淋巴液。此外，淋巴结、扁桃体、脾还有生成淋巴细胞、清除体内微生物等有害物质和生成抗体的作用。

婴幼儿的淋巴系统发育较快，淋巴结的防御和保护功能比较显著，若某处淋巴结肿大，往往是由于它所属的区域或者器官发生了一定病变（如炎症）所致。例如，颈部淋巴肿大，暗示腮腺、面部皮肤等部位可能发生炎症。故幼儿园在对婴幼儿进行晨间检查时，应该把检查一些淋巴结作为重要内容，以便及时发现感染、进行治疗。

腺样体也叫咽扁桃体或增殖体，位于鼻咽部顶部与咽后壁处，属于淋巴组织，表面呈橘瓣样。腺样体和扁桃体一样，出生后随着年龄的增长而逐渐长大，2—6 岁时为增殖旺盛的时期，10 岁以后逐渐萎缩。

腺样体肥大一般是由各种原因导致的炎症反复刺激而引发的，如鼻炎、咽炎等。患者除了打鼾的情况外，还可伴有张口呼吸、腺样体面容、食欲减退、发热、注意力不集中、反应迟钝等,常与慢性扁桃体炎、扁桃体肥大合并存在。一般可通过手术的方式进行治疗。

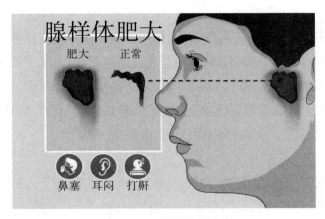

图 2-7 腺样体肥大

(四) 消化系统

消化系统主要由消化道和消化腺构成。

1. 消化道

(1) 胃。

贲门是胃的上端和食道连接处的一组环形的肌肉。贲门收缩时,胃内的东西就不会倒流入口腔。婴幼儿的贲门比较松弛,且胃呈水平位,因此,当吞咽下空气,奶就容易随暖和的空气流出口外,这就是溢奶。

婴幼儿的胃容量增加快速,3 个月时为 100 毫升,1 岁时为 250 毫升,6 岁时为 900 毫升,之后继续随着年龄的增长和机体的发育逐渐增大。婴幼儿的胃黏膜柔软,薄嫩且含有丰富的血管,胃壁薄,弹性组织、肌肉层和神经组织发育都不完善,胃的蠕动能力较差。

婴幼儿胃分泌的消化液酸度低,消化酶的含量比成人少,消化能力弱。

(2) 肠。

婴幼儿的肠管相对比成人长,为身长的 6 倍,成人为 4 倍半,消化道面积相对比成人大。

婴幼儿的肠黏膜含有丰富的血管和淋巴管,小肠壁的绒毛数量几乎和成人相等,小肠壁通透性好,吸收率高,容易将营养物质吸收到血管和淋巴管中,但也容易造成细菌和病毒透过肠壁进入血液。

婴幼儿的肠道肌肉组织和弹力纤维还未发育成熟,肠壁的收缩力不强,肠的蠕动能力较弱,容易发生便秘和粪中毒。

婴幼儿的肠管管壁薄,腹部受凉、突然改变饮食习惯或者发生腹泻时,会诱发肠套叠等疾病。发病时,婴幼儿表现出阵发性的哭闹,蜷曲着小腿,面色苍白,不吃食物,却频频呕吐,半天后,排出"红果酱"样的大便,为血和黏液。

2. 消化腺

（1）唾液腺。

人体有 3 对唾液腺，都由管道通到口腔。婴幼儿 3—4 个月时，唾液腺的发育渐趋完善，唾液量增加，淀粉酶含量增多，由于其此时还不会吞咽唾液，故常常有唾液外流的现象，被称为"生理性流涎"。随着乳牙的萌出，以及婴幼儿吞咽功能的发展，这一现象将消失，唾液的消化功能也趋于增强。若此现象持续发生，则为"病理性流涎"或者"假性流涎"，其原因可能是：长口疮、烂牙床或者因口腔常半张开而引起，需要及时治疗。

（2）肝脏。

婴幼儿的新陈代谢旺盛，肝脏体积相对较大。3 岁以下的婴幼儿的肝脏可在右侧锁骨中线肋缘下约 2 厘米处触及，4 岁以后，逐渐缩入肋下，就摸不到肝脏的下缘了。

由于婴幼儿肝脏的肝小叶和肝细胞发育不完善，胆囊小，胆汁分泌少，胆汁中含有的水黏液素和色素较多，促进胰液、肠液消化作用的物质较少，故其消化脂肪的能力较弱。

婴幼儿肝脏的主要功能是维持血糖的相对恒定，把肠道吸收进入血液的葡萄糖转化为肝糖原加以储存，以保证身体特别是脑组织的能量供应，但婴幼儿肝糖原的储存量相对较小，容易因为饥饿而引起低血糖，甚至导致休克。

婴幼儿的肝细胞分化不完全，组织柔弱，导致肝脏的解毒能力较差，对感染的抵抗能力较差。但其肝脏含血量丰富，肝内结缔组织再生能力强，患病后恢复较快，不易患肝硬化。

（五）泌尿生殖系统

1. 泌尿系统

泌尿系统由肾脏、输尿管和尿道组成。婴幼儿的肾皮质发育不全，肾功能差，年龄越小，肾小管越短，肾小球过滤率、肾小管排泄和再吸收的能力越不健全，对尿的浓缩和稀释功能也较弱。在肾脏负担增加时，婴幼儿较成人更容易从尿中损失葡萄糖、氨基酸等有用物质，发生脱水或者浮肿。

婴幼儿的膀胱容积小，膀胱肌肉层和弹性组织不发达，储尿机能差，年龄越小，每天排尿次数越多，1 岁时每天排尿 15—16 次，2—3 岁每天排尿 10 次，4—7 岁每天排尿 6—7 次。每次排尿量随着年龄的增大逐渐增加。尿量在个体之间的差异很大，并受到气温、饮水量等因素的影响。

女童若出现尿频尿急，可能是尿路感染，原因在于女性尿道更短，且黏膜柔嫩，其尿道开口接近肛门，容易被粪便污染而发生尿路感染，尿路感染后上行累及膀胱、输尿管、肾脏，易引起膀胱炎等疾病。

排尿是一个神经反射过程，婴幼儿神经系统的发育尚未成熟，自主控制排尿能力差，时常会出现遗尿。即由于大脑皮质发育尚未完善，膀胱黏膜的反射刺激会引起不自觉排尿。随着中枢神经系统的发育成熟和排尿训练，婴幼儿排尿的约束能力增强，但也存在个体差异性。

2. 生殖系统

生殖系统的主要功能是产生生殖细胞、繁殖后代、分泌性激素、维持性特征。生殖系统包含外生殖器官和内生殖器官。

男性的外生殖器官包括阴囊、阴茎，内生殖器官包括睾丸、附睾、输精管、射精管和前列腺等。女性的外生殖器官主要有大阴唇、小阴唇、阴蒂和前庭大腺等，内生殖器官包括卵巢、输卵管、子宫和阴道。

婴幼儿的生殖系统发育十分缓慢，青春期后才迅速发育。婴幼儿期是性心理发育的重要时期，婴幼儿会对自己和异性的生殖器官产生好奇，还会对不同的排尿方式产生兴趣。

（六）内分泌系统

内分泌系统由内分泌腺和分布于某些器官的内分泌细胞组成。内分泌腺是人体内一些无输出导管的腺体，可分泌激素。激素通过血液循环作用于特定器官或细胞，对整个机体的生长、发育、代谢和生殖起到调节作用。人体主要的内分泌腺有：脑垂体、甲状腺、胰岛等。

1. 脑垂体

脑垂体是人体主要的内分泌腺，在 4 岁前和青春期，脑垂体的生长迅速，机能最为活跃。脑垂体分泌的生长激素，是影响生长发育的一种最重要的内分泌素，对于成长过程中各器官和机体各部分之间的生长平衡起着重要作用。

婴幼儿阶段生长激素分泌不足会引起生长迟缓、身材矮小，出牙、囟门闭合也明显延迟，甚至患侏儒症，一般侏儒症的症状在 2 岁时逐渐显现；相反，如果生长激素分泌过多，则出现生长速度过快，可能会导致巨人症。目前，生长激素在人的一生中各个发育时期的分泌量尚不清楚，一般认为青春期的分泌量较婴幼儿期和成人期更高。另外，生长激素的分泌是有规律的，一天中的分泌量也不均匀，夜间分泌多于白天，且与睡眠深度有关，白天饭后两三小时后会出现一个小小的高潮，夜里睡觉则会有一个持续时间较长的分泌高潮。婴幼儿的睡眠规律随年龄增长而逐步形成，年龄越小，一日所需睡眠时间越长，生长发育速度越快。有规律的充足睡眠是保证生长激素正常分泌的重要条件。

2. 甲状腺

甲状腺是人体最大的内分泌腺，分泌甲状腺素。甲状腺素的功能主要是调节新陈代谢，兴奋神经系统，促进骨骼的生长发育。在婴幼儿阶段，如果出现甲状腺素分泌不足，可能发生甲状腺肿大，甚至发生呆小症，主要表现为身材矮小、身体比例不匀称、有不同程度的听力障碍、智力明显低下；如果甲状腺素分泌过多，甲状腺功能亢奋，就会表现出甲状腺肿大、凸眼、多汗、心率快、脾气暴躁、易激动等症状。预防碘缺乏性甲状腺疾病的有效措施是添加碘化食盐,食用海带、紫菜等含碘丰富的食物。

3. 胰岛

胰岛素是胰岛分泌的主要激素,具有调节糖、脂肪及蛋白质代谢的作用,对机体的生长过程十分重要。

(七) 神经系统

婴幼儿的神经系统发育迅速:3 岁时脑重约为 1 000 克,成人为 1 400 克。脑重量的增加主要是因为神经细胞体积的增加、神经髓鞘的形成、树突的分支复杂化、随着脑的其他部位的发育而造成的输入纤维数量的增加以及神经胶质的增殖。

婴幼儿神经髓鞘化不全,对外来刺激的反应较慢且易泛化,到六七岁时,几乎所有的神经髓鞘都已发育完成,对于外界反应也日益精确化。

婴幼儿高级神经活动的特点是兴奋过程强于抑制过程,表现为容易兴奋、激动,控制自己的能力较差,好动不好静。但是兴奋容易随着新鲜事物的出现发生扩散或者转移,年龄越小,注意力维持时间越短。

(八) 视觉器官

眼是视觉器官,人眼中的感受器占人体全部感受器的 70%,是人体接收外界信息的重要通道。

眼的解剖结构包括眼球和附属结构,眼的功能结构可分为折光系统和感光系统。眼球是眼的主要部分,包括眼球壁和内容物。附属结构包括眼睑、结膜、泪器、泪外肌、眉和睫毛等。

0—3 岁是视觉发育的关键时期,主要完成眼的结构发育,4—13 岁是视觉发育的敏感期,基本完成眼的功能发育。

随着眼球的发育,前后轴逐渐变长,直到 5 岁时,成为正视(正常视力)。儿童的眼球发育是由小变大,由扁球形逐步发育为正球形的过程。具体来说,新生儿出生时眼轴短,平均为 18.7 毫米,眼球呈扁球形;3 岁后眼轴快速生长,眼轴为 22.5—23.2 毫米;其前后轴增长缓慢,在 14—15 岁基本长成成人水平,眼球逐渐呈现正球形。

婴幼儿出生后第 1 年,晶状体快速生长并逐渐变为扁平,2 岁时角膜可达到成人大小,7 岁时睫状肌基本发育完全。学前儿童的眼球具有眼轴相对较短、晶状体弹性较大的特点。在视觉功能上,表现为生理性远视和屈光调节能力强的特点。具体表现为如可看见的近点距离(使用最大调节时能看清的最近一点的眼和物之间的距离)很近,对与距离眼球 5 厘米的物体也能看清。所以,孩子即使将书放在离眼睛很近的地方,也可看得清而不觉得累,但若成为习惯,长期视物距离过近,睫状肌紧张收缩,晶状体调节过度,就会增加晶状体的凸度,造成近视。

出生时的暂时性斜视,一般在 6 个月时可以发育良好,5—6 岁时,双眼单视功能发育完成。但是,屈光不正或者弱视会引起斜视,具体指两眼视轴无法同时注视同一目标,两眼的黑眼珠位置不匀称。斜视看物体会出现模糊的双影,久而久之,眼位不正的那只眼睛也会出现弱视。

弱视是指无器质性病变的视力低下。患有弱视的孩子不具备正常的视力,同时无双眼单视功能和立体视觉。

婴幼儿的视觉相对其他感知觉,成熟最晚、发育较慢。婴幼儿 3 个月能够注视 5 米远的物体,6 个月能够看到天上的飞机和地面上的细小物体。3—4 个月已能辨别彩色和非彩色,1.5 岁辨色能力逐步发展完善,能够对颜色进行配对和指认,3 岁能够分辨几种基本色。配色法研究表明,儿童掌握颜色的顺序依次是黄、红、绿、蓝、紫、橙,并在早期表现出对红色等明亮鲜艳颜色的喜欢。

此外,6—8 个月已具有深度视觉和空间视觉,与其粗大动作的发育相辅相成;1—1.5 岁眼的集合功能进一步发展,视线能跟随目标由远及近;9 岁时立体视觉发育完善。

婴幼儿的视力标准因年龄而异。1 岁婴儿的视力为 4.3(0.2),2 岁可达到 4.6—4.7(0.4—0.5),3 岁应达到 0.6,4 岁应达到 0.8,5 岁应达到 1.0,6 岁以上的学龄儿童视力应达到 1.0 以上。视力下限的标准也不相同,一般 3 岁儿童视力的下限是 0.4,4—5 岁视力下限是 0.5,6—7 岁视力下限是 0.7。当眼睛发育时,眼轴长度逐渐增长,远视度数逐渐减少,视力也会逐渐恢复正常。如果儿童的视力没有达到正常标准,或者双眼视力检查结果相差过大,就说明有视力异常,如屈光不正、弱视或眼部器质性病变,需要到专业医院的眼科做详细检查,确定病因,然后对症处理。

(九) 听觉器官

耳是听觉器官。听觉对于人类适应环境具有重要意义,也是婴幼儿语言发展、社交技能发展的重要途径。耳还是位置感觉器官,能感受身体的运动状态和头在空间中的位置,从而保持身体平衡。

耳由外耳、中耳和内耳构成。外耳和中耳是声波的传导装置,内耳是位听觉的感受装置。外耳包括耳廓和外耳道,具有收集和传导声波的作用。中耳包括鼓膜、听骨链和咽鼓管。鼓膜位于外耳道底部,呈顶点朝内的漏斗形。听骨链一端连着鼓膜,另一端连着内耳前庭窗。鼓膜、听骨链和内耳前庭窗构成了声音由外耳传向耳蜗的有效通路。咽鼓管连通鼻咽部,其管口一般关闭,管口张开时,空气进入鼓室以平衡鼓膜两侧的压力。内耳由半规管、前庭和耳蜗构成。耳蜗是真正的听觉感受器,半规管可感受旋转的刺激,前庭可感受头部位置的变化。声音以振动波的形式传播,一定频率和一定强度的振动波才能被耳蜗所感受,引起听觉活动。

婴幼儿耳廓的皮下组织很少,血液循环差,容易发生冻疮。外耳道皮肤薄嫩,频繁挖耳朵可引起皮损伤而诱发感染,若不慎损伤鼓膜,会影响听力。外耳道皮肤下的皮脂腺可分泌黄褐色的耵聍(俗称耳屎),具有黏住灰尘和异物、保护外耳道的作用,通常耵聍会自行脱落,如耵聍过多堵住了外耳道,可以到医院处理。

婴幼儿外耳道狭窄,尚未发育完全,皮下组织少,外耳道壁还未完成骨化和愈合,因为眼泪、脏水流入,或挖耳朵损伤外耳道等,可使外耳道皮肤长疖,因长疖疼痛可影响睡眠,张口、咀嚼时疼痛加剧,容易引起附近组织发生病变。

婴幼儿咽鼓管粗、短,且呈水平位,发生咽、鼻、喉感染时,容易发生中耳炎。要注意保持婴幼儿鼻咽部清洁,积极预防和治疗鼻炎、鼻窦炎、扁桃体炎。

婴幼儿对于噪声更加敏感、对噪声的承受力较低。噪声是指使人感到吵闹或为人所不需要的声音,是一种环境污染,可以影响学前儿童的健康。不同声音的响度可以用分贝来计量,耳语的声音大约为 20 分贝,爆竹的声音大约为 100 分贝,超过 130 分贝的声音会让耳朵感到疼痛。80 分贝的声音会使婴幼儿感到吵闹难受,若长期处于 80 分贝以上的噪声环境中,婴幼儿会出现头痛、耳鸣、睡眠不安、烦躁不安、消化不良、记忆力减退和听觉迟钝等症状,也会造成暂时性和持久性听力损伤。婴幼儿的学习生活环境中应该尽量避免噪声污染。看电视音量太大、戴耳机听音乐或故事、有声玩具音量大、人声喧闹或争吵等,都是噪声的主要来源,应尽量避免。听到较大的声音时要让婴幼儿张嘴、捂耳朵,以防止强烈的声音震破鼓膜。

新生儿永久性听力损伤的发病率为 1‰—3‰,其发生有先天性、遗传性因素,也可因药物等造成。应定期测查婴幼儿听觉的发育状况,对婴幼儿的听觉反应进行判断,可按月龄检查相应的项目。若经过几次的筛查都发现孩子听觉有障碍,建议到专门的耳鼻喉科进行检查。如果孩子真的有听力异常的话,若及时地进行处理,比如装人工耳蜗,可帮助孩子在语言学习的关键期,听到声音,学会说话。

表 2－2　0—2 岁婴幼儿听力发育对照表

月龄	听觉状态
满月时	听到声音,孩子会眨眼或者停止动作
2 个月	听到突然的声音会有反应
3—4 个月	开始学会寻找声音源头
4—6 个月	对自己的名字有反应
6—8 个月	能听得懂一些指令
9—12 个月	在听的基础上,会叫爸爸、妈妈
1—2 岁	听得懂指令,可做出行动

婴幼儿对高频声音比较敏感,对于低频声音的敏感度不如成人。因此,对婴幼儿说话应音调高、音调变化范围大。

正常情况下,婴幼儿听到的声音响度是 0—20 分贝,只能听到 21—35 分贝范围的为轻度听觉障碍,36—55 分贝为中度听觉障碍,56—70 分贝为中等重度听觉障碍,71—90 分贝为严重听觉障碍,91 分贝以上为极重度听觉障碍。

(十) 皮肤

皮肤由表皮、真皮和皮下组织构成,还包括一些附属结构,如毛发、汗腺、皮脂腺、指甲等。真皮位于表皮下方,比表皮厚,内有丰富的血管、淋巴和神经,具有一定的弹性和韧性,能经受一定的摩擦和挤压。皮肤覆盖于全身,柔韧而有弹性,可保护机体免受外界的直接刺激,并且参与感觉、体温调节、呼吸、排泄等生理功能。

婴幼儿皮肤的保护功能较差,容易受损伤和感染。因此,应帮助婴幼儿养成常洗澡、勤换内衣、勤剪指甲、注意清洁等卫生习惯。

婴幼儿皮肤薄嫩,血管丰富,血管的吸收和渗透能力强。给皮肤用药时应该注意药物的浓度和剂量,需要与婴幼儿的年龄体重相匹配,避免使用成人洗涤剂和护肤品。婴幼儿易发生皮肤擦伤、划伤等,若不及时处理易引起感染化脓,因此,一旦皮肤损伤应该尽快消毒处理,并使用婴幼儿专用的外用药。

皮肤感觉包括痛觉、触觉、温度觉等。触觉在胎儿 3 个月时就已经开始发展,婴幼儿的眼、前额、口周、手掌、足底等部位,触觉比较敏感,可以通过抚触对这些部分进行刺激。婴幼儿对温度觉高度敏感,3 个月的婴儿对不同的水温能作出不同反应。2—3 岁时能辨别各种物体的属性,如软、硬、冷、热等。对重量的区分、对物体质地以及粗糙程度的触觉感知随着年龄增长而更加精细化。

二、婴幼儿期的神经心理发展

(一) 动作

动作发育是指身体肌肉控制动作、姿势和运动能力的发展,包括粗大动作和精细动作。从 20 世纪 20 年代以来,心理学家对个体动作发展的一般进程进行了大量研究,研究发现,动作的发展和儿童的体格发育相互关联。具体来说,既与脑的形态和功能的发育密切相关,也与脊髓、骨骼和肌肉的发育有关。

1. 动作发展的基本规律

我国心理学家朱智贤把人类个体动作发展序列的规律概括为整分原则、头尾原则和大小原则。陈帼眉进一步提出了另外 3 条规律:从中央到边缘、从无意识动作到有意识动作、由正性动作到负性动作。以下分别具体介绍。

（1）整分原则。

即个体最早对刺激作出的动作反应是整体的，然后逐渐分化。出生时，新生儿的动作是整体的、不精确的。2个月的婴儿看到眼前的玩具会手舞足蹈，但是由于判断不准，往往不能把玩具拿到手。4—5个月以上常用双手去抓，不再手脚并用，但是依然不太协调。1岁的婴儿伸手即能取到玩具，但在尝试拿勺进食时经常出现勺子对不准嘴巴的现象。2岁左右能够正确使用勺子。动作的整分原则与神经髓鞘尚未发育完成有关，随着神经髓鞘的发育成熟，动作从不协调到协调，由泛化到集中。

（2）头尾原则。

即个体最初发展的是上身动作，然后逐渐向下到下身动作。婴儿先抬头，两手取物，然后坐、爬、站、走。动作的这一发展规律与脊柱弯曲自上而下的发展顺序有关。

（3）大小原则。

即由粗大动作到精细动作。粗大动作是以颈肌、腰肌和腿肌活动为主的动作，表现为抬头、坐、爬、站、走、跑、跳、投掷等；精细动作是指手指的动作，如抓捏玩具、扣纽扣等。粗大动作到精细动作的发展过程既是动作从整体逐渐到分化的过程，也与肌肉群的发展有关。婴幼儿的肌肉群的发展规律是从肱二头肌、三头肌大肌肉群向腕肌小肌群发展，表现为先利用手臂挥动将手中食物送入口中，后转动手腕、用手指抓捏食物送入口中。动作越来越有意识、定向化和精确化。

（4）由中央到边缘。

最早发展位于躯干中线上的动作，如抱、抬肩。其次发展离中线稍远的双臂和腿部的动作。最后才是离中线最远的、肢体远端的手部的精细动作，如手指取物、抓捏物品。

（5）从无意识动作到有意识动作。

个体动作发展遵循心理发展的一般规律，从先天反射的无意识控制动作向高度控制的技能动作发展，从刻板化的动作向灵活化的动作发展。

（6）由正性动作到负性动作。

先学会抓物体，再会放下（或）扔掉手中的物体；先由坐位站立，后从立位坐下；先学会向前走，后学会向后退。这一现象即为先正性动作，后负性动作。

2. 动作行为

婴幼儿的动作行为经历了从无条件反射、粗大动作到精细动作的发展过程，这些动作的发展均依赖大脑、神经、骨骼、肌肉和视知觉的发育与协调。

（1）无条件反射。

无条件反射是个体对外界进行适应并实现后继发展的最早能力。这些能力从胎儿期就已经具备,以帮助胎儿适应宫内的环境。

随着年龄的增长、发育的成熟,自主控制动作逐渐成为主导动作。婴儿无条件反射动作出现和消失的原因是动作发展研究领域普遍关注的问题之一,也存在不同的观点。一些学者认为,无条件动作的出现和消失源于神经系统结构的发展,反射随神经系统的成熟而逐渐消失;也有学者认为,无条件反射的发展终点并不是被取代,而是被纠正和重新组织,否则会妨碍其他动作的发展。例如,应该在3个月以后消失的吮吸反射若不及时消失,会妨碍婴儿顺利完成半固体食物的添加,因为糊状食物必须用舌头将食物从口腔送入咽部,再进行吞咽动作;同样,抓握反射的持续存在,也会影响手部其他动作的发展。更多的学者认为无条件反射动作和自主控制动作的关系可能是复杂的:婴儿无条件反射的正常出现,不仅表明了婴儿的神经通路以及与之相对应的肌肉群的结构和功能的正常,同时与外界环境给予的教育和训练密切相关。从某种意义上说,无条件反射动作的正常发展,是自主控制动作出现和发展的基础。

（2）粗大动作。

出生后4周左右的婴儿出现了更高级的由大脑皮层主导的初步自主控制动作,可以将其分为有关个体全身大肌肉活动的粗大动作和主要涉及小肌肉活动的精细动作。粗大动作不仅是个体神经系统发育成熟的重要标志,也是个体适应、实现自身发展的必需条件。格赛尔、麦克格罗、雪莉等人的经典研究都表明,婴幼儿的粗大动作发展遵循了一个相对固定的发展序列,个体先后具备的自主控制动作是抬头、翻身、坐、爬、立、走、跑、跳等。其中,头颈和躯干控制是最早出现的自主控制动作,也是更复杂动作发展的基础。目前,学界基本都认可这种发展序列。

① 头颈部控制:就粗大动作的发展过程而言,婴幼儿粗大动作的发展从头颈部的控制开始。颈后肌的发育先于颈前肌,婴儿在出生后的第一个月末,就逐渐出现了自主控制的头颈部运动,如俯卧时将头抬起一定角度。随着头颈部的自主控制越来越成熟,躯干部的自主控制也逐渐显现。就俯卧位抬头这一动作而言,2个月时抬头约45度,3个月时抬头约90度。取仰卧位拉起双手,3个月时头仍稍后仰,4个月时头、颈及躯干可在一条直线上。扶坐位时,3个月时抬头较稳,4个月抬头很稳,并能自由转动。

② 翻身:不对称颈紧张反射消失时出现翻身动作。5个月时能够从仰卧位翻到俯卧,6个月时能够从俯卧位翻到仰卧,7个月时转向侧卧位过程中能够用一只手支撑身体的重量。

③ 支撑坐:随着腰肌的发育,5个月时靠着靠座垫腰能够伸直,6个月时已经可以独自坐着,甚至可以让自己的身体向特定的方向移动,这为后面的爬行做好了准备。7个月时能独坐片刻稍稳,身体略向前倾,8个月时独坐很稳,并能向左右转动,11个月时由俯卧位的姿势自己能坐起,1岁时自己能爬上椅子转身坐下,1岁半后能独坐小凳并弯腰拾物。

④ 匍匐、爬行:2个月并处俯卧位时能够交替踢腿,3—4个月时可用手支撑上半身半分

钟。7 个月左右,婴儿一般会出现爬行动作,能够用手支撑胸腹,使身体离开床面或桌面,有时能在原地转动,这是最早的自主身体移动动作。8—9 个月时能够手膝爬行,1 岁半时能够爬上楼梯。爬行出现后,婴儿的生活发生了显著的变化,他们可以将自己移动到希望到达的地方。爬行与胸部和手臂力量的发展有关。爬行分为匍匐爬行和手膝爬行。一般来说,婴儿初学爬行时便显出匍匐爬行,即胸腹部着地,手伸向前方,利用手臂的力量拖动身体前进,腿几乎没有发挥作用。随着婴儿腿部力量的增强,他们逐渐由匍匐爬行演变成为手膝爬行,胸腹部离开地面,依靠手和膝盖移动前行。10 个月时,婴儿在爬行的同时移动胳膊和腿,使两者形成对角线,以使身体保持平衡。从婴儿爬行动作的平衡协调来看,他们表现出从同侧身体协调发展到对侧身体协调的顺序。同侧身体协调的方式表现为婴儿爬行时同侧身体的肢体与对侧的肢体交替运动,左手运动时左腿也在运动,然后换右手和右腿同时运动。对侧身体协调爬行即身体一侧的上肢与对侧的下肢同时运动。两者相比较,对侧身体协调的爬行效率更高。

⑤ 立、行走:2—3 个月时可扶立片刻,髋、膝关节屈曲,5—6 个月扶立时,两下肢能负重,并能上下跳动。8—9 个月时,扶立的时间延长。10 个月时下肢能够负重,背、腰、臀部能伸直,能扶着物体侧向行走,11 个月时能独立片刻。15 个月独走时很稳,18 个月时能向前跑和倒退走,2 岁时能双足并跳。3 岁时能单足站立数秒,两脚交替走下楼梯,可以沿着直线走或奔跑,但奔跑时还没法很自如地控制转弯或停止;可以双脚离地跳,但是跳的时候只能跃过很小的物体。4 岁时可以跳跃、单脚跳,沿直线走。5 岁时跑动可以像成人一样挥动胳膊,平衡能力也提高了许多。5—6 岁时能在平衡木上走,从 3—4 级的台阶上跳下。

(3) 精细动作。

个体手部的精细动作主要是指个体凭借手和手指等部位的小肌肉或小肌肉群而进行的运动,是视知觉的协调、手眼协调和小肌肉共同发展的结果,手部动作的获得和发展扩展了婴幼儿获得环境信息的途径,丰富了探索环境的方式,成为个体适应生存的重要手段,对于实现自身发展具有重要意义,常常被作为评价其发展状况的重要指标。个体最初和最基本的精细动作是抓握,在此基础上逐渐发展出写字、绘画和生活自理动作等。

表 2-3   0—3 岁婴幼儿精细动作的发展规律

月龄	精 细 动 作
1—4 周	两手握拳很紧
2 个月	两手拳头逐渐松开
3 个月	抓握反射消失,手经常呈现张开姿势,欲握物
4 个月	能够抓住玩具,用拇指参与握物

月龄	精 细 动 作
4—5 个月	常双手去抓,能够用手抓握物品送入口中
6—7 个月	独自摇摆或玩弄小物体,并能够将物体从一手移到另一手
8—9 个月	能够拇指和食指取物
10 个月	可扔掉手中物品
12—15 个月	用勺子取食,能够一次翻好几页书,用蜡笔在纸上乱涂
18 个月	能够叠 2—3 块积木,能够拉脱手套、袜子
21 个月	能够稳稳拿住茶杯
24 个月	能够叠 6—7 块积木,握杯喝水,用筷子吃饭,一页一页翻书,模仿画垂直线和圆,能够穿上衣和外套,拿稳勺而不打翻
30 个月	能够临摹直线
36 个月	能够在帮助下穿衣服

(二) 心理发展

1. 知觉

知觉是人体对各种物质属性的综合反映。知觉的发展与视、听、皮肤等感觉的发展密切相关。婴幼儿主要发展的是空间知觉和时间知觉。

空间知觉指对形状、大小、深度、方位等的知觉。在形状知觉方面,婴儿喜欢看图像清晰、有图案的图画;3 岁能够辨别方形、圆形和三角形;4 岁能够将两个半圆拼成一个圆形;5 岁能够辨认椭圆、菱形和六角形。已经有对大小和深度的知觉。在方位知觉方面,3 岁能够辨认上下。

2. 思维

思维是客观事物在大脑中的概括、间接的反映,是认识的高级阶段,是人类智力活动的核心。思维活动与语言紧密联系。思维是在与周围环境的相互交往活动中逐渐发展起来的。

婴幼儿的思维属于直觉行动思维,思维与行动密不可分,思维不能离开物体和行动,具有具体形象性,能够进行初步的抽象概括,这种概括常常仅包含外部特征,而非内在联系。随着年龄的发展,婴幼儿逐渐出现抽象思维,这是运用概念,通过判断、推理的思维形式达到认识事物本质特征和联系的过程。语言的发展、生活经验的丰富,使婴幼儿逐步学会通过分析、综合、比较、抽象、概括来掌握各种概念,使思维具有一定的目的性、方向性、灵活性、批判性,并且逐步发展出独立思考能力。

皮亚杰认为儿童心理从一个水平向另一个水平发展,从本质上讲,就是心理结构由量的积累(同化)而发生质的变化(顺应),新的心理结构是在旧结构的基础上不断发展的结果。

表2-4　皮亚杰的认知发展阶段(学前儿童)

阶段名称	年龄	特　点
感知运动阶段	0—2岁	婴儿尚未形成对事物的表征,头脑中没有表象和语言,只能通过自身的动作及与动作联系的感知觉来认识外部世界。所以,只能认识此时此地的事物,物体一旦不在其视野内,它就从心理活动中彻底消失了。到感知运动阶段末期,婴儿形成了心理表征,掌握了语言和表象,获得了客体永存的认识。
前运算阶段	2—6岁或7岁	这个阶段,儿童产生了象征性机能,开始摆脱对具体动作的依赖,可以凭借头脑中对事物的表征——表象与语言来进行思维。前运算阶段的思维是一种象征性思维,它使儿童的思维摆脱了对动作的依赖,另一方面也使儿童的思维局限于现象的世界,从而缺乏逻辑性。其表现之一是不具备观点采择能力——从他人的角度来看待事物的能力。另一个表现被称为泛灵论,即儿童认为一切事物都和自己一样有着情感意愿和想法。第三个表现是儿童对事物的认识容易受事物表现出的现象所左右,有现象论的特点。

3. 想象

想象是大脑对已有表象进行加工改造而创造新形象的过程。想象是人类在大脑中凭借记忆所提供的材料和观念,在联想、推理、分析、综合进行的基础上产生新的观念和形象的思维过程。在客观事物的影响下,通过语言的调节,在大脑中创造出过去未曾遇到过的事物的形象或者将来才能实现的事情的思维活动。想象带有明显的概括性和间接性。通过对普遍事物的观察,婴幼儿提取出每一个事物的特质,并且把它们组合在一起,这个过程中所涉及的能力即为想象力。

婴幼儿以无意想象和再造想象为主,有意想象和创造想象逐步发展。无意想象表现为:想象没有特定的目的,是不自觉的,想象主题多变,想象和现实不分,常被他人误解为说谎,想象内容具有夸大性。再造想象反映在游戏活动中,即小年龄孩子受到生活经验的限制,再造想象有限,后来随着生活经验的增加,许多在想象中才能获得的东西成为现实,于是他们对于角色游戏的兴趣淡化。

4. 语言

在语言准备阶段,1—3个月的婴儿处于简单发音阶段,1个月内的哭声是一种未分化的反射性发声,1个月以后逐渐出现 a、o、e、u、ai 等元音和 p、m、k、l 等辅音,这些音是婴儿在玩弄自己的发音器官时偶尔发出的声音,是张口时气流从口腔中出来而形成的,不需舌、唇的动作参与。4个月时发音增多,并且出现元音和辅音的组合,形成 ma-ma-ma、ba-ba-ba 等类似"妈妈""爸爸"的发音,虽然这些发音对婴儿来说毫无意义,但是如果爸爸、妈妈认为婴儿已经会叫人而表现出惊喜的表情,就是对婴儿的极大鼓励,有助于调动婴儿发音的积极性。9—12月时进入咿呀学语的高峰期,发音多而重复,音调趋于多样化,通过控制和调节发音器官,为真正的语言产生和发展创造了条件。此外,婴幼儿还在这一阶段完成对语言理解的准备,建立语音知觉,区别语音和其他声音,这有助于之后进一步理解别人的语言,而8—9个月时婴儿表现出能听懂成人语言的反应,表明其语言理解水平的获得和提高。

在语言发展阶段,婴幼儿先学会比较具体的名词、动词和形容词,然后学会比较抽象的副词。并且经历了单词句(1—1.5岁)、双词句(1.5—2岁)、简单句(2—3岁)和复杂句(3岁以后)这些时期,句法结构趋于复杂,掌握的词汇量逐渐扩大,语法错误减少。

婴幼儿期是口头语言发展的阶段,其语言连贯并且能够在一定程度上脱离情境,以自我中心性语言为主,在游戏、学习、活动中经常表现出自言自语的现象,这是其从外部语言到内部语言转化的一种过渡。3—4岁的幼儿易出现口吃现象,其原因主要是由于认知范围扩大,使幼儿迫切想用语言表达自己的思维,但发音常常不准或者句法不妥。

语言的发展必须借助听觉、发音器官和大脑三者。语言的发展也受到父母教育、关注等因素的影响,性别与掌握语言的能力有关,女童一般比男童说话早。

5. 注意

注意是人们的心理活动集中于一定人或物的表现,是一切认识过程的开始。注意可分为有意注意和无意注意,无意注意是自然产生的,不需要任何努力,而有意注意则是自觉、有目的的,有时还需要一定努力。

婴幼儿以无意注意为主,随着生活内容的丰富、年龄的增长,逐渐出现有意注意。注意稳定性差,注意容易转移,注意范围也不大。主动注意时间随着年龄增长而延长。眼动研究发现,婴幼儿对动态物体、多样化颜色、人脸等刺激物的注意集中更好,对文字对象的注意数量在1个左右,因此,幼儿园中针对儿童讲解而制作的PPT应该当以图片为主,以文字为辅助。

6. 记忆

记忆是指过去人们生活实践中经历过的事物在大脑中遗留的痕迹。记忆是复杂的心理过程,包括识记、保持和回忆。回忆可分为再认和再现。

出生后第2周,婴儿就已出现哺乳姿势的条件反射,这是最早的记忆,3—4个月时开始出现对人与物的认知,以后记忆逐步发展。婴幼儿的记忆表现为保持时间短,记忆精确性差,个体一般对童年生活的回忆只能追溯到4—5岁左右。婴幼儿的记忆暗示性大,以机械记忆、无意识记忆为主,随着年龄的增大,记忆内容越来越多,无意识记忆、机械记忆逐渐被有意识记忆、理解记忆和逻辑记忆所替代。

7. 情绪情感

情绪是人们从事某种活动时产生的兴奋心理状态,是一种简单、原始的情感。情绪持续时间短暂,外部表现显著,与生理需要相联系。情感是人们需要是否得到满足时产生的内心体验,是比较高级、复杂的情绪,与社会需要相联系,是在情绪基础上形成和发展的。

依恋是婴幼儿与其养育者之间存在的一种情感关系,可被分为4种类型。

表2-5　不同类型依恋的表现

类型	安全型依恋	回避型依恋	反抗型依恋	紊乱型依恋
表现	与母亲在一起时能够安静地玩玩具,对陌生人的反应比较积极;当母亲离开时,明显表现出苦恼、不安;当母亲又重新回来时,会立刻寻求与母亲的接触。	对母亲在与不在都无所谓。	母亲要求离开时表现出极度反抗,但与母亲在一起时并未将母亲视作安全基地。	行为显得混乱和具有自我破坏性,好像分不清方向。

婴幼儿情绪的基本特点是情绪产生时间比较短,微小刺激易引发情绪,情绪可以在短期内发生巨大变化;情绪完全外露;同一刺激有时反应强烈,有时则无反应,遇到激动的事在短期内不能平静。随着年龄的增长,情绪逐渐趋于深沉、稳定:3岁以内的儿童,情绪易变化、外露、缺乏控制;3岁以后,儿童的情绪体验更加丰富,自控能力加强,并逐渐出现了基本的社会性情感,产生了道德感、美感和理智感,表现为满意、羞耻等。

8. 意志

意志是个体自觉地克服困难来实现预期目的、完成任务的心理过程。积极的意志品质的基本特征是:自觉性、坚持性、果断性和自制性。消极的意志品质表现为依赖性、顽固性和冲动性。

年龄越小,意志品质的表现越差。婴幼儿在有意行动或抑制某种行动时,就出现了意志的最初形态。3岁左右,孩子出现的"我自己来"的意愿和行动,是意志行动开始发展的标志,以后受到成人教育的影响以及思维、语言的发展,意志品质有了进一步的发展。

9. 性格

性格是个体个性心理特征的重要方面。性格是在后天环境中逐渐形成的,性格形成之后具有一定的稳定性和可塑性。婴幼儿的性格尚未定型,能够在良好的环境中进行培养和塑造;由于性格的相对稳定性这一特点,3岁左右所形成的性格也是今后性格的核心部分,因此要缓解外在环境给婴幼儿带来的压力、满足其合理需求,通过健康教育,使婴幼儿形成良好性格。

第四节　学前儿童生长发育和行为的基本规律

学前儿童生长发育和行为具有基本规律,主要表现出连续性、阶段性、程序性、非等比性、个体差异性、存在长期趋势和追赶性生长。对于这些规律的了解,有利于养育者理解学前儿童生长发育和行为的特点,更好地顺应和促进其发展。

一、连续性

学前儿童的机体处在连续不断生长发育的过程中,这一过程中机体各系统各器官的生长发育速度虽然时快时慢,有时还会出现一定的倒退,但是都遵循着一定的前后顺序衔接发展,而且前一阶段的发展为后一阶段的发展奠定基础。

二、阶段性

在不断变化的生长发育过程中,不同年龄阶段的婴幼儿的生长发育速度不是均匀的,而是形成了不同的发育阶段。各个不同发育阶段通常具有独特的发育表现,这些成为了划分不同阶段的重要标志。

三、程序性

生长发育的程序性表现出头尾规律、自上而下、由近到远、由初级到高级、由简单到复杂等规律。头在子宫内和婴幼儿期领先生长,以后生长不多。出生时头大身体小,肢体短,以后四肢的增长速度快于躯干,渐渐头小躯干粗,四肢长。胸围增大的速度大于头围,出现成人体形。学前儿童动作也遵循类似的规律发展,经历了抬头—翻身—坐—爬—立—走—跑—跳的过程。

四、非等比性

学前儿童生长发育的非等比性,表现为各系统各器官生长发育的速度有快慢之分,其中各系统各器官生长发育最快的时期,就是其生长发育的关键时期。例如,婴幼儿期是身高(长)、体重增长的关键时期,2岁前是大脑发育的关键时期。生长发育的关键时期有重要的生物学意义,如果生长发育在关键时期出现迟滞,就可能导致持久性生长障碍;反之,如果婴幼儿的生长发育出现落后,若在关键时期得到很好的干预,就可能获得追赶性生长。

非等比性还表现在同一系统中,各个器官的发育也不平衡,有先后之分,例如神经系统中,大脑优先发育,神经纤维则较晚,表现出泛化现象。

五、个体差异性

个体差异性指由于受到遗传、性别、环境、教养等因素的影响,同性别、同年龄的儿童之间,在发展速度、发展水平、体形特点、功能特点、达到成熟的时间等方面,存在个体差异性,表现出形态、功能、心理发育等的差异。

如气质类型就是影响儿童发展的一个因素。有关气质,托马斯和切斯将其分为几个维度。

表2-6　托马斯和切斯提出儿童气质类型的划分维度

维度	活动水平	节律性	趋避性
含义	儿童身体的运动量,如洗澡、室内外活动、玩耍时的活动水平	反复性生理功能的规律性:饮食、睡眠、排便等	儿童对新刺激的最初反应:接近或者退缩
维度	适应性	反应强度	情绪本质
含义	儿童对新事物、新情境的接受过程	对刺激产生反应的激烈程度,包括正性情绪和负性情绪	每日中愉快、和悦、友好行为相对于不愉快、不和悦、不友好行为的比例
维度	坚持度	注意分散度	反应阈
含义	儿童活动持续时间的长度和克服阻碍继续进行活动的能力	外界刺激对正在进行的活动的干扰程度	引起儿童产生可分辨反应的外界刺激水平,如对声、光、温度的刺激反应

根据这一标准,托马斯和切斯将儿童气质分为易养型、难养型和启动缓慢型。当儿童的气质与周围环境协调时,产生"调适良好",处于这一状态的儿童会获得最佳发展;反之,当"调适不良"时,儿童易出现行为问题。

另外,关于个体差异性的主要研究领域是群体差异现象,指向以常模为参照确定出的发展时间上的偏差。群体差异现象是指一群儿童的生长发育水平与另一群儿童的生长发育水平之间存在差异,这一现象的产生主要受到城乡、地域、性别等因素的影响。例如,城乡差异研究报告表明,城乡差异正随着年龄增加而增大,其中,城乡身高的差异在逐渐减少,而体重的差异在扩大。在地域差异方面,相关研究表明,我国北方儿童各年龄组的生长发育水平高于南方儿童(研究以秦岭、淮河划分为南方和北方),这一差异可能与地理、气候因素有关,因为生长发育与经纬度、海拔、日照时数、平均气温、平均地表温度、年降水量等诸多因素有联系。在性别差异方面,我国男童的生长发育指标高于女童。

目前,人们越来越关心同类生长发育特征和模式上的差异性。例如儿童在身体形态、肌肉力量和活动水平上的差异决定了他们在动作发展过程中将面临不同的问题和任务,体形较大而活动水平较低的儿童与体形较小而活动水平较高的儿童,在同样的动作任务完成中必须采用不同的策略。从这个意义上,个体差异性提出了如何为不同个体生长发育提供与其特性可有效匹配的任务要求(环境支持、保育支持)的问题。

六、存在长期趋势

人类的生长发育可能存在一些长期趋势,包括:达到某一特定身高(长)、体重的年龄提前或滞后,即儿童生长水平和生长速度的变化、身体比例的变化、成年后身高的变化。

对婴幼儿生长发育的追踪研究结果表明,婴幼儿生长发育表现出速度加快、生长水平不断提高的生长发育趋势,即身高一代高于一代,发育一代早于一代的生长趋势。以身高(长)、体重的生长发育为例,新生儿出生身长从 20 世纪初的 50 厘米增加到 53 厘米,体重从 3 150 克增加到 3 300 克;牙齿发育也有提早趋势,恒牙萌出提前 4—12 个月。

七、追赶性生长

健康儿童的生长总是沿着自身特定的轨道前进的,但受到疾病、激素缺乏、营养不良等因素的影响时,婴幼儿会出现发育迟缓、偏离生长轨道的现象。一旦影响因素被消除后,将以超过同年龄儿童生长速度的速度生长,并迅速调整到原有的生长发育轨道上来,这种现象被称为追赶性生长,例如早产儿出生后的发育。

追赶性生长对婴幼儿生长发育具有重要的意义。根据婴幼儿生长发育受到障碍后具有追赶性生长的特点,可以主动采取各种积极的措施来消除其生长发育中的不良因素,而不是消极地对待,让生长自然恢复。如果生长严重迟缓,则追赶性生长不完全。因此,定期对婴幼儿进行生长发育监测,能及早发现不良因素,从而有针对性地采取干预措施,使婴幼儿获得更加完全的追赶性生长,最大限度地发挥自身的生长潜力,提高婴幼儿的生长发育水平。

与此同时,健康和疾病的宫内起源说的深入研究提示,对于宫内生长发育不良的胎儿出生后追赶性生长的实践需要谨慎评估、适度进行。例如,许多学者认为,低出生体重儿童出生后的代偿性追赶性生长宜适度,若过度追赶,则会增加其成年后发生 2 型糖尿病和心血管疾病的风险。

第五节　　学前儿童生长发育和行为的影响因素

学前儿童生长发育和行为受到体内外各种因素的影响。主要表现为遗传、营养、物理化学、社会文化、疾病等因素的影响。

一、遗传因素

出生缺陷是由多种病因引起的，其中 25％为遗传因素，10％为环境因素，65％为原因不明或遗传与环境共同作用的结果。按照目前的分类方法，遗传疾病可以分为单基因遗传病、多基因遗传病和染色体病。

人的躯体特征和外貌主要来自父母双方的遗传基因，遗传基因决定了儿童体格生长的轨迹、特征、潜力和趋势。例如，父母的高矮对子代的影响比较大。而智力、思维、气质和人格等心理特征也在一定程度上受到遗传的影响。目前家族研究和纵向研究证实，"内向—外向性"有中度的遗传性，同情关怀的特点也被发现具先天性，气质特点在中等程度上是由生物遗传性决定的，一些精神障碍和行为异常均与遗传有不同程度的关系，如精神分裂症、注意缺陷多动障碍等。

二、营养因素

营养对学前儿童的生长发育起着重要作用。大脑形成的早期是发育最快的时期，也是对损伤最敏感的时期，从出生到 2 岁是容易引起营养伤害的脆弱期，该时期的营养不良可能产生严重的后果，尽管大脑组织所具有的可塑性和适应环境的能力能够对某些损伤逐渐修复，来克服不良因素带来的影响，但生命早期的营养不良所致的某些神经系统损伤较难修复。

早期营养不良会导致大脑细胞数目的减少、脑容积增加的减少、头围缩小等大脑的结构变化和生物化学变化，从微观上观察大脑的组织结构和生物化学变化，可以发现神经细胞数量的减少，神经细胞的大小、神经元在中枢神经系统中所处的位置、树突和轴突的发育、突触联系的发育、神经递质的产生、髓鞘的组成均发生了变化。此外，营养过剩也属于营养不良的一种，可致肥胖症，使将来发生糖尿病、动脉粥样硬化的概率增大。

营养不良会影响养育者和学前儿童的相互作用、儿童的探究行为，最终影响其认知发展。肥胖儿易出现不合群、自卑等心理问题。营养性缺铁性贫血在发生之前已有注意不集中、记忆力减退和性格的改变。缺锌会影响智力。缺碘可导致甲状腺功能低下、神经心理落后等问题。

三、物理化学因素

物理化学因素指各种电离辐射、药物、激素、环境化学物。这些因素会对学前儿童生长发育产生重要影响。

接受过多放射线的照射可破坏细胞，影响局部或全身组织的生长，甚至可能致畸。

毒素会引发学前儿童的获得性认知和行为功能障碍。铅中毒对中枢和周围神经系统均有明显而确定的损害作用,会危及学前儿童的智力、行为发展和体格生长。孕妇若食用含有甲基汞的鱼类和其他水生物体,甲基汞则能够迅速通过血脑屏障和胎盘,对胎儿造成明显的神经损伤。

气候变化是影响婴幼儿动作发展的一项重要的物理因素。出生季节对婴儿爬行动作发展具有重要影响,不同季节出生的婴儿,其爬行起始年龄存在明显差异。冬季出生的婴儿较其他三个季节出生的婴儿,其爬行起始年龄平均提前 2—4 周;婴儿可能开始爬行阶段的气温与其实际爬行起始年龄之间也存在密切关系。研究揭示了婴儿爬行动作发展的季节效应与气温变化相联系的内在因素是婴儿家庭生态环境变化:即由于出生季节的不同,在婴儿开始爬行前的一个阶段,气温差别不仅使婴儿自身的衣着与活动水平、日常活动场所与活动时间等因素产生相应的变化,而且使父母的抚养活动也产生较大变化。冬季出生的婴儿,在其可能爬行的几个月中,由于气温正处于逐渐上升的阶段,父母会有意识地增加婴儿爬行的机会;而夏季出生的婴儿则正好相反。

四、社会文化因素

在探究学前儿童生长发育的影响因素时,要充分考虑其所处的文化背景、特定的社会观念和习俗以及由此决定的抚养方式。

如有研究关注"关于长牙重要性的文化建构"。在一些文化中,人们认为第一颗长出的牙齿是孩子身体发展的重要里程碑,对进食过程有直接的意义(可以吃咀嚼性食物)。然而它的象征性意义却并非在所有社会中都能得到文化的建构。如有的文化中的人们认为上牙先出有重要意义,为了让上牙先出,就会刺激孩子的上齿龈。

跨文化研究发现,以贝利婴儿发展量表为常模,巴西婴儿在出生后 12 个月动作行为的发展过程中,在第 3、4、5 个月的整体动作发展分数显著低于美国婴儿。研究者认为,这是由于巴西母亲对婴儿保护过多所致,很多母亲认为让婴儿做坐和爬的练习会损害他们的脊柱和腿,在前 6 个月中,婴儿一天中的大多数时间都是被母亲抱在腿上的,很少被放在地上或者允许他们没有支撑地坐着,这样就限制了粗大动作的发展。跨文化研究表明,有些文化中,人们认为独立运动的早期成就(独立行走)是"健康"发展的标志,因此父母过早地刺激婴儿爬动、站立,并且尽可能尝试走出第一步。但是,这种努力恰恰是有害的。父母投射到婴儿身上的社会竞争和婴儿"依靠自己的脚站立"的象征性价值会造成这种现象。有些文化中,却存在一种相反的情感,希望能延缓婴儿开始走路的时间,认为这与长寿有关。当然,在更多文化中,婴儿走路的时间在文化上并没有明确的标记。

另外,以断奶的文化组织为例,与母乳喂养开始、持续的问题相同,对孩子而言断奶也是一个心理意义高度不确定的事件,它可能是集体文化进行引导的对象。因此,断奶受生理条件和文化因素的影响。

社会经济水平是影响儿童生长发育的另一重要因素,通过促进营养、安全饮水、健康服务等条件的改善,疾病减少,对婴幼儿发展产生了积极作用。

五、疾病因素

宫内感染是造成出生缺陷的主要原因。妊娠早期,可经胎盘引起先天性畸形或其他先天性疾病。如风疹病毒、弓形虫、流行性感冒病毒、乙肝病毒、脊髓灰质炎病毒、柯萨奇病毒、水痘病毒、麻疹病毒、腮腺炎病毒感染引起先天性心脏缺损、白内障、耳聋、智力低下等发育问题。患糖尿病的孕妇,其子代畸形的发生率较正常者高 2—6 倍,易出现小头畸形和无脑儿。孕妇甲状腺功能亢进,则子代小头畸形的概率比正常者高 13 倍。

围产期的严重产伤可导致脑、脊髓等的损伤,尤其是新生儿窒息、缺氧会引起血液供应不足,甚至出现脑水肿和脑出血。颅内出血的程度不同可造成不同程度的智力迟缓后遗症。由于母子血型不合引起的新生儿溶血症,如不及时治疗可引起更严重的疾病。

出生后的疾病也会影响学前儿童的生长发育。急性疾病可致体重明显减轻,还会对学前儿童的行为产生影响,如出现依赖、退缩、激惹、违抗和自卑等情绪反应。慢性病也会影响生长发育,其中慢性胃肠道、心脏、肾脏疾病对体格发育的影响比较大;内分泌系统疾病会导致身材矮小;神经系统疾病或者各种脑外伤,会出现智力发展迟缓等。

第六节　学前儿童生长发育和行为的评价

学前儿童健康问题具有隐蔽性,预防问题发生、及早发现问题,是落实预防健康观的重要手段。

一、学前儿童身体生长发育评价

评价学前儿童身体生长发育时,选择反映生长发育的基本测量指标,运用正确的测量方法,通过与正常发育标准相比较,就能够对婴幼儿身体发育状况作出正确的评价,进而作为评价和提升幼儿园保育质量的重要依据。

(一) 身体生长发育的测量指标和测量方法

为了较好地反映生长发育状况,保证评价的高效率,选定的生长发育指标至关重要,而且这些指标还要与其他形态指标、生理功能指标和运动能力指标具有密切的相关度。同时,精确度较高和准确性较好的测量方法的选择与运用也是至关重要的。

一般来说,衡量儿童身体生长发育的基本指标为体重、身高(长)、体重指数、头围、胸围、坐高、皮脂(褶)厚度、视功能、牙齿等。

1. 体重

体重是各器官、组织、体液的总重量。体重是衡量体格生长的重要指标,也是反映儿童营养状况时最易获得的灵敏指标。

体重增加的总趋势表现为:出生后第 1 年体重增长速度最快,在 2 岁前体重增加的速度逐渐减慢,2 岁至青春期前为稳速生长,青春期开始体重又猛增。其中,在新生儿刚出生时会出现生理性体重下降现象:出生后体重逐渐减少,后回升,至第 7—10 日恢复到出生时的体重;出生后上半年平均每月体重增加 250—300 克,下半年平均每月体重增加 200—250 克。常用的体重计算公式为:

$$0—6 \text{ 个月体重(克)} = \text{出生时体重(克)} + \text{月龄} \times 800$$
$$7—12 \text{ 个月体重(克)} = \text{出生时体重(克)} + 6 \times 800 + (\text{月龄} - 6) \times 250$$
$$1—10 \text{ 岁体重(克)} = (\text{年龄} \times 2 + 7) \times 1000$$

习惯上常常以出生时体重为基数进行估算,4—5 月时的体重约为出生时的 2 倍,1 周岁时约为 3 倍,2 周岁时约为 4 倍。

体重测量使用杠杆式体重计,最大载重 50 公斤,准确读数误差不超过 50 克,每次测量前应校秤。测量前,被测儿童应先排完大小便,然后脱去鞋、袜、帽和外衣,仅穿背心和短裤,去纸尿裤。婴儿取卧位,1—3 岁儿童取坐位;3 岁以上儿童取站位,两手自然下垂,不摇动,不接触其他物体,以免影响准确读数。读数以公斤为单位,记录至小数点后 2 位。

2. 身高(长)

身高代表头部、脊柱与下肢长度的总和,2 岁以下儿童因立位测量不准确,采用仰卧位测量,故称身长。身高(长)受种族、遗传和环境的影响较明显,受营养的短期影响不显著,但与长期营养状况关系密切。身高(长)是反映体格特征和生长速度的重要指标。长期营养不良、内分泌激素异常、骨骼(软骨)发育不全等因素,可能导致身高(长)异常。

新生儿出生时平均身长为 50 厘米,身高(长)增加的总趋势和体重一致:在第 1 年增加最快,平均增加 25 厘米,在 2 岁前增加的速度逐渐减慢,第 2 年平均增加 10 厘米,2 岁至青春期前为稳速生长,青春期又开始猛增。常用的身高(长)的计算公式为:

$$1—10 \text{ 岁身高(长)(厘米)} = \text{年龄} \times 7 + 70$$

2 岁以下儿童量身长,取卧位,使用标准的量床,要求头板与量板垂直成直角,足板的活动度应小于 0.5 厘米。2 岁以上儿童测身高时,要取立正姿势。测量前应脱去鞋、袜、帽,仅穿单衣裤。测量时儿童站立于身高计底板中线上,两耳在同一水平位置。固定儿童头部,使头顶接触头板。注意两侧读数一致，以厘米为单位，记录到小数点后一位。

3. 体重指数

$$BMI = \frac{体重（千克）}{[身高（米）]^2}$$

4. 头围

头围是自眉弓上方最突出处经枕骨粗隆最高处绕头一周的长度。头围与脑和颅骨的发育有关，头围过小见于小头畸形和大脑发育不良，头围过大见于脑积水、佝偻病。

头部的发育在出生后前3年变化快，其中头半年最快，第2年后增速减缓：新生儿出生时平均头围为34厘米，在头半年里增加了9厘米，后半年增加了3厘米，第2年增加2厘米，第3年增加1—2厘米，3岁时头围约为48厘米，6岁时为49—50厘米。因此，有必要对3岁以下儿童进行头围监测。

新生儿出生时颅骨尚未完全闭合，有前后囟门，随着年龄的增长，大脑和颅骨发育而致骨缝闭合：前囟门由额骨和顶骨的骨缝构成，出生时斜径约为2.5厘米，出生12—18个月后闭合。后囟门由顶骨和枕骨的骨缝构成，呈三角形，出生后2—3个月闭合。先天性佝偻病可致出生时前囟门增大，骨缝前面可延至额部；囟门迟闭发生的原因可能是佝偻病、脑积水和克汀病；前囟门饱满见于颅内压增加，凹陷见于严重脱水和营养不良。

被测儿童取仰卧位、坐位或立位，测量者位于儿童右侧，用左手拇指将软尺零点固定于头部的右侧齐眉弓上缘处，软尺从头部右侧经枕骨粗隆最高处而回至零点，读数以厘米为单位，记录至小数点后一位。注意软尺应紧贴皮肤，左右对称，梳辫子的女童应该先将辫子解开放松。

5. 胸围

胸围是沿乳头绕胸一周的长度，代表胸廓与肺的发育，能够反映呼吸系统的发育情况。胸廓畸形多见于佝偻病、肺气肿和心脏病等。

新生儿出生时胸廓呈现圆筒状，胸围比头围约小1—2厘米；随着年龄的增大，胸廓的横径增加快，至12—21个月时胸围大于头围。营养状况影响胸廓的发育。随着胸廓的发育和肺功能的逐渐成熟，婴幼儿肺炎的发病率也逐渐减少。

婴幼儿呼吸以腹式呼吸为主，如果裤带束缚胸部，长久不解除，易发生束胸症和肋缘外翻。重度佝偻病可出现肋串珠、鸡胸、漏斗胸等胸廓发育异常。先天性心脏病合并心脏肥大可出现鸡胸，漏斗胸也可为单纯胸廓发育异常。

测量时，3岁以下儿童取卧位，3岁以上取立位，儿童两手自然下垂，两眼平视前方，测量者位于儿童右侧，用左手拇指将软尺零点固定于儿童右侧胸前乳头下缘，右手拉软尺经右侧背后，以两肩胛骨下角缘为准，经左侧而回至零点。注意软尺贴紧皮肤，取平静呼气和吸气时的中间读数,以厘米为单位,记录至小数点后一位。

6. 坐高

坐高是取坐位时颅顶点至座位平面的垂直高度,能够反映躯干的生长情况,代表脊柱和头部的增长。坐高占身高(长)的比例随年龄增长而缩小:出生时坐高占身长的比例约为66%,4岁时约为60%。

2岁以下仰卧位测量(顶臀长),使用标准的量床。测量者左手提起儿童双小腿,使儿童膝关节弯曲,同时是骶骨紧贴底板,小腿与底板垂直,右手移动足板使其压紧臀部,注意量床两侧刻度一致,以厘米为单位,记录到小数点后一位。2岁以上量坐高取坐位,使用坐高测量仪。脱去帽、裤,注意测量仪上椅子的高度是否合适。

7. 皮脂(褶)厚度

皮脂(褶)厚度是重要的营养指标之一。营养不良患儿皮下脂肪层薄,而营养过剩患儿皮下脂肪层厚,临床上常常测量的部位有:腹壁皮下脂肪、背部皮下脂肪和上臂内侧皮下脂肪。

儿童取卧位或立位,测量者用左手拇指及食指,取儿童锁骨中线上平脐处的腹壁,皮褶方向与躯干长轴平行,捏起皮肤和皮下脂肪,捏时两指间的距离为3厘米,右手提量进行测量。测量时误差不超过0.5厘米。

8. 视功能

婴幼儿期:儿童取平卧位,测量者用直径为7—8厘米的红球放于儿童眼前30厘米处,缓慢地左右来回移动3次,观察儿童眼球是否跟随运动,有一次跟随运动即为正常。如果4个月以上的婴儿无跟随运动,或者对外界无反应为可疑。

此外,还可以采用光照法,用聚光电筒照射双眼,观察眨眼运动、朝光运动、瞳孔反射,以判断有无异常。

应该仔细观察,及时发现孩子的眼病,一般注意以下情况是否经常出现,如果经常出现,应到医院检查:

眼睛充血发红;眼屎增多、怕光、流泪;两眼位置不正,如内斜或者外斜,眼球震颤等;喜欢眯眼,过近或歪头视物。

9. 牙齿

牙齿的发育是衡量骨成熟的一个重要标志。早的4个月开始出牙,晚的可到10—12个月,出牙时间的个体差异较大。若出牙过晚,则要至医院检查。

(二)身体生长发育的评价内容

对学前儿童身体生长发育进行评价是依据儿童体格生长发育规律来判断其生长状况,

包括生长水平、生长速度和均匀程度等三个方面。

1. 生长水平

将某一个年龄所获得的某一项生长发育测量值与参考人群的生长发育测量值相比较，得到该儿童在同质人群（同年龄、性别）中所处的位置，即为该儿童的生长水平。

2. 生长速度

生长速度是对某一项生长发育指标进行定期连续测量（纵向观察），所获得该项指标在某一年龄阶段的增长值，即为该项指标的生长速度值。将其与参考人群的生长速度相比较，可得出正常、增长不足、增长过速等结果。这种动态纵向观察个体儿童的方法能反映个体儿童的生长轨迹和趋势，体现生长的个体差异性。

3. 均匀程度

均匀程度是用多项生长发育指标进行综合评价，反映生长发育的匀称度。如以体重/身高（长）表示一定身高（长）的相应体重范围，间接反映身体的密度和充实度；以坐高/身高（长）反映下肢的发育状况。

（三）身体生长发育的评价标准

身体生长发育的评价标准是评价个体或者集体儿童生长发育状况的统一尺度，一般通过一次大样本的筛查工作，收集生长发育指标的测量值，经过统计学处理，所获取的资料可以成为该地区个体或者集体儿童生长发育状况的评价标准。由于各生长发育指标呈长期增长趋势，同时地理环境、气候条件、社会经济状况、营养来源和生活方式等因素可导致不同地区儿童的生长发育水平呈现一定差异性，因此，生长发育标准是暂时的、相对的，可以根据不同时间、地点和条件进行调整。

为了使评价更加客观、正确，可以根据所选取样本的现状标准和理想标准，在实际分析中结合使用。

现状标准是借助标准化程序和对样本的抽样调查，运用一定的统计学处理方法和各种评价量表，制定的一种规范化的评价标准。这种标准能够客观、准确地描述个体的生长发育水平及其在群体中所处的位置，同时，也可用于个体或群体之间的比较和评价。运用这种标准进行评价是相对评价，主要用于发现患有各种明显存在生长发育异常的患儿，对样本没有严格挑选，因此只代表一个国家或地区一般儿童的生长发育水平，而不是该区域生长发育最好儿童的水平。

理想标准是用于评价个体或群体生长发育状况是否达到理想水平的标准。运用理想标准可进行对于生长发育的绝对评价。选择生活在最适宜的环境中的优秀群体为样本，其生长发育状况比较理想。

（四）身体生长发育的评价方法

目前我国常用的身体生长发育的评价方法有百分位数法、生长发育监测评价法。

1. 百分位数法

以生长发育指标中某指标（如身高、体重等）的百分之第 50 位数为基准值，以其余百分位数为离散距进行评量的一种方法。

如评价身高时，是将某年龄组的男童或女童，随机抽取 100 名，按身高由小到大排列，小的百分位数值小，大的百分位数值大，求出某个百分位（用 P 作代号）的数值，常分为第 3、10、25、50、75、90、97 百分位数。P3 即代表第 3 百分位数，P97 则代表第 97 百分位数。医学上根据百分位数把生长发育情况分为五个等级：上为＞P97，中上为＞P75，中为 P25—P75，中下为 P3—P25，下为＜P3。

可根据婴幼儿的实际情况查看对照的百分位数值，对孩子的生长发育水平进行判断。一般认为，在第 3—97 百分位数范围内都应被视为正常。而不在上述范围内的孩子，应及时去医院咨询、诊治，以便进一步评价。但应注意，暂时不在正常百分位数范围内的，并不一定代表异常。因为儿童的发育存在个体差异，不宜过早下结论。

2023 年 1 月开始，我国使用国家卫健委发布的《7 岁以下儿童生长标准》对儿童生长发育状况进行评价。这即为一种百分位数法。

表 2-7　7 岁以下男童年龄别体重的百分位数值

单位为千克

年龄	P_3	P_{10}	P_{25}	P_{50}	P_{75}	P_{90}	P_{97}
0 月	2.8	3.0	3.2	3.5	3.7	4.0	4.2
1 月	3.7	3.9	4.2	4.6	4.9	5.2	5.6
2 月	4.7	5.0	5.4	5.8	6.2	6.7	7.1
3 月	5.5	5.9	6.3	6.8	7.3	7.8	8.3
4 月	6.1	6.5	7.0	7.5	8.1	8.6	9.2
5 月	6.6	7.0	7.5	8.0	8.6	9.2	9.8
6 月	6.9	7.4	7.9	8.4	9.1	9.7	10.3
7 月	7.2	7.7	8.2	8.8	9.5	10.1	10.8
8 月	7.5	8.0	8.5	9.1	9.8	10.4	11.1
9 月	7.7	8.2	8.7	9.4	10.1	10.8	11.5
10 月	7.9	8.4	9.0	9.6	10.3	11.0	11.8
11 月	8.1	8.6	9.2	9.8	10.6	11.3	12.0
1 岁	8.3	8.8	9.4	10.1	10.8	11.5	12.3

年龄	P_3	P_{10}	P_{25}	P_{50}	P_{75}	P_{90}	P_{97}
1 岁 1 月	8.4	9.0	9.6	10.3	11.0	11.7	12.5
1 岁 2 月	8.6	9.2	9.7	10.5	11.2	12.0	12.8
1 岁 3 月	8.8	9.3	9.9	10.7	11.4	12.2	13.0
1 岁 4 月	9.0	9.5	10.1	10.9	11.7	12.4	13.3
1 岁 5 月	9.1	9.7	10.3	11.1	11.9	12.7	13.5
1 岁 6 月	9.3	9.9	10.5	11.3	12.1	12.9	13.8
1 岁 7 月	9.5	10.1	10.7	11.5	12.3	13.2	14.0
1 岁 8 月	9.7	10.3	10.9	11.7	12.6	13.4	14.3
1 岁 9 月	9.8	10.5	11.1	11.9	12.8	13.7	14.6
1 岁 10 月	10.0	10.6	11.3	12.2	13.0	13.9	14.8
1 岁 11 月	10.2	10.8	11.5	12.4	13.3	14.2	15.1
2 岁	10.4	11.0	11.7	12.6	13.5	14.4	15.4
2 岁 3 月	10.8	11.5	12.2	13.1	14.1	15.1	16.1
2 岁 6 月	11.2	12.0	12.7	13.7	14.7	15.7	16.7
2 岁 9 月	11.6	12.4	13.2	14.2	15.2	16.3	17.4
3 岁	12.0	12.8	13.6	14.6	15.8	16.9	18.0
3 岁 3 月	12.4	13.2	14.1	15.2	16.3	17.5	18.7
3 岁 6 月	12.8	13.7	14.6	15.7	16.9	18.1	19.4
3 岁 9 月	13.2	14.1	15.1	16.2	17.5	18.7	20.1
4 岁	13.6	14.5	15.5	16.7	18.1	19.4	20.8
4 岁 3 月	14.0	15.0	16.0	17.3	18.7	20.1	21.6
4 岁 6 月	14.5	15.4	16.5	17.9	19.3	20.8	22.4
4 岁 9 月	14.9	15.9	17.1	18.4	20.0	21.6	23.3
5 岁	15.3	16.4	17.6	19.1	20.7	22.4	24.2
5 岁 3 月	15.8	16.9	18.1	19.7	21.4	23.2	25.1
5 岁 6 月	16.2	17.4	18.7	20.3	22.2	24.0	26.0
5 岁 9 月	16.6	17.9	19.3	21.0	22.9	24.8	27.0
6 岁	17.1	18.3	19.8	21.6	23.6	25.7	27.9
6 岁 3 月	17.5	18.8	20.3	22.2	24.3	26.5	28.9
6 岁 6 月	17.8	19.2	20.8	22.8	25.0	27.3	29.8
6 岁 9 月	18.2	19.7	21.3	23.4	25.7	28.0	30.6

注:年龄为整月或整岁。

表 2-8 7 岁以下女童年龄别体重的百分位数值

单位为千克

年龄	P_3	P_{10}	P_{25}	P_{50}	P_{75}	P_{90}	P_{97}
0 月	2.7	2.9	3.1	3.3	3.6	3.8	4.1
1 月	3.5	3.7	4.0	4.3	4.6	4.9	5.3
2 月	4.4	4.7	5.0	5.4	5.8	6.2	6.6
3 月	5.1	5.4	5.8	6.2	6.7	7.2	7.6
4 月	5.6	6.0	6.4	6.9	7.4	7.9	8.4
5 月	6.0	6.4	6.9	7.4	7.9	8.5	9.1
6 月	6.4	6.8	7.2	7.8	8.4	9.0	9.6
7 月	6.7	7.1	7.6	8.1	8.8	9.4	10.0
8 月	6.9	7.4	7.9	8.4	9.1	9.7	10.4
9 月	7.2	7.6	8.1	8.7	9.4	10.0	10.8
10 月	7.4	7.8	8.3	9.0	9.6	10.3	11.1
11 月	7.6	8.0	8.6	9.2	9.9	10.6	11.4
1 岁	7.7	8.2	8.8	9.4	10.1	10.9	11.6
1 岁 1 月	7.9	8.4	9.0	9.6	10.4	11.1	11.9
1 岁 2 月	8.1	8.6	9.2	9.8	10.6	11.3	12.2
1 岁 3 月	8.3	8.8	9.3	10.0	10.8	11.6	12.4
1 岁 4 月	8.4	9.0	9.5	10.3	11.0	11.8	12.7
1 岁 5 月	8.6	9.1	9.7	10.5	11.3	12.1	12.9
1 岁 6 月	8.8	9.3	9.9	10.7	11.5	12.3	13.2
1 岁 7 月	9.0	9.5	10.1	10.9	11.7	12.6	13.5
1 岁 8 月	9.1	9.7	10.3	11.1	12.0	12.8	13.8
1 岁 9 月	9.3	9.9	10.5	11.3	12.2	13.1	14.0
1 岁 10 月	9.5	10.1	10.7	11.5	12.4	13.3	14.3
1 岁 11 月	9.7	10.3	10.9	11.7	12.6	13.6	14.6
2 岁	9.8	10.4	11.1	11.9	12.9	13.8	14.8
2 岁 3 月	10.3	10.9	11.6	12.5	13.5	14.4	15.5
2 岁 6 月	10.7	11.4	12.1	13.0	14.1	15.1	16.2
2 岁 9 月	11.1	11.8	12.6	13.6	14.6	15.7	16.9
3 岁	11.5	12.3	13.1	14.1	15.3	16.4	17.7

续　表

年龄	P_3	P_{10}	P_{25}	P_{50}	P_{75}	P_{90}	P_{97}
3岁3月	12.0	12.7	13.6	14.7	15.9	17.1	18.4
3岁6月	12.4	13.2	14.1	15.2	16.4	17.7	19.1
3岁9月	12.8	13.6	14.5	15.7	17.0	18.3	19.8
4岁	13.1	14.0	15.0	16.2	17.6	18.9	20.5
4岁3月	13.5	14.4	15.4	16.7	18.1	19.6	21.1
4岁6月	13.9	14.8	15.9	17.2	18.7	20.2	21.9
4岁9月	14.3	15.3	16.4	17.8	19.3	20.9	22.6
5岁	14.7	15.8	16.9	18.4	20.0	21.6	23.4
5岁3月	15.1	16.2	17.5	19.0	20.7	22.4	24.3
5岁6月	15.5	16.7	18.0	19.6	21.4	23.2	25.1
5岁9月	15.9	17.1	18.5	20.2	22.0	23.9	26.0
6岁	16.3	17.6	19.0	20.7	22.7	24.7	26.8
6岁3月	16.7	18.0	19.5	21.3	23.3	25.4	27.6
6岁6月	17.0	18.4	19.9	21.8	24.0	26.1	28.5
6岁9月	17.4	18.8	20.4	22.4	24.6	26.8	29.3

注:年龄为整月或整岁。

表 2-9　7岁以下男童年龄别身长/身高的百分位数值

单位为厘米

年龄	P_3	P_{10}	P_{25}	P_{50}	P_{75}	P_{90}	P_{97}
0 月	47.6	48.7	49.9	51.2	52.5	53.6	54.8
1 月	51.3	52.5	53.8	55.1	56.5	57.7	59.0
2 月	54.9	56.2	57.5	59.0	60.4	61.7	63.0
3 月	58.0	59.4	60.7	62.2	63.7	65.1	66.4
4 月	60.5	61.9	63.3	64.8	66.4	67.8	69.1
5 月	62.5	63.9	65.4	66.9	68.5	69.9	71.3
6 月	64.2	65.7	67.1	68.7	70.3	71.8	73.2
7 月	65.7	67.2	68.7	70.3	71.9	73.4	74.9
8 月	67.1	68.6	70.1	71.7	73.4	74.9	76.4
9 月	68.3	69.8	71.4	73.1	74.7	76.3	77.8
10 月	69.5	71.0	72.6	74.3	76.0	77.6	79.1

续　表

年龄	P_3	P_{10}	P_{25}	P_{50}	P_{75}	P_{90}	P_{97}
11 月	70.7	72.2	73.8	75.5	77.3	78.8	80.4
1 岁	71.7	73.3	74.9	76.7	78.5	80.1	81.6
1 岁 1 月	72.8	74.4	76.0	77.8	79.6	81.2	82.8
1 岁 2 月	73.8	75.4	77.1	78.9	80.7	82.4	84.0
1 岁 3 月	74.8	76.5	78.1	80.0	81.8	83.5	85.1
1 岁 4 月	75.8	77.5	79.2	81.0	82.9	84.6	86.3
1 岁 5 月	76.8	78.5	80.2	82.1	84.0	85.7	87.4
1 岁 6 月	77.7	79.4	81.2	83.1	85.0	86.8	88.5
1 岁 7 月	78.6	80.4	82.1	84.1	86.1	87.8	89.6
1 岁 8 月	79.6	81.3	83.1	85.1	87.1	88.9	90.6
1 岁 9 月	80.5	82.3	84.1	86.1	88.1	89.9	91.7
1 岁 10 月	81.4	83.2	85.0	87.0	89.1	90.9	92.7
1 岁 11 月	82.2	84.1	85.9	88.0	90.0	91.9	93.7
2 岁	82.4	84.2	86.1	88.2	90.3	92.2	94.0
2 岁 3 月	84.8	86.7	88.6	90.8	93.0	94.9	96.8
2 岁 6 月	87.0	88.9	91.0	93.2	95.4	97.4	99.4
2 岁 9 月	89.0	91.0	93.1	95.4	97.7	99.8	101.8
3 岁	90.9	93.0	95.1	97.5	99.9	102.0	104.1
3 岁 3 月	92.7	94.8	97.0	99.5	101.9	104.1	106.2
3 岁 6 月	94.4	96.6	98.8	101.3	103.8	106.1	108.3
3 岁 9 月	96.0	98.3	100.6	103.1	105.7	108.0	110.2
4 岁	97.6	99.9	102.3	104.9	107.5	109.8	112.2
4 岁 3 月	99.2	101.6	104.0	106.6	109.3	111.7	114.1
4 岁 6 月	100.8	103.2	105.7	108.4	111.1	113.6	116.0
4 岁 9 月	102.4	104.9	107.4	110.2	113.0	115.5	117.9
5 岁	104.1	106.6	109.1	112.0	114.8	117.4	119.9
5 岁 3 月	105.7	108.2	110.9	113.7	116.6	119.2	121.8
5 岁 6 月	107.2	109.9	112.5	115.5	118.4	121.1	123.7
5 岁 9 月	108.8	111.4	114.1	117.1	120.2	122.9	125.5
6 岁	110.3	113.0	115.7	118.8	121.9	124.6	127.3

年龄	P_3	P_{10}	P_{25}	P_{50}	P_{75}	P_{90}	P_{97}
6 岁 3 月	111.7	114.5	117.3	120.4	123.5	126.3	129.1
6 岁 6 月	113.1	116.0	118.8	122.0	125.2	128.0	130.8
6 岁 9 月	114.5	117.4	120.3	123.5	126.7	129.6	132.5

注:2 岁以下适用于身长,2—7 岁以下适用于身高。年龄为整月或整岁。

表 2-10　7 岁以下女童年龄别身长/身高的百分位数值

单位为厘米

年龄	P_3	P_{10}	P_{25}	P_{50}	P_{75}	P_{90}	P_{97}
0 月	46.8	47.9	49.1	50.3	51.6	52.7	53.8
1 月	50.4	51.6	52.8	54.1	55.4	56.6	57.8
2 月	53.8	55.0	56.3	57.7	59.1	60.4	61.6
3 月	56.7	58.0	59.3	60.8	62.2	63.5	64.8
4 月	59.1	60.4	61.7	63.3	64.8	66.1	67.4
5 月	61.0	62.4	63.8	65.3	66.9	68.2	69.6
6 月	62.7	64.1	65.5	67.1	68.7	70.1	71.5
7 月	64.2	65.6	67.1	68.7	70.3	71.7	73.1
8 月	65.6	67.0	68.5	70.1	71.7	73.2	74.7
9 月	66.8	68.3	69.8	71.5	73.1	74.6	76.1
10 月	68.1	69.6	71.1	72.8	74.5	76.0	77.5
11 月	69.2	70.8	72.3	74.0	75.7	77.3	78.8
1 岁	70.4	71.9	73.5	75.2	77.0	78.6	80.1
1 岁 1 月	71.4	73.0	74.6	76.4	78.2	79.8	81.4
1 岁 2 月	72.5	74.1	75.7	77.5	79.3	81.0	82.6
1 岁 3 月	73.5	75.2	76.8	78.6	80.5	82.1	83.8
1 岁 4 月	74.6	76.2	77.9	79.7	81.6	83.3	84.9
1 岁 5 月	75.5	77.2	78.9	80.8	82.7	84.4	86.1
1 岁 6 月	76.5	78.2	79.9	81.9	83.8	85.5	87.2
1 岁 7 月	77.5	79.2	80.9	82.9	84.8	86.6	88.3
1 岁 8 月	78.4	80.2	81.9	83.9	85.9	87.6	89.4
1 岁 9 月	79.3	81.1	82.9	84.9	86.9	88.7	90.4
1 岁 10 月	80.2	82.0	83.8	85.8	87.9	89.7	91.5

续　表

年龄	P_3	P_{10}	P_{25}	P_{50}	P_{75}	P_{90}	P_{97}
1岁11月	81.1	82.9	84.7	86.8	88.8	90.7	92.5
2岁	81.2	83.0	84.9	87.0	89.1	90.9	92.8
2岁3月	83.6	85.5	87.4	89.5	91.7	93.6	95.5
2岁6月	85.7	87.7	89.7	91.9	94.1	96.1	98.1
2岁9月	87.7	89.8	91.8	94.1	96.4	98.4	100.5
3岁	89.7	91.8	93.9	96.2	98.5	100.7	102.7
3岁3月	91.5	93.6	95.8	98.2	100.6	102.8	104.9
3岁6月	93.2	95.4	97.6	100.1	102.5	104.8	106.9
3岁9月	94.9	97.1	99.4	101.9	104.4	106.7	108.9
4岁	96.5	98.8	101.1	103.7	106.3	108.6	110.9
4岁3月	98.1	100.4	102.8	105.4	108.1	110.4	112.8
4岁6月	99.7	102.1	104.5	107.2	109.9	112.3	114.7
4岁9月	101.3	103.8	106.2	109.0	111.8	114.2	116.7
5岁	103.0	105.5	108.0	110.8	113.6	116.1	118.6
5岁3月	104.6	107.1	109.7	112.6	115.4	118.0	120.6
5岁6月	106.1	108.7	111.3	114.3	117.2	119.8	122.4
5岁9月	107.6	110.3	112.9	115.9	118.9	121.6	124.2
6岁	109.0	111.7	114.5	117.5	120.6	123.3	126.0
6岁3月	110.4	113.2	116.0	119.1	122.2	124.9	127.7
6岁6月	111.8	114.6	117.4	120.6	123.7	126.6	129.4
6岁9月	113.2	116.0	118.9	122.1	125.3	128.2	131.0

注:2岁以下适用于身长,2—7岁以下适用于身高。年龄为整月或整岁。

表2-11　7岁以下男童年龄别 BMI 的百分位数值

单位为千克每平方米

年龄	P_3	P_{10}	P_{25}	P_{50}	P_{75}	P_{90}	P_{97}
0月	11.2	11.8	12.5	13.2	14.0	14.8	15.5
1月	13.0	13.6	14.3	15.1	16.0	16.8	17.6
2月	14.3	15.0	15.8	16.7	17.6	18.5	19.5
3月	14.9	15.7	16.5	17.4	18.5	19.5	20.5
4月	15.2	16.0	16.8	17.8	18.8	19.9	21.0

年龄	P_3	P_{10}	P_{25}	P_{50}	P_{75}	P_{90}	P_{97}
5 月	15.3	16.1	16.9	17.9	19.0	20.0	21.1
6 月	15.3	16.1	16.9	17.9	18.9	20.0	21.1
7 月	15.3	16.0	16.8	17.8	18.9	19.9	21.0
8 月	15.3	16.0	16.8	17.7	18.8	19.8	20.9
9 月	15.2	15.9	16.7	17.6	18.6	19.6	20.7
10 月	15.1	15.8	16.5	17.5	18.5	19.4	20.5
11 月	15.0	15.7	16.4	17.3	18.3	19.2	20.3
1 岁	14.9	15.5	16.3	17.1	18.1	19.1	20.1
1 岁 1 月	14.8	15.4	16.1	17.0	17.9	18.9	19.9
1 岁 2 月	14.7	15.3	16.0	16.8	17.8	18.7	19.7
1 岁 3 月	14.6	15.2	15.9	16.7	17.6	18.5	19.5
1 岁 4 月	14.5	15.1	15.8	16.6	17.5	18.4	19.4
1 岁 5 月	14.4	15.0	15.7	16.5	17.4	18.3	19.2
1 岁 6 月	14.3	14.9	15.6	16.4	17.2	18.1	19.1
1 岁 7 月	14.2	14.8	15.5	16.3	17.1	18.0	19.0
1 岁 8 月	14.2	14.8	15.4	16.2	17.0	17.9	18.9
1 岁 9 月	14.1	14.7	15.3	16.1	17.0	17.8	18.8
1 岁 10 月	14.0	14.6	15.2	16.0	16.9	17.7	18.7
1 岁 11 月	14.0	14.6	15.2	15.9	16.8	17.6	18.6
2 岁	14.1	14.7	15.3	16.1	17.0	17.9	18.8
2 岁 3 月	14.0	14.5	15.2	15.9	16.8	17.6	18.6
2 岁 6 月	13.9	14.4	15.0	15.8	16.6	17.4	18.4
2 岁 9 月	13.7	14.3	14.9	15.6	16.5	17.3	18.2
3 岁	13.7	14.2	14.8	15.5	16.3	17.2	18.1
3 岁 3 月	13.6	14.1	14.7	15.4	16.3	17.1	18.0
3 岁 6 月	13.5	14.1	14.7	15.4	16.2	17.0	17.9
3 岁 9 月	13.5	14.0	14.6	15.3	16.2	17.0	17.9
4 岁	13.4	14.0	14.6	15.3	16.1	17.0	17.9
4 岁 3 月	13.4	13.9	14.5	15.3	16.1	17.0	17.9
4 岁 6 月	13.4	13.9	14.5	15.3	16.1	17.0	18.0

续 表

年龄	P_3	P_{10}	P_{25}	P_{50}	P_{75}	P_{90}	P_{97}
4岁9月	13.3	13.9	14.5	15.3	16.1	17.1	18.1
5岁	13.3	13.8	14.5	15.3	16.2	17.1	18.2
5岁3月	13.2	13.8	14.5	15.3	16.2	17.2	18.3
5岁6月	13.2	13.8	14.5	15.3	16.3	17.3	18.5
5岁9月	13.2	13.8	14.5	15.3	16.3	17.4	18.6
6岁	13.2	13.8	14.5	15.4	16.4	17.5	18.8
6岁3月	13.1	13.8	14.5	15.4	16.5	17.6	19.0
6岁6月	13.1	13.8	14.5	15.4	16.5	17.7	19.2
6岁9月	13.1	13.7	14.5	15.4	16.6	17.8	19.4

注:2岁以下适用于以体重和身长计算的BMI,2—7岁以下适用于以体重和身高计算的BMI。年龄为整月或整岁。

表2-12 7岁以下女童年龄别BMI的百分位数值

单位为千克每平方米

年龄	P_3	P_{10}	P_{25}	P_{50}	P_{75}	P_{90}	P_{97}
0月	11.1	11.7	12.3	13.1	13.8	14.5	15.3
1月	12.7	13.3	13.9	14.7	15.5	16.3	17.1
2月	13.9	14.5	15.2	16.1	17.0	17.9	18.9
3月	14.4	15.1	15.8	16.7	17.7	18.7	19.8
4月	14.7	15.4	16.2	17.1	18.1	19.1	20.2
5月	14.8	15.5	16.3	17.3	18.3	19.3	20.5
6月	14.9	15.6	16.4	17.3	18.4	19.4	20.5
7月	14.9	15.6	16.3	17.3	18.3	19.3	20.5
8月	14.8	15.5	16.3	17.2	18.2	19.2	20.3
9月	14.8	15.4	16.2	17.1	18.1	19.1	20.2
10月	14.7	15.3	16.1	17.0	17.9	18.9	20.0
11月	14.6	15.2	15.9	16.8	17.8	18.7	19.8
1岁	14.5	15.1	15.8	16.7	17.6	18.5	19.6
1岁1月	14.4	15.0	15.7	16.5	17.4	18.4	19.4
1岁2月	14.3	14.9	15.6	16.4	17.3	18.2	19.2
1岁3月	14.2	14.8	15.5	16.3	17.2	18.1	19.0

年龄	P_3	P_{10}	P_{25}	P_{50}	P_{75}	P_{90}	P_{97}
1岁4月	14.1	14.7	15.4	16.2	17.0	17.9	18.9
1岁5月	14.0	14.6	15.3	16.0	16.9	17.8	18.7
1岁6月	14.0	14.5	15.2	15.9	16.8	17.7	18.6
1岁7月	13.9	14.5	15.1	15.9	16.7	17.6	18.5
1岁8月	13.8	14.4	15.0	15.8	16.6	17.5	18.4
1岁9月	13.8	14.3	14.9	15.7	16.5	17.4	18.3
1岁10月	13.7	14.3	14.9	15.6	16.5	17.3	18.2
1岁11月	13.7	14.2	14.8	15.6	16.4	17.2	18.1
2岁	13.8	14.4	15.0	15.8	16.6	17.4	18.4
2岁3月	13.7	14.2	14.8	15.6	16.4	17.3	18.2
2岁6月	13.6	14.1	14.7	15.5	16.3	17.1	18.0
2岁9月	13.5	14.0	14.6	15.4	16.2	17.0	17.9
3岁	13.4	13.9	14.5	15.3	16.1	16.9	17.9
3岁3月	13.3	13.9	14.5	15.2	16.1	16.9	17.8
3岁6月	13.3	13.8	14.4	15.2	16.0	16.9	17.8
3岁9月	13.2	13.7	14.4	15.1	16.0	16.8	17.8
4岁	13.1	13.7	14.3	15.1	15.9	16.8	17.8
4岁3月	13.1	13.6	14.3	15.0	15.9	16.8	17.8
4岁6月	13.0	13.6	14.2	15.0	15.9	16.8	17.9
4岁9月	13.0	13.6	14.2	15.0	15.9	16.8	17.9
5岁	13.0	13.5	14.2	15.0	15.9	16.9	18.0
5岁3月	12.9	13.5	14.2	15.0	15.9	16.9	18.0
5岁6月	12.9	13.5	14.2	15.0	16.0	17.0	18.1
5岁9月	12.9	13.5	14.2	15.0	16.0	17.0	18.2
6岁	12.9	13.5	14.1	15.0	16.0	17.1	18.3
6岁3月	12.8	13.5	14.1	15.0	16.0	17.1	18.4
6岁6月	12.8	13.4	14.1	15.0	16.1	17.2	18.4
6岁9月	12.8	13.4	14.1	15.0	16.1	17.2	18.5

注:2岁以下适用于以体重和身长计算的BMI,2—7岁以下适用于以体重和身高计算的BMI。年龄为整月或整岁。

2. 生长发育监测评价法

近半个世纪以来,体重成为评价儿童营养状况的常用指标,一些国家绘制了以年龄为横坐标的标准体重图,通过儿童随机体重测量结果在标准体重图中的位置,来判断评价该个体儿童的营养状况。

20世纪70年代开始,关于标准体重图应用的观念发生了转变。英国学者莫利根据多年在尼日利亚农村研究儿童生长发育的实践,认识到儿童的体重在标准体重图中的位置对于评估营养状况并不重要,而强调儿童体重曲线的走向:若儿童体重曲线的走向是向上并且与图中的标准曲线平行,即为正常。这一结果的发现导致了评价方式的改变:以定期连续测量的体重值所描述的体重曲线(即生长发育趋势)取代偶尔1次的体重测量值。由此,出现了一种新的评价方式:生长发育监测和生长发育图。莫利指出:生长发育监测的目的是评估儿童的体重曲线走向。另一位学者罗德指出,若将注意重点放在中、重度营养不良婴幼儿身上,应用生长发育图监测婴幼儿的生长速度和趋势,就能够在早期察觉生长速度减慢或者超速的现象,及时干预,防止形成明显的营养不良。

20世纪80年代初,联合国儿童基金会认识到生长发育图是监测婴幼儿生长发育速度和趋势的较好工具,就将生长发育监测作为改善儿童的营养状况,预防营养不良发生的四项世界推行技术(GOBI)[1]之一。联合国儿童基金会明确指出,生长发育监测通过对个体儿童的体重进行定期连续测量,并将测量值记录在生长发育图(Growth Chart)中,观察分析其体重曲线在生长发育图中的走向,以便早期发现生长发育异常现象,并及时分析儿童的生长发育情况,分析原因,采取相应的保育干预措施,促使儿童充分生长。近年来,又发展成为生长发育促进(Growth Monitoring Promotion)。

1982年以来,我国在10个妇幼卫生示范县开始探索生长发育监测的实施和研究;1989年,我国卫生部和联合国儿童基金会合作,编制了适合中国0—3岁婴幼儿的生长发育图;郭迪教授与世界卫生组织合作,编制了适合中国0—6岁儿童的儿童生长保健卡,逐步应用到全国各地初级卫生保健工作中,以预防营养不良的发生,及时改善儿童的保育环境。

生长发育图的实施方法是:

(1) 定期、连续、准确地测量个体儿童的体重;

(2) 在生长发育图中描记儿童的体重;

---

[1]　G即为生长发育监测。其他三项依次是:O为口服补液疗法,即在儿童患腹泻时,给其增加液体摄入量和在腹泻期间继续喂养。这一方法能够有效地预防脱水或纠正脱水,减轻病症,降低病死率。B为母乳喂养,即在4—6个月内,婴儿应纯母乳喂养,不添加任何食物和饮料,这是预防营养不良的最好方法,对母婴都有好处。I为计划免疫,即在1岁内,婴儿应在规定时间内接受4种免疫接种(卡介苗、脊髓灰质炎疫苗、百白破三联疫苗和麻疹疫苗),预防6种疾病(结核病、骨髓灰质炎、百日咳、白喉、破伤风、麻疹)。联合国儿童基金会希望通过GOBI等措施,降低儿童的死亡率,增强儿童的体质。

（3）评估儿童体重曲线在生长发育图中的走向、分析曲线变化的原因；

（4）根据监测儿童体重曲线变化的形式和变化原因，指导家长采取相应的干预措施。

当然，除体重外，身高（长）等指标亦可采用此方法进行评价。

二、学前儿童心理发展评价

学前儿童心理发展的水平主要表现在感知、运动、语言和心理过程等各种能力以及性格方面。影响学前儿童心理发展的因素是多方面的，其中，来自幼儿园的心理社会环境、物理环境等是重要的影响因素，因此，从某种程度上说，学前儿童的心理发展的健康状况往往是衡量幼儿园保育质量的重要指标之一。

当然，对学前儿童心理发展状况进行评价，可客观、公正地了解学前儿童在当前生态环境下的行为表现，从群体儿童中鉴别出问题行为和心理发展障碍，进而有针对性地实施早期保育，有利于提高保育质量、促进学前儿童心理的健康发展。

常用的学前儿童心理发展的评估方法是筛选检查法和诊断检查法。

由于受到儿童认知水平、语言能力以及评价者本人的认知水平、人格特征、情绪情感、教养态度等多方面的局限，学前儿童心理评估过程存在着一定的复杂性，难度较大，因而需要评价者具有专业的心理评价知识和技能，以及对儿童的生理、心理特点的基本了解。作为评价者，还必须明确不同心理评价方法获取信息的可信度：其中筛选检查法的评价信息只能用于初步评价，不能作诊断性结论，所获取的评价信息也不能对日后的智力发展有任何预测，只能提供一定的参考意义。而智力测验、人格测验的评价信息则可以得出诊断性结论。评价者应该正确地理解这些信息的评价意义。

（一）筛选检查法

筛选检查法是运用尽可能简便的方法筛选出可能异常者，而可能异常者还需要作进一步的诊断性评价。因此，筛选检查法快速、简便，能在短时间内得出结果，适合于基层单位使用，而其结果需要转至上级单位作确诊，因而筛选检查法无法诊断出所测儿童是否存在心理障碍或者问题行为，其评价往往使用"可能""大致"等词汇。

1. 发育筛查

发育筛查可用于对婴幼儿语言、粗大运动、精细动作和人际适应能力等方面的评价。

丹佛发育筛选检查（Denver Developmental Screening Test，简称 DDST）在世界范围内广泛应用，我国也已完成了该测验的标准化工作。

丹佛发育筛选检查适用于新生儿至 6 岁儿童，共有 105 个项目，分属 4 个能区：①应人能区（个人—社会），儿童对周围人的应答及料理自己生活的能力；②精细动作—适应性能区，包括手眼协调、手指精细动作（摘小物体、画图、叠积木等）；③语言能区，即听觉、理解及言语表达能力;④大运动(粗大动作)能区,抬头、坐、站立、行走、跳等能力。

丹佛发育筛选检查仅作筛查之用,筛查结果为正常、可疑、异常、无法测定。应用该工具较简便,操作时间约 20 分钟,易为儿童接受。

经过筛查,可大致得知被测个体儿童是否在正常范围内发展。对结果为可疑、异常、无法测定的,可进一步进行详细的评估和诊断,以确定儿童的具体情况,并采取相应的干预措施。这样一种筛查方法,有助于在早期发现可能存在的生长发育迟缓问题。

2. NYLS3—7 岁儿童气质问卷

气质是个性心理特点之一,主要表现为心理活动(包括情绪)的强度、速度、稳定性、灵活性和指向性,及心理活动的动力特征。

美国儿童心理学家及精神病学家托马斯和切斯领导的研究小组通过著名的纽约纵向研究(New York Longitudinal Study, 简称 NYLS)提出,儿童气质包括 9 个维度:

(1) 活动水平:指在活动(游戏、进食、穿衣或睡眠)中身体活动的数量,即活动期与不活动期之比;

(2) 节律性:指饥饿、睡眠、大小便等生理活动是否有规律;

(3) 趋避性:是对新刺激的最初反应特点,即接受或躲避;

(4) 适应性:对新环境或新刺激的接受过程,是容易还是困难,如旅游、初去幼儿园或学校时的适应能力;

(5) 反应阈限:指唤起一个可以分辨的反应所需要的刺激强度,如对光、噪声或温度等的反应阈限;

(6) 反应强度:对刺激产生反应的激烈程度,包括正性情绪和负性情绪。如遇某件事情是大声哭闹、兴高采烈还是反应轻微;

(7) 情绪本质(心境特点):指友好的、愉快的、高兴的行为数量与不友好的、不高兴的行为数量之比,即主导心境状态;

(8) 分心程度:指注意力是否容易从正在进行的活动中转移;

(9) 注意广度和持久性:指专心于活动的时间、分心对活动的影响,即从事单一活动的稳定注意时间的长短。

测查方法:包括 72 个条目,9 个维度,每个维度有 8 个条目,问卷由家长填写,每个条目均在“从不”到“总是”7 个等级上对儿童的日常行为表现进行评定。

评定方法:一半条目为从 1—7 正向记分,一半为 7—1 反向记分,评分过程较为复杂,已设计为计算机软件处理。

托马斯和切斯根据 9 个气质维度中的 5 个维度(节律性、趋避性、适应性、反应强度、情绪本质)将儿童分为难养型气质、易养型气质、启动缓慢型气质 3 种主要类型。

气质类型的划分标准：

● 难养型：①节律性、趋避性、适应性、情绪本质至少 3 项得分低于平均值；②反应强度得分高于平均值；③5 项中至少 2 项得分偏离出 1 个标准差。

● 易养型：①如果反应强度得分高于平均值，则其他 4 项中最多有 1 项得分低于平均值，如果反应强度得分不高于平均值，则其他 4 项中最多有 2 项得分低于平均值；②没有任何 1 项得分偏离出 1 个标准差。

● 启动缓慢型：①5 项中至少有 3 项得分低于平均值且趋避性或适应性有 1 项得分低于 1 个标准差；②活动水平得分不可高于 1/2 个标准差；③情绪本质得分不可低于 1 个标准差。

凯里等人在此基础上进一步扩大样本，修改了测查手段，最后将儿童气质分为 5 种：难养型、中间近难养型、启动缓慢型、中间近易养型、易养型。

（二）诊断检查法

对于筛查出的可能存在问题的学前儿童，可以进行进一步的诊断性测验，确定其发育商或者智商等，并且对其中的智力发展迟缓者进行病因诊断和治疗。普遍使用的是贝利婴儿发展量表（Bayley Scales of Infant Development，简称 BSID）。该量表是美国心理学家贝利及其同事于 1969 年在格塞尔发展量表的基础上编制的，适合 2—42 个月的婴幼儿。贝利婴儿发展量表被认为是最好的婴幼儿测验之一，其信度和效度均较高，计算结果精确，可测试婴幼儿感知觉、记忆、语言能力以及控制自己身体的程度、肌肉协调能力、手指的精细动作等方面的能力。在测验的同时，由测验人员观察婴幼儿的情绪、注意力、目的性等特点。然后根据量表算出得分。

该量表包括智力量表、运动量表和行为量表等 3 个部分。

（1）智力量表（163 项）：包括感知觉、视知觉、辨别觉、反应、记忆力和解决问题的能力、语言的发育、初步的言语交流、基本的抽象思维、适应性、意境建立、复杂的语言和数学概念的形成等部分。（2）运动量表（81 项）：评估控制身体的程度、大肌肉协调性、精细动作、动态运动、姿势模仿，并能够通过触摸感知对象。（3）行为量表（24 项）：用于补充已知的智力和运动部分的资料。

应该指出的是，无论是何种评估，都是非常严肃的评估，为了提高测验结果的真实性，必须由持上岗证的专业人员，在专门的环境下，采用适合不同年龄儿童的测验方法和测验工具，对由一位家长陪同下的学前儿童进行心理发展状况的评估。对连续 2 次结果可疑或 1 次评价为异常的儿童均需要作进一步的检查或转诊至上一级医院。测试后应给家长和保教人员提示儿童发展的趋势并提供保育上的参考。

问题与思考 ————————————————————————————————————•

1. 阐述生长、发育和成熟的不同含义。

2. 结合骨盆的发育特点,解释为什么要避免让婴幼儿从高处向硬的地面上跳?

3. 举例说明学前儿童身体各器官系统发育的非等比性。

4. 在实习的班级中随机抽取一位儿童,测量其身高和体重,计算出 BMI 值,对照《7 岁以下儿童生长标准》确定其百分位数值,并对测量结果进行解释。

第三章　学前儿童营养保育

 本章提要

　　充足的营养是学前儿童生长发育的重要保障。学前儿童对营养的需要取决于其生长发育速度、性别、活动等因素，生长发育时期的营养缺乏会对身体和智力发育带来深远的影响。营养过量也会使学前儿童日后与肥胖和慢性病进行长久的斗争。因此，学前儿童营养保育不仅包括如何为学前儿童提供生长发育所需要的营养，同时还包括支持学前儿童建立终身健康的饮食模式。本章内容包含营养学基础、影响学前儿童进食行为的因素、婴幼儿喂养指南、幼儿园膳食管理。

第一节　营养学基础

　　在开展营养保育之前，首先需要了解营养学的相关概念，主要有食物、膳食和营养，营养素、热能、代谢、膳食模式、营养评价。

一、食物、膳食和营养

　　食物在医学上指任何被机体消化、吸收，并可以维持机体存活和生长的物质，是营养素的来源。

　　食物不仅要提供能量，而且需要包含充足的营养素。经过精心选择搭配的食物能够提供充足的能量和各类营养素，能够使机体具有强健的肌肉、完好的骨骼、健康的皮肤和充足的血液。

　　膳食指一个人的日常饮食，包括饮料在内。营养可以同时被理解为名词和动词。作为名词，指"食物中某些对机体有用的物质"，作为动词，指"机体摄取养料的行为和过程"。营养不良包括营养素的缺乏、失衡以及单独一种或多种营养素过剩。任何一种形式的营养不良都会随着时间的推移而对健康产生不利影响。

二、营养素

营养素是指食物中所含有的能维持机体健康,保证身体生长发育以及进行活动的各种营养成分。各种营养素通过相互作用,补充人体所需的能量,构成身体各部分的组织,调整食物在身体中的消化、吸收和代谢,保证身体健康成长。个体的生存、生长、保持健康以及从事任何一切活动都离不开营养素的参与。

(一) 营养素的主要类别

营养素通常可以分为七种,即碳水化合物、蛋白质、脂类、维生素、矿物质、水、膳食纤维。根据是否提供热能,可以将营养素分成两大类:产能营养素——碳水化合物、蛋白质和脂类,供给不足会导致孩子体重下降、免疫功能不良、发育迟缓。非产能营养素——维生素、矿物质、水、膳食纤维。

1. 碳水化合物

碳水化合物是很重要的能量来源,主要作用是产生能量供机体使用,为大脑和神经系统、循环系统、消化系统等提供"燃料",以满足人类维持生命和健康的需求。

碳水化合物包括单糖、寡糖和多糖。单糖是葡萄糖、果糖和半乳糖。葡萄糖是人类所需的最重要的单糖。果糖有天然和人工之分:天然果糖主要在水果、蜂蜜中;人工果糖在饮料、甜点和用高果糖(如玉米)糖浆或添加糖增甜的其他食物中。半乳糖是形成牛乳里的乳糖的两种单糖之一。淀粉是植物体内葡萄糖的储存形式。植物成熟时,它不仅要为自己提供能量,还要在它的种子里为下一代提供能量。寡糖和多糖是机体消化系统重要的免疫调节物质,可与肠道内细菌结合,减少肠道内细菌数量。

研究表明,人体内葡萄糖的生成量与脑重直接相关,新生儿出生时脑重相对体重的比例是明显高于成人的,因此新生儿单位体重葡萄糖的利用率高于成人;低血糖对新生儿快速生长发育中的大脑的影响更大,低血糖所导致的神经损害,如缺氧性脑损伤可引起细胞的肿胀、变性和坏死。由葡萄糖合成的糖脂和糖蛋白作为构成神经组织与生物膜的主要成分,也是婴幼儿快速生长发育的大脑大量需要的重要构件,髓鞘的形成一直要持续到学龄前,而糖脂正是髓鞘的重要成分。

碳水化合物常被认为是使人发胖的食品,从而导致人们将饮食中有营养的富含碳水化合物的食物去除。事实上,引起肥胖可能与碳水化合物的过度摄入而引起胰岛素分泌增加有关,适当食用膳食纤维的饮食模式才有助于维持健康的体重。

2. 蛋白质

蛋白质是大多数人体组织的组成部分,赋予骨骼、肌腱和其他组织性状及强度。蛋白质可以为身体提供能量,如饥饿时肌肉蛋白质能够释放一些氨基酸以提供能量。蛋白质形成免疫系统分子抵抗疾病,同时能够合成抗体,抗体能够识别出自身的蛋白质和侵入人体的外源蛋白质,例如细菌、病毒或毒素的组成部分,或是食物中引起过敏的某种成分。蛋白质作为载体,将人体所需要的各种物质,如脂类、矿物质和氧气运往各处。蛋白质维持体液和电解质的酸碱平衡。蛋白质参与遗传信息的传递,调节基因表达。蛋白质作为血液凝固的载体,提供网架以供血块在上面凝固。蛋白质缺乏时,会出现生长缓慢、脑和肾功能损伤、免疫功能失调以及消化道营养素吸收减少。但过量摄入蛋白质可能增加肾脏负担。

蛋白质是由氨基酸组成的,有 8 种必需氨基酸。必需氨基酸在人体内不能合成,或因合成数量少而不能满足需要,必须从每日膳食中供给一定数量,具体包括:异亮氨酸、亮氨酸、赖氨酸、蛋氨酸、苯丙氨酸、苏氨酸、色氨酸和缬氨酸。非必需氨基酸是在膳食提供不足的情况下,可以由另外一些氨基酸在体内合成。

构成蛋白质的必需氨基酸除了要有一定数量外,它们之间还要有一定比例,以满足合成蛋白质的要求,这个比例被称为蛋白质模式。鸡蛋和母乳的模式最接近理想的蛋白质模式。膳食中的蛋白质越接近人体的蛋白质模式,越容易被人体吸收和利用,其营养价值就越高。因此,新生儿要坚持母乳喂养,按此模式氨基酸的利用率最高,营养价值大。谷类食物中,米、面中缺少赖氨酸,豆类中缺少蛋氨酸,动物性食物中的蛋白质一般氨基酸配比比较好,如鸡蛋、禽肉、鱼虾等,营养价值都很高。通过两种及以上蛋白质混合食用,其中某种蛋白质所缺氨基酸可由其他蛋白质补充,从而达到理想的蛋白质模式,这被称作蛋白质互补作用。

衡量蛋白质营养价值的常用指标是蛋白质生物学价值和蛋白质净利用率。蛋白质生物学价值的含义是储存于人体中的氮占吸收率的百分比,数值越高说明其利用率越高,营养价值越高。蛋白质净利用率是生物学价值乘以消化率。不同食物的蛋白质消化率不同。一般来说,动物性蛋白质,例如来自鸡、牛、猪的蛋白质最容易被消化和吸收,其次是来自豆类植物的蛋白质,谷类食物和其他植物性食物的蛋白质消化率差异很大。烹饪方式可能提高或降低消化率,如热烹饪法可能会降低消化率。

提供高质量蛋白质的方式有两种:一是直接提供接近蛋白质模式的食物,例如鸡蛋、牛乳、禽肉、鱼虾、豆类、坚果等食物中都含有丰富的高质量蛋白质。而蔬菜类和谷类食物的蛋白质含量较低。另一种是利用蛋白质互补作用对几种食物进行混合,从而提高蛋白质的质量,例如,大米缺乏赖氨酸,大豆富含赖氨酸但色氨酸相对不足,玉米中的色氨酸含量丰富。大豆、玉米和大米单独食用时,其蛋白质生物学价值分别为 57%、60% 和 57%,但是当 3 者按照 2∶4∶4 的比例混合食用时,其蛋白质生物学价值可以提高到 73%。馒头和牛肉单独食用时,其蛋白质生物学价值分别为 67％和 76％,若两者按照 7∶3 的比例混合着吃,其蛋白质生物学价值可以提高到 89％,即大大提高了蛋白质的利用率。

实际上,在食物不丰富的前提下,人们才更需要关心食物中蛋白质的质量。对于食物不太丰富的地区,蛋白质的质量是影响健康的重要因素。当食物能量摄入有限,营养不良蔓延,或者当可食用食物选择受到严重限制的时候,就需要调查主要蛋白质的食物来源,因为其质量此时至关重要。但在食物丰富的地区,一个均衡、有营养的膳食模式很容易帮助人们获得充足的蛋白质,只要人们遵循多样化、营养和能量均衡的膳食模式,而不是无节制地食用饼干、甜点、薯片和果汁,就不需要特别注重蛋白质中氨基酸的平衡摄入。

表 3－1　0—3 岁婴幼儿所需的热能和蛋白质

月龄	平均热能 (kcal/kg/day)	平均蛋白质 (g/kg/day)	日增重中位数 (g)	月增长中位数 (cm/month)
0—3 个月	108	2.2	24—30	3.4
3—6 个月	108	2.2	20	2.2
6—9 个月	98	1.6	14—15	1.5
9—12 个月	98	1.6	11	1.3
12—36 个月	102	1.2	6	0.9

3. 脂类

脂类是油、脂肪、类脂的总称。食物中常温下的固体物质为脂肪。脂肪(Adipose)的主要功能是提供热能,促进并消化吸收脂溶性维生素,提供必需脂肪酸,构成生物膜,减少体热散失及保护脏器不受损伤等。2 岁以下的婴儿由于生长发育快速,应供应充足的能量和脂肪以保证正常的生长发育。每日摄入脂肪约占总能量的 45％—50％。

组成脂肪的脂肪酸种类很多,可分为饱和脂肪酸和不饱和脂肪酸。

(1)饱和脂肪酸,指不含不饱和双键的脂肪酸。一般较多见的有辛酸、癸酸、月桂酸、豆蔻酸、软脂酸、硬脂酸、花生酸等。一般来说,动物性脂肪(如牛油、奶油和猪油)比植物性脂肪含饱和脂肪酸更多。

饱和脂肪酸的摄入量高与严重疾病,特别是心血管疾病的发生有关。由于固体脂肪中富含饱和脂肪酸,因此可以通过日常饮食减少固体脂肪的摄入,方法如下:选择营养素密度高的食物;尽可能用液体油代替固体脂肪;食用含固体脂肪的食物和饮料的次数要减少、量要减小;查看营养成分表,并选择饱和脂肪酸少的食物;尽量少用固体脂肪作为调味料。就减少固体脂肪而言,只要很小的变化就能带来很大的益处,而且,这种改变在重复几次以后就会变成习惯了。除饱和脂肪酸以外的脂肪酸就是不饱和脂肪酸。

（2）不饱和脂肪酸是构成体内脂肪的另一种脂肪酸，也是人体不可缺少的脂肪酸。反式脂肪酸是一类对健康不利的不饱和脂肪酸，在天然脂肪中有少量存在。氢化植物油是反式脂肪酸的主要来源，另外，烹调时习惯将油加热到冒烟及反复煎炸食物，也会使反式脂肪酸增加。在饮食中要注意尽量不摄入反式脂肪酸。

不饱和脂肪酸（不包括反式脂肪酸）对人体的健康有一定的好处，具有降低胆固醇和血脂的作用。如果膳食模式中包括橄榄油和橄榄、坚果、海产品、水果和蔬菜等，就会给人体带来更大益处。要避免饱和脂肪酸和反式脂肪酸。但需要注意的是，一个营养适当的膳食模式总会提供一些饱和脂肪酸，因为提供多不饱和脂肪酸的食物同时也会提供一些饱和脂肪酸。一般来说，以水果、蛋类、坚果、豆类、蔬菜类以及谷类食物为基础的膳食，要比以动物性食物为基础的膳食提供的饱和脂肪酸更少。人体中不饱和脂肪酸的含量至少是饱和脂肪酸的 2 倍，在一定程度上也与膳食中脂肪的种类有关。婴幼儿需要在膳食中摄入不饱和脂肪酸，才能保证生长发育。

另外，每一个人都需要鱼虾、坚果和植物油等食物中所含的必需脂肪酸和维生素 E。婴儿能够间接地从母乳中获得它们，而其他人必须自行选择相关食物。所有的脂肪都会给饮食带来丰富的热能，而过量的脂肪会被人体储存。因此，需要把高热量的油炸食物、甜食替换为低热量的复合碳水化合物和富含膳食纤维的谷类、豆类和蔬菜类食物。这样，可在保持蛋白质充足的同时，使其他营养素自然地满足健康的膳食模式需要。

4. 维生素

维生素又名维他命，是维持人体生命活动必需的一类有机物质，也是保持人体健康的重要活性物质。维生素是人体许多新陈代谢过程中必需的，但维生素不提供热能。除维生素 D 外，维生素必须从膳食中摄入，人体本身不能合成。

维生素可分为水溶性和脂溶性两大类。脂溶性维生素主要有维生素 A、维生素 D、维生素 E、维生素 K，存在于脂肪和食物油中，吸收时需要胆汁，可在人体内储存。摄入过多脂溶性维生素可能达到中毒水平，尤其是过量补充维生素 D 和维生素 A 以及高强化食物更容易达到中毒水平。水溶性维生素主要有维生素 C 和 B 族维生素，易被吸收，但也易溶解及随体液流失。

（1）维生素 A。

维生素 A 在基因表达、视觉发育、维持上皮组织、皮肤免疫防御、骨骼和机体的生长以及细胞的正常发育中都会发挥作用。维生素 A 严重缺乏时，会导致干眼病、夜盲症和失明。免疫系统可利用维生素 A 来抵御麻疹病毒的进攻，若缺乏维生素 A，类似麻疹的疾病会变得格外严重。维生素 A 对于骨骼的生长也非常必要。儿童停止生长是体内维生素 A 含量减少的首要表现之一。

维生素 A 缺乏是全球性的问题,全球约有 1.8 亿的儿童患有轻微的维生素 A 缺乏,500万学前儿童表现出了维生素 A 缺乏的症状。维生素 A 缺乏不仅易使人患夜盲症,同时腹泻、食欲不振和食物摄入不足还会导致症状进一步恶化,从而进一步削弱个体的免疫力。全球每年由于维生素 A 缺乏导致的儿童失明约有 50 万例,其中有一半会在失明一年后死亡。若服用维生素 A 强化补品,儿童的失明、疾病以及死亡率会急剧下降。世界卫生组织和联合国儿童基金会正在努力消除世界范围内的维生素 A 缺乏状况,以改善儿童的生存状况。

但同时应注意,维生素 A 摄入过多存在中毒的可能性。在现今众多强化食品供给充足的情况下,摄入一般的维生素 A 强化补品也可能会导致每日维生素 A 摄入小幅过量,因为强化麦片、能量棒等食品中都会含有大量的维生素 A,因此需要预防这种风险。

维生素 A 的主要食物来源为动物性食物,多存在于鱼肝油、动物肝脏中。最丰富的来源是肝脏和鱼肝油,而奶和奶制品以及其他维生素 A 强化食品也是优质来源。许多蔬菜和水果中含有维生素 A 的前体 β-胡萝卜素,例如胡萝卜、甜薯、菠菜、红色的甜菜、红色的卷心菜等。

（2）维生素 D。

维生素 D 亦被称为骨化醇、抗佝偻病维生素、钙化醇。这是唯一一种人体可以少量合成的维生素,在阳光下,人体就会制造足以满足其需要的维生素 D。影响维生素 D 合成的因素有:年龄、空气污染、城市生活、穿衣、天气、地理环境、户外活动水平、季节、皮肤色素、防晒霜等,负向影响因素越多,越需要从食物或补品中获得维生素 D。维生素 D 有助于调节血钙和磷酸水平,从而维持骨骼的完整性,同时被激活的维生素 D 发挥着激素的作用,即在人体中由某个器官产生并作用于其他器官、组织或细胞的化合物。维生素 D 缺乏会导致多种疾病,包括婴幼儿阶段骨骼发育不正常造成的佝偻病。患有佝偻病的儿童在双腿弯曲时,双腿经受不住压力而变弯;还有许多会伴随腹肌松弛而导致腹部鼓胀;佝偻病还会出现罗圈腿、膝外翻、串珠状肋骨和鸡胸等病症。容易出现维生素 D 缺乏的人群有晒太阳少的人、母乳喂养的婴儿。儿童可从食物或补品中获得维生素 D,如鱼肝油、蛋黄、乳制品等。

（3）维生素 E。

维生素 E 是一种抗氧化剂,能够抵抗氧化损伤,保护脆弱的细胞膜不受损伤。维生素 E 缺乏可能会出现在早产儿中,因为维生素 E 尚未来得及由母体转移给胎儿,由于没有充足的维生素 E,婴儿的红细胞会发生破裂,导致贫血。维生素 E 在食物中普遍存在,多见于鸡蛋、肝脏、鱼虾、植物油中。

（4）维生素 K。

维生素 K 是一系列萘醌类的衍生物的统称,多存在于菠菜、苜蓿、白菜、肝脏中。

（5）维生素 C。

维生素 C 亦被称为抗坏血酸,是一种抗氧化剂,能够保持胶原蛋白活性、抵御感染和促成铁的吸收。维生素 C 可以保护铁不被氧化,保护血液的敏感成分不被氧化,减少组织炎症。维生素 C 还能够支持免疫系统的功能,防止感染。缺乏维生素 C 易患坏血病、贫血等。

维生素 C 多存在于新鲜蔬菜、水果中。由于它容易受到加热和氧化的破坏,所以应该采用温和方式进行食物加工,避免食物在切碎、加工和储存过程中极大降低维生素 C 的活性。新鲜的、生的、快速煮熟的水果、蔬菜保留了大部分维生素 C,可直接食用。

(6) B 族维生素。

每一个 B 族维生素有其独特性质和功能。例如,维生素 B_1,即硫胺素,又称抗脚气病因子、抗神经炎因子等,长期缺乏维生素 B_1,可能导致脑部永久性的损伤,其多存在于酵母、谷物、肝脏、大豆、肉类中。维生素 B_2,即核黄素,缺少维生素 B_2 易患口舌炎症(口腔溃疡)等,其多存在于酵母、肝脏、蔬菜、蛋类中。维生素 B_9,即叶酸,其多存在于蔬菜叶、肝脏中。维生素 B_{12},即氰钴胺素,其多存在于肝脏、鱼肉、肉类、蛋类中。

5. 矿物质

矿物质又叫无机盐,是构成人体组织、调节体液平衡、维持机体酸碱平衡的重要物质,也是酶系统的活化剂。矿物质是无法自身产生、合成的,需要通过食物摄入。

人体内约有 50 多种矿物质,它们在人体内仅占人体体重的 4%,根据它们在体内含量的多少,可分为宏量元素和微量元素两大类。宏量元素指的是占人体总重量 0.01% 以上的元素,例如钙、磷、钾、钠、氯等需要量较多的;微量元素指的是占人体总重量 0.01% 以下的元素,例如铁、锌、铜、氟、钴、钼、硒、碘、铬等。

(1) 钙。

钙几乎都储存在骨骼和牙齿中,是骨骼结构的主要部分,在神经传导、肌肉收缩和血液凝固中起着重要作用,当血液中钙离子浓度有微小下降时,骨骼中的钙就会被释放到体液中以维持平衡。钙的膳食摄入量和对钙的需求变化这两者,对钙的吸收率有一定程度的调节作用,当人体需要更多的钙、食物中的钙含量比较低时,钙的吸收率会提高。钙主要存在于牛奶、鱼肉、豆腐、奶酪、花椰菜、甘蓝等食物中。

(2) 铁。

铁主要在血红蛋白和肌红蛋白中,是一些能量代谢途径中酶的组成部分。铁的吸收率受到食物中铁的供应量、对铁的需求等因素的影响,大多数饮食中,铁的吸收率仅有 10%—15%。铁的供应量减少或者对铁的需求增加时,铁的吸收率会增加;当饮食中的铁含量丰富时,铁的吸收率会下降,人体可以根据对铁的需求和饮食中的铁含量自动调节吸收率。血红素铁、维生素 C、肉类等可以改善铁的吸收,茶、咖啡、植酸等会抑制铁的吸收。

缺铁性贫血是常见的营养性疾病,学前儿童缺铁时会出现躁动不安、脾气暴躁、不愿意学习、注意力不集中等。部分儿童会出现异食癖——渴望食用冰、粉笔、黏土、土壤和其他一些非食物物质。孕妇容易缺铁,需要额外的铁来增加血液体积、支持胎儿的生长以及补充生育中会丢失的血。

（3）锌。

锌能够在器官和组织中与蛋白质协同工作，保护细胞结构，防止氧化损伤，合成部分细胞遗传物质、血红蛋白中的血红素，帮助消化，帮助代谢糖、蛋白质和脂类。缺锌会损伤夜视能力，影响行为、学习和心情；锌对于伤口的愈合、维持正常的味觉、促进性器官的发育等都起到了重要作用。锌的食物来源主要是肉类、贝类、禽类和奶制品。有些豆类和谷类中也富含锌。

妊娠期、婴幼儿期缺锌易引起广泛的问题。缺锌会导致生长发育迟缓、性成熟较晚、免疫功能受损、掉头发、眼与皮肤病变、食欲不振等，还会导致消化道功能异常，引起腹泻，导致营养不良。过量的锌可能导致呕吐、腹泻、头痛、疲惫和其他症状。

（4）氟。

氟可以预防龋齿。牙齿从牙龈中萌出时，把氟涂在牙齿表面，能够促进先前损坏的珐琅质进行再矿化，阻止龋齿的发生。氟能直接作用于牙垢上的细菌，抑制它们的代谢和减少细菌产生的腐蚀牙齿的酸，故氟化水、氟化牙膏常被用于牙齿保健。但氟过多会导致中毒，可能发生牙齿变色、骨骼畸形等。为了避免氟中毒，学前儿童刷牙时一次只能使用一颗小豌豆大小的牙膏，并尽量不将牙膏吞咽进去。

（5）碘。

人体中需要微量的碘。甲状腺素的合成需要碘的参与，甲状腺素负责调节人体代谢的速率等。海洋产品是碘的主要来源。碘缺乏会使甲状腺肿大，甚至导致健忘、反应迟缓等。孕期碘缺乏会导致胎儿死亡，降低婴儿存活率，并且造成婴儿极端的和不可逆的智力与身体障碍，如呆小症，表现为智力低下、反应迟钝、发育迟缓。轻度碘缺乏症的儿童通常有甲状腺肿大。但碘摄入过多也会造成甲状腺增生。

6. 水

在所有营养物质中，水是维持生存最重要的成分。水是人体的基本组成成分，是维持生命、保持细胞外形、构成各种体液所必需的物质；水参与人体代谢，同时具有很强的溶解性，可使各种有机物和无机物溶于水中，甚至一些脂肪和蛋白质也能在适当条件下分散于水中，构成乳浊液或胶体溶液。由于水的流动性强，故其可以作为体内各种物质的载体，对于各种营养素的运输和吸收、气体的运输和交换、代谢产物的运输和排泄起到了极其重要的作用。水可使体内摩擦部位滑润，减少损伤。体内关节、韧带、肌肉、膜等处的活动都由水作为润滑剂。同时，水还可滋润身体细胞，使其经常保持湿润状态，并保持肌肤柔软，有弹性。

体内总液体量需要维持水平衡，否则就会出现脱水或者水中毒的现象。人体可以通过控制水的摄入和排出水来维持水平衡。脱水的第一个信号就是口渴，此时人体已经失去

250—500 毫升体液,需要赶紧补充。出汗会增加对液体的需求,尤其是天热在户外运动时。

7. 膳食纤维

膳食纤维分为可溶性膳食纤维和不可溶性膳食纤维。可溶性膳食纤维有果胶、木胶等,普遍存在于燕麦、大麦、豆类、秋葵和柑橘类的水果中,通常可以降低人体的胆固醇含量,并帮助调控血糖、改善心脏病和糖尿病。不可溶性膳食纤维不溶于水,不能形成凝胶,而且很难发酵,例如芹菜丝、种子的壳以及玉米皮等。大多数未经加工的植物性食物都含有不同类型的纤维混合物。膳食纤维可以影响胃肠道运动,在肠道菌群的选择上发挥重要作用。

三、热能

热能是人体新陈代谢的燃料。碳水化合物、蛋白质和脂肪都能提供热能。这三大途径提供的热能大部分可以相互转化,但是每一种类型的热能都是人体所需要的。热能不足会导致体重下降、免疫功能不良、发育迟缓。在大多数发达国家,碳水化合物供能占 45%,而在有些发展中国家则高达 90%。

在此处需要注意的是,人们会以碳水化合物等能提供热能为原因,而不再食用富含此些营养素的食物,但实际上这是不健康的。更好的方法是控制热能的摄入,平衡自己的膳食。在这一方面,减少甜食等的摄入,食用富含膳食纤维的食物,都能帮助维持健康的体重。

四、代谢

代谢指的是营养物质进入体内后,生长、消耗和修复的过程。代谢包括基础代谢、身体活动和生长发育、食物热效应、排泄。

(一) 基础代谢

基础代谢指人体在室温(约 18℃至 25℃)下,餐后 10—14 小时,清醒、安静状态下维持基本生命活动所需要的最低能量。单位时间内人体每平方米面积基础代谢所需要的能量被称为基础代谢率(Basal Metabolic Rate,简称 BMR)。基础代谢所需要的能量与年龄、体表面积、生长发育、内分泌和神经活动有关。学前儿童基础代谢率较成人高 10%—15%,一般占总能量消耗的 50%,各器官的能量消耗与该器官的大小及功能有关。

(二) 身体活动和生长发育

身体活动时需要消耗的能量与身体大小、活动强度、持续时间、活动类型有关。学前儿童活动对能量的需求波动较大,如能量供应不足,儿童活动便会减少以节省能量,保证人体的基本功能和满足重要脏器的代谢。生长发育所需要的能量与生长速度成正比,即随着年龄增长而逐渐减少。学前儿童生长发育快速,需要的能量更多,其身体活动和生长发育所需能量约占总能量消耗的 35%—40%。

能量消耗的三个主要部分中,身体活动是唯一能够进行自我调节的能量消耗,因此必须充分重视身体活动,实现吃动平衡。

(三)食物热效应

食物热效应是食物的特殊动力作用,是食物营养素在体内消化、吸收等代谢过程中所消耗的能量。

(四)排泄

一般地,未经消化、吸收的食物排出所消耗的能量占总能量消耗的 10%,腹泻时增加。

五、膳食模式

每一种膳食模式都会受到食物的资源、供给、文化、民族、经济和自然环境等因素的影响,有各自的优势和不足。几种主要的膳食模式如下:

动物性食物为主型:多见于欧美等经济发达国家和地区。膳食组成以动物性食物为主,每年人均消耗畜肉类多达 100 千克,奶类 100—150 千克,消费大量的禽类、蛋类等,谷类消费仅为 50—70 千克。膳食营养的组成特点是高能量、高蛋白、高脂肪、低膳食纤维。长期以动物性食物为主的饮食,优点是蛋白质、矿物质、维生素等丰富,缺点是容易诱发肥胖、高血脂、冠心病、糖尿病、脂肪肝等慢性病。

植物性食物为主型:多见于亚洲、非洲等国家和地区。膳食组成以植物性食物为主,动物性食物较少,年人均消耗粮食达 140—200 千克,肉类、蛋类、奶类和鱼虾类共计年人均消费仅为 20—30 千克。此模式的优点在于没有"三高一低"的缺陷,但是蛋白质和脂肪的摄入量均比较低,蛋白质来源以植物性食物为主,某些维生素和矿物质不足,易致营养不足。

动植物性食物平衡型:此模式的膳食构成是植物性和动物性食物构成适宜,植物性食物占较大比例,动物性食品仍有适当数量,在膳食提供的蛋白质中,动物性食物蛋白质占 50%以上。这种膳食模式既可以满足人体对营养素的需要,又可以预防慢性病。

地中海膳食模式:多见于地中海国家。由蔬菜类、水果类、海产品类、谷类、坚果和橄榄油以及少量的牛肉和奶制品、酒类等组成,是以高膳食纤维、高维生素、低饱和脂肪酸为特点的膳食模式。研究发现,该模式是影响地中海地区居民健康水平的重要因素,可降低心血管疾病、2 型糖尿病、代谢综合征和某些肿瘤的发生风险。

我国的传统膳食模式是以植物性食物和谷类为主,是高膳食纤维、低脂肪的饮食。根据中国疾病预防控制中心的监测数据,结合《中国居民营养与慢性病状况报告(2020 年)》的主要内容,随着我国经济社会的发展、卫生服务水平的不断提高、健康状况和营养水平的不断提高,居民的膳食模式有了较大的改变。

《中国居民膳食指南(2022)》推荐平衡膳食的 8 个准则,分别:"是食物多样,合理搭配;吃动平衡,健康体重;多吃蔬果、奶类、全谷、大豆;适量吃鱼、禽、蛋、瘦肉;少盐少油,控糖限酒;规律进餐,足量饮水;会烹会选,会看标签;公筷分餐,杜绝浪费。"

六、营养评价

通过营养评价,能够了解婴幼儿的营养状况是否满足生长发育的需求,如可通过测量婴幼儿的身高(长)、体重、头围、皮脂(褶)厚度等进行观察,并可通过百分位数法、生长发育监测评价法等进行评价。

第二节　影响学前儿童进食行为的因素

进食本身是一个复杂的过程,与个体生理发育、心理发展、教育方法、文化环境等有关。如消化系统发育成熟,促进了消化功能的成熟,也促进了儿童进食技能的发展。

一、生理因素

(一)消化系统

1. 婴儿喂养、断奶过程中进食行为的发展

人与动物的研究结果显示,进食行为发展的成熟包括吮吸、吞咽、咀嚼等能力的发展,也包括开始摄入固体食物时用勺进食和用杯饮水的能力的发展。

(1)吮吸与吞咽的发育。

新生儿具备吮吸与吞咽的能力,吞咽主要靠吞咽反射完成。新生儿还通过其他一些先天性的反射动作完成部分的口腔运动,如通过觅食反射寻找食物,可帮助吸住乳头;吮吸反射与觅食反射一样是新生儿期最重要的反射,使新生儿通过触觉刺激吮吸乳头,对建立正常的母乳或人工喂养十分重要。婴儿进食固体食物后,提示主动吞咽行为发育成熟。通常,5—7 个月的婴儿能用舌的活动成功吞咽软的食物。但此时,婴儿将食物运到咽部和食道的能力还很不成熟。当把勺放在 5—7 个月的婴儿嘴里时,婴儿已会将舌向前伸出。当婴儿会成功地进食固体食物后,舌在吮吸时卷缩的伸出伸进动作消失。

(2)咀嚼。

咀嚼是口腔有节奏地咬、碾磨的运动。咀嚼发育代表儿童消化功能发育成熟,是食物转换所必需的技能。神经元的发育成熟和外界条件的刺激促进了咀嚼功能的发育,4—6个月时舌体下降,使食物可达舌后部,7—9个月时出现有节奏的咀嚼动作。因此,4—6个月是训练婴儿"学习"咀嚼吞咽的敏感期。

一般来说,婴儿在6个月左右,不管有无乳牙的萌出,只要有上下咬合的动作,就表明咀嚼食物的能力已开始发育,可逐渐引入一些固体食物,不宜以乳牙萌出的时间作为给婴儿进食固体食物的指示。婴儿最初这种进食固体食物的能力尚不成熟,如舌从不能将食物送到牙齿的切面,仅会上下咬动,后逐渐发展到舌体能上抬、卷裹食物团块,6—7个月的婴儿可接受切细的软食,9—12个月的婴儿可咀嚼各种煮软的蔬菜、切细的肉类。12个月左右,婴儿的下颌运动使食物产生了在口腔内的转动。当婴儿可完全咀嚼、吞咽各种食物时,再吃块状肉类或其他纤维性固体食物,发生呛咳的危险就会减少。2岁左右的幼儿已可控制下颌的动作和舌在口腔内向两侧的运动。

(3) 用勺进食。

用勺进食是流质食物(奶)向固体食物过渡时一种必要的进食方式。多数婴儿在5个月左右开始用勺进食。最初用勺进食是用上唇吃净勺中食物,9个月左右,婴儿可用上下唇活动进食,12个月左右可闭唇进食,此时,进食行为已较成熟。应鼓励家长让婴儿从9—10个月开始就学习用手指抓食,积极参与进食过程,由被动进食向主动进食发展。

(4) 用杯饮水。

多数婴儿在6个月左右可以开始学习用杯饮水或奶。2岁左右,能熟练用杯饮水,即不再咬住杯子,饮水时水不再从嘴边流出,且可自己用手稳稳拿住杯子。尽早训练孩子用杯饮水的能力,不仅有利于口腔协调运动,也可促进儿童自主性的发展。

(二) 感知觉发育

很多进食技能是要学习的,感知觉的发育在进食行为的发展中起重要作用。

进食过程需要感知觉和感知觉的反馈,涉及嗅觉、味觉等。特别是早期味觉的发育与以后进食的偏爱行为密切相关。较早感受到愉快的口腔刺激,有利于以后学习进食固体食物。

1. 嗅觉发育

新生儿对气味的特殊表现与母亲有关,在哺乳时母乳气味的刺激等可强化婴儿早期的学习。许多研究已显示婴儿有嗅觉记忆,且不断在发育中学习判别喜欢与不喜欢的气味。

2. 味觉发育

婴儿出生时可对甜、酸反应,但对咸无反应,即使早产儿也可区别不同浓度的甜味,但婴儿产生这种味觉反应的原因尚不清楚。另外,过去认为纯母乳无味道或味道少,婴儿从纯母乳喂养过渡到混合食物喂养需要味觉经历根本性的变化。但近年来的研究证实,人与动物的乳汁包含了各种味道,与母亲的食物有关,如大蒜、薄荷、香草等,都会影响乳汁的味道。

乳汁的味道是特殊的,这意味着婴儿在潜移默化地接受着各种味道的影响,这与其在今后喂养中对特定味道的反应也可能有关。这种味觉上的影响可能是母亲教育后代"安全"食物的方法之一。这样,在第一次接触固体食物时,婴儿可能易选择与乳汁味道相似的食物,使婴儿更易于从纯母乳喂养转变为混合食物喂养。

另外,味觉对于个体来说,还有以下意义。

(1) 调节食物的选择或摄入。

味觉在食物偏好的形成中起着重要作用。摄入食物的过程包含着味觉学习,并以此调节食物的选择或摄入的量。相关研究显示,人们易选择能量密度高和有刺激性的味道。

(2) 基本的进食动力。

可使人从食物中感到满足和愉快。味觉的饱足感作用可使个体在进食高脂肪和高碳水化合物中得到满足,这也可能是发生肥胖的原因之一。

(3) 保护机制。

苦味等让人不愉快,其基本原理可能是一种对有害物质或有毒物质的保护机制。

(三) 运动发育

进食行为发育和运动发育也有密切关系。婴儿竖颈和坐姿的发育是自主进食前必要的粗大动作发展,而手眼协调则是使用手、勺等自主进食的必要精细动作基础。孩子可多与成人共进餐,通过模仿成人的进食动作,从学会用手抓食物到学会使用勺、筷子。

(四) 食欲波动

大脑和消化系统之间的联系决定了人们对食物的需求与数量,这种通过激素和神经感官信号传递的联系大致可以分为两大功能:进行机制刺激进食、停止机制抑制进食。

1. 进行机制刺激进食

饥饿感是一种刺激性反应,它促使人们去寻找食物并开始进食,通常在进食后 4—6 小时,当食物已经离开胃部并且大部分被小肠吸收后,人就会感到饥饿。其调控机制如下:(1)生理影响:空胃、胃收缩、小肠和血液中缺乏营养素、消化系统激素和神经信号产生饥饿感和食欲。(2)各种感觉的影响:食物的色香味形增强了进食的欲望。(3)认知影响、周围其他人的社会刺激、饥饿感和饱腹感、最喜欢的食物、有特殊意义的食物、吃饭时间等。(4)吸收后影响(食物进入消化道后):胃内食物触发牵张感受器,通知大脑已经进食。(5)吸收后的影响(营养素进入血液):血液中的营养素通过神经和激素,向大脑发出它们的用途和储存信号;随着营养物质的减少,开始出现饥饿感,饥饿感延续。(6)当胃因为饥饿而收缩时,就会触发下丘脑中化学信号的反应,下丘脑是控制能量和体重的中枢系统。

2. 停止机制抑制进食

饱腹感指的是进食过程中吃饱的感觉,最后达到一种程度,使人停止进食。不停咀嚼、胃部膨胀、在小肠中的营养物质以及激素和神经信号告知大脑关于每餐进食量及食物特征的信息等,就会使人产生饱腹感,进而对进食的热情有所减少,从而限制食量。这种感觉一般可以决定一次吃多少食物。

儿童有天然的饥饿感和饱腹感,有调节能量摄入的能力。儿童有准确地判断能量摄入的能力。这种能力不但在一餐中表现出来,且连续几餐都可被证实。但是这种能力会受到家长的不良喂养习惯等环境因素的影响。长期过量喂养或者喂养不足可导致儿童对饥饿感和饱腹感的感知能力下降,频繁进食、夜间进食、过多饮水或零食均会破坏儿童的食欲,进而造成肥胖或营养不足。

二、心理因素

儿童早期食物接受等心理因素也是影响进食行为的重要因素。

(一) 儿童早期食物接受

儿童必须学习接受一些新的食物,才能成功地从纯母乳喂养转变到混合食物喂养。刚开始摄入的食物对婴儿来说都是新的,都是不熟悉的,若表现出拒绝,这叫"厌新"。儿童这种最初的拒绝要通过自己的"经历"转变。如果儿童有足够的机会(8—10 次),在愉快的情况下(无压力)尝试新食物,许多儿童会从拒绝到接受。家长的灰心、焦急、强迫会在儿童接受新食物上起副作用,影响其包括食物选择和调节能量摄入的能力。某些物质在体内可能有危险,即某些食物可能是有毒的。当多次吃某一食物没出现呕吐或恶心时,人们就逐渐学习到此种食物是可以吃的,以后就使此食物变为了饮食的一部分,相反则被拒绝。因此,儿童刚开始对新食物的拒绝可被看作为一种适应性功能。

(二) 食物的偏爱

婴儿对食物的偏爱可能在胎儿期就已发育,如对甜味的偏爱。除先天的偏爱之外,早期的经历使其具有爱吃或不爱吃某些食物的偏好,4—5 岁的儿童已有与成人相似的对食物有好恶的倾向,包括拒绝不愉快的味道,有害的、非食物性的东西,能理解厌恶的含义。当然,儿童可能因不恰当地拒绝某些食物而影响营养素的摄入,并形成挑食行为;但这种拒绝行为可预防儿童摄入某些对自己有害的食物。因此,儿童拒绝某些食物能力的发育也是很重要的。当儿童持续拒绝某种食物,包括基础食物,如牛奶、鸡蛋等时,应考虑有食物过敏的可能。儿童,包括婴儿往往可出现连续几日选择某些食物的现象,这可能是儿童机体的一种自然的营养素平衡。因此,家长应容许儿童有广泛选择食物的机会。

食物单调是影响偏食的后天因素。婴幼儿期,特别在 0—1 岁这个阶段缺乏味觉刺激会影响儿童对食物的选择。儿童常常不喜欢不熟悉的食物,故应经常给其各种食物,可减少儿童对熟悉的食物产生偏爱的可能性。另外，社会、家庭的习惯可影响儿童对食物的偏爱。家长不适当地将某种食物作为奖励或对某种食物的注意可明显增加儿童对该食物的偏爱。

（三）神经心理

儿童神经心理发育迅速，对周围世界充满好奇心，表现出探索性行为，进食时也表现出强烈的自我进食欲望。成人如忽略了儿童的要求，一味包办代替，儿童可表示不合作与违拗；而且儿童的注意易被分散，儿童进食时玩玩具、看电视等做法都会降低其对食物的注意，使其进食意愿下降。应允许儿童参与进食，满足其自我进食的欲望，培养独立进食的能力。

三、教育因素

（一）自我进食能力的培养

1 岁以前就应允许婴儿参与进食活动，如 6 个月左右婴儿可自己扶奶瓶吃奶；7—9 个月时可从杯中饮，7—8 个月时可用手拿饼干或水果条吃；10—12 个月时应尽快学会自己用勺。这种自我进食能力的获得是发展自我信心、责任心的第一步。2 岁左右的儿童应独立进食。

（二）学习和社会作用

婴儿进食需成人帮助，这是一种社会性活动，因为他们还不能自己准备食物。就餐时与家庭成员在一起，家庭成员的进食行为和对食物的反应可作为儿童的榜样。由于学习与社会的作用，儿童的进食过程使其逐渐固定了以后接受食物的类型。如给儿童食物是在积极的社会环境下（如奖励或与愉快的社会行为有关），则儿童对食物的偏爱会增加；强迫儿童进食不喜欢但有营养的食物会使儿童拒绝该食物。

（三）进食经历

儿童从进食的过程中学习食物的味道，影响其食物接受类型。最典型的例子是当进食出现恶心、呕吐时，这种厌恶的学习经历常常使儿童之后很多年不再吃这种食物。同样，当儿童感觉到食物的特点和良好的进食感觉后，他们可能产生对食物的喜爱。

四、文化因素

饮食是人类最基本的活动，在人类行为的文化调节中，食物比人类生活的其他问题更为基本。有学者提出：抵达某个文化核心的最好途径便是通过它的胃。饮食是一种生理活动，也是一种文化表征。众多的社会变量，比如种族、职业、社会地位以及受教育程度，都会影响人们关于饮食的观念。饮食是文化建构的场所。人类集体文化始终关注着与食物有关的行为，获取食物、制作食物和提供食物，这些本质上都是一种文化调节。在饮食过程中，文化从集体文化向个体文化领域转换。

对于儿童而言,饮食文化传统并非一成不变的,随着人口流动、对新食物的了解,以及人们之间的交流,饮食文化传统不断发展和变化。长期以来,我们都认为儿童的饮食观念,不至于与他们的父辈相差太多。然而,这种代际共同饮食观念的假设需要被修正,儿童对于饮食的态度和经历可能与其父辈截然不同,当代儿童的饮食结构已经发生巨大的变化,而这些变化与儿童的饮食、健康有着直接的联系。

案例分享

害怕吃饭的孩子

案例观察

开学第二周,小琳在入园时总在门口哭哭啼啼,说不要在幼儿园吃饭。小琳爸爸也表示,女儿胃口很小,在家吃的东西很少,请老师适当减少饭菜。午饭时,还没开始吃饭,小琳就眼睛红红的。

支持策略

1. 循序渐进

老师对小琳说:"你看你的饭菜已经是最少的了,老师相信你一定能吃完的。"小琳虽然没有拒绝,但是情绪仍然不高,进餐速度还是很慢,最后也没能把饭菜吃完。第二天,老师给了小琳一个空碗,对她说:"你想吃多少,自己盛饭吧!"小琳一看,眼神里没有了泪光,点头答应了。第一次,她盛了一口炒面,坐下不一会儿就吃完了。老师看到说:"小琳,你是不是要加一点?"小琳再次点头答应了,老师在集体面前表扬了小琳,说她今天能添饭了! 小琳脸上第一次在吃饭时露出了笑容。之后,老师发现小琳讲故事的本领特别棒,于是鼓励小琳按时吃完饭,就请她在集体面前讲故事。小琳进餐的积极性也就更高了。老师之后还拍了小琳自己添饭的一些视频发给了家长。

2. 通过不同的方法,让孩子获得成就感

如孩子觉得饭菜太多,那就减少饭量,甚至给孩子空碗让其自己填,能吃完之后再慢慢增加量。如果孩子使用餐具的精细动作能力较弱,那可以通过运动活动增加手部力量,结合个别化情景化的喂食游戏活动进行锻炼。还可以通过不断赞扬幼儿的优点和进步,让幼儿觉得自己能行,并看到自己的成长。

第三节　婴幼儿喂养指南

婴幼儿膳食安排应与其生理、营养的需要一致。2022年,中国营养学会发布了《中国婴幼儿喂养指南(2022)》,这一指南又细分为《0—6月龄婴儿母乳喂养指南》《7—24月龄婴幼儿喂养指南》《学龄前儿童膳食指南》三个部分,分别提出明确的准则和核心推荐。本节内容将据此进行介绍。

一、0—6月龄婴儿的喂养

(一)喂养准则

1. 母乳是婴儿最理想的食物,坚持6月龄内纯母乳喂养

正常情况下,纯母乳喂养能满足6月龄内婴儿所需要的全部能量、营养素和水。婴儿从出生到满6月龄完全喂给母乳,不要喂母乳以外的食物。

2. 生后1小时内开奶,重视尽早吸吮

新生儿出生后10—30分钟,即具备吸母乳的能力,出生后30分钟到1小时内的母婴的肌肤接触有助于建立早期母乳喂养联系。出生1小时后让新生儿开始吸奶,可刺激乳头和乳晕神经感受,向垂体传递其需要母乳的信号,刺激催乳素的分泌,这是确保母乳喂养成功的关键。

3. 回应式喂养,建立良好的生活规律

及时识别婴儿饥饿及饱腹信号并尽快给予喂养回应,哭闹是婴儿表达饥饿信号的最晚表现。应按需喂养,不强求喂奶次数和时间。

4. 适当补充维生素 D, 母乳喂养无需补钙

母乳中的维生素D含量低。婴儿出生后,应每日补充10微克,即400个国际单位的维生素D。纯母乳喂养能满足婴儿骨骼生长对钙的需要,因此并不需要额外补钙。婴儿中比较普遍的缺钙原因在于维生素D的缺乏。

5. 任何动摇母乳喂养的想法和举动都必须咨询医生和其他专业人员,并由他们帮助做出决定

任何婴儿配方奶都不能与母乳相媲美,只能作为纯母乳喂养失败后无奈的选择,或母乳不足时对母乳的补充。母乳喂养遇到困难时,需要医生和专业人员的支持。

如果由于其他原因造成母婴暂时分离,不得不采用非母乳喂养时,则必须选择适合6月龄内婴儿的配方奶喂养，而普通液态奶、成人和普通儿童奶粉、蛋白粉、豆奶粉等都不宜用于喂养婴儿。

6. 定期监测体格指标，保持健康生长

6月龄内婴儿应每月测一次身长、体重、头围，病后恢复期可适当增加测量次数。

婴儿生长有自身的规律，过快过慢生长都不利于其远期健康。婴儿生长存在着个体差异，也有阶段性波动，不宜相互攀比各项指标。

（二）母乳喂养

1. 母乳喂养的特点

出生后第1年，婴儿体重、身长增长速度最快，系第一个生长高峰，应供给婴儿足够的营养以满足其生长发育的需要。然而，婴儿的器官系统发育尚不成熟，食物过多会超过消化道消化吸收的能力。理想的情况是纯母乳喂养到6个月，引入其他食物后可继续母乳喂养。

图3-1 0—6月龄婴儿母乳喂养关键推荐

6个月以内的婴儿对于能量和营养素的需求高于其他任何阶段。但是婴儿的消化器官尚未发育成熟，对食物的消化能力和代谢能力较弱。母乳可以提供优质、全面、适宜的营养素，满足婴儿生长发育的需求，又能完美地适应其尚未发育成熟的消化能力。

表3-2 母乳喂养的优点和缺点

优 点	缺 点
营养丰富。母乳含有各种适合婴儿生长发育的营养成分，而且容易消化吸收。	一些疾病可能通过母乳影响婴儿。

优　　点	缺点
含有抗体。在婴儿的免疫系统尚未发育完全时,母乳可以帮助婴儿抵御疾病以及抗过敏。通常母乳喂养的婴儿在出生后半年之内不容易生病。	喂养婴儿的任务只能由母亲一人承担。
有助于母亲恢复身材。哺乳时释放的催产素可以促进子宫恢复到正常大小,而且乳汁的分泌会消耗妊娠期间积蓄的脂肪。	母亲疲劳、生病、精神紧张等时候会影响母乳的分泌。
方便卫生。乳汁是现成的,不用消毒,不用调配,温度也合适。	
安抚婴儿的好方法。有时婴儿哭闹并不是饥饿,喂奶是安抚他的好办法,因为他需要吮吸乳房时的安全感。	比较不易掌握婴儿每次的食量。
母亲的享受。当宝宝紧紧依偎在母亲的怀抱里,小嘴吮吸时,会使母亲强烈地感受到自己和孩子之间无法被取代的独特关系,母爱被充分唤起。	

2. 母乳喂养的方式

母乳喂养可以采用以下姿势。坐在床上给婴儿喂奶时,可用几个枕头支撑背部和膝盖,这会让母亲感到全身松弛和舒适。也可以选择坐位喂奶,母亲应该舒适地坐下,背靠在椅子上,膝上放一个枕头,枕头可以抬高婴儿,之后在脚下垫上一个小凳,坐位喂奶可使乳汁排出畅通。抱孩子的时候,母亲要一手抱住宝宝的臀部使宝宝紧贴身体,另一手的食指沿胸壁的乳房根部把整个乳房托起。用乳头触动宝宝的嘴角,当宝宝的嘴张大时,顺势把乳头和大部分乳晕都放入其嘴中,使宝宝有效吮吸,此时乳头也不会感到疼痛。

分娩后半小时,就可以进行母乳喂养,刚开始喂奶时,不要规定几小时喂一次,同时坚持夜间哺乳,按照宝宝的需要或者觉得乳胀就随时哺乳。喂奶后要把宝宝竖起抱着,使其趴在左肩,轻轻拍其背部,帮助宝宝排出吸入胃内的气体。如果宝宝发生吐奶呛咳,可以把宝宝放在膝上,让宝宝身体前倾,一手托住宝宝的前胸和下巴,另一只手轻拍他的后背,帮助宝宝吐出奶块。初生婴儿的胃还没有发育好,吃饱后不宜仰卧。

可以通过以下几种情况判断乳汁是否充足:婴儿每天能够得到 8—12 次较为满足的母乳喂养;哺乳时,婴儿有节律地吮吸,并听到明显的吞咽声。出生后最初 2 天,婴儿每天在喂奶之后至少排尿 1—2 次;从出生后第 3 天开始,每天排尿应达到 15—20 次。出生后每 24 小时至少排便 3—4 次,每次大便应多于 1 汤匙;出生第 3 天后,每天可排软、黄便 4 次(量多)或 10 次(量少)。

(三) 人工喂养

由于婴儿患有某些代谢性疾病、母亲患有某些传染性或精神性疾病、乳汁分泌不足或者无乳汁分泌等原因,不能母乳喂养婴儿时,建议首选适合 6 月龄内婴儿的配方奶喂养,不宜直接用普通液态奶、成人奶粉、蛋白粉、豆奶粉等喂养婴儿。

婴儿配方奶是以牛乳为基础的改造与强化,使宏量营养素成分、比例接近母乳。当婴儿无法进行母乳喂养时可采用配方奶喂养。配方奶喂养的婴儿不需要额外补充维生素与铁。如果婴儿摄入的母乳与配方奶量足够,婴儿的水的供给也是足够的,不必另外给婴儿加水。

二、7—24月龄婴幼儿的喂养

(一)喂养准则

1. 继续母乳喂养,满6月龄起必须添加辅食,从富含铁的泥糊状食物开始

婴儿满6月龄后继续母乳喂养到2岁或以上,从满6月龄起逐步引入各种食物,辅食添加过早或过晚都会影响健康。

首先添加肉泥、肝泥、强化铁的婴儿谷粉等富铁的泥糊状食物,有特殊需要时须在医生的指导下调整辅食添加时间。

2. 及时引入多样化食物,重视动物性食物的添加

添加辅食时每次只引入1种新的食物,从1种到多种逐步达到食物多样化。不盲目回避易过敏食物,比如鸡蛋、小麦、鱼、坚果等。1岁内适时引入各种食物达到食物多样化,帮助婴幼儿达到营养均衡,减少食物过敏风险。辅食添加从泥糊状食物开始,逐渐过渡到颗粒状、半固体、固体食物,辅食频次和进食量也应逐渐增加。

3. 尽量少加糖盐,油脂适当,保持食物原味

婴幼儿辅食应该单独制作,尽量保持食物原味,让婴幼儿体验天然食物的多样化口味。尽量少加糖、盐以及各种调味品。婴幼儿需要适量的油脂提供生长发育所需能量,满1岁后,婴幼儿可尝试淡口味的家庭膳食。

4. 提倡回应式喂养,鼓励但不强迫进食

进餐时父母或者喂养者应该与婴幼儿有充分交流,注意识别孩子发出的饥饱信号:张嘴,主动转向食物表示饥饿;扭头、闭嘴等表示吃饱不想吃了。

父母或者喂养者应该鼓励并协助婴幼儿自主进食,培养孩子的进餐兴趣。进餐时不要分散孩子注意力,不看电视,不玩玩具,每次进餐时间不超过20分钟。同时父母或喂养者自身应有良好的进餐习惯。

5. 注重饮食卫生和进食安全

选择安全、优质、新鲜的食材,制作过程中必须始终保持清洁卫生,生熟分开。生吃的水果和蔬菜必须洗干净去掉外皮以及果核,注意剔除骨头和鱼刺等异物,不吃整粒花生、坚果、果冻等,以防发生进食意外。饭前洗手以防病从口入。

6. 定期监测体格指标，追求健康生长

每 3 个月测量一次身长、体重、头围等体格生长指标。平稳生长是婴幼儿最佳的生长模式，而并非超过平均才是生长良好。鼓励婴幼儿爬行、自由活动。

（二）婴儿食物向成人食物的转换

婴儿食物转换成人食物需要经历三个阶段，即乳类食物阶段、泥状（半固体）食物阶段、固体食物阶段。随着生长发育，由出生时的纯乳类向成人固体食物转换的过渡时期的食物常被称为断乳食品、辅食，或换乳食物，是除母乳或配方奶外的泥状食物或半固体食物。食物过渡时期是让婴幼儿逐渐接受固体食物，培养其对各类食物的喜爱和进食能力。

给婴幼儿引入乳类之外食物的时间不是绝对的，有个体差异，与婴幼儿的发育成熟情况有关。

一般在婴幼儿体重达 6.5—7 千克，约 4—6 个月，每日奶量达 800 毫升以上，已可控制头在需要时转向食物（勺）或吃饱后把头转开时，表明可给婴幼儿引入其他食物。给婴幼儿引入食物的原则是易于吸收、能满足生长发育需要、不易产生食物过敏、可补充铁元素。第一种引入的食物应是强化铁的谷类食物，其次是蔬菜、水果，最后添加的食物是肉、鱼类（7—8个月）、蛋类（9—11 个月）。无论是母乳喂养还是配方奶喂养的婴幼儿，乳类仍为 6—12 个月时的基础食物。

婴幼儿适应一种新食物，有一个习惯过程，因此添加时应注意：数量上由少到多；种类上由一种到多种，每种约适应 3—7 日，刺激味觉的发育；性状上由细到粗，遵循泥状（茸状）—碎末—成人食物的规律，促进婴幼儿咀嚼、吞咽功能发育。在给婴幼儿引入其他食物时，应有意培养婴幼儿的进食技能，如学用勺、杯进行口腔协调运动，同时培养独立能力。

（三）辅食添加的具体方式

辅食主要为泥糊状食物，包括工业化婴幼儿辅助食品，也包括家庭制作的泥糊状及其他质地的食品。虽然乳类仍是此阶段婴幼儿所需能量的主要来源，但辅食是由液体食物过渡到固体食物的主要食品，是基本的过渡载体，是必须要添加的食物。

1. 辅食的味道

辅食应保持原味，不加盐、糖以及刺激性调味品，保持淡口味。淡口味食物有利于提高婴幼儿对不同天然食物口味的接受度，减少偏食挑食的风险。淡口味食物也可减少婴幼儿盐和糖的摄入量，降低婴幼儿期和成人期肥胖、糖尿病、高血压、心血管疾病的发生风险。

母乳中的钠含量可以满足 6 月龄内婴儿的需求，配方奶中的钠含量高于母乳。7—12 个月的婴儿可以从天然食物，主要是从动物性食物中获得钠，如 1 个鸡蛋中含钠 71 毫克，100 克新鲜瘦肉中含钠 65 克，100 克新鲜海虾中含钠 119 毫克，加上从母乳中获得的钠，可以满足该月龄段婴儿的基本需要。13—24 个月,幼儿开始少量尝试家庭食物,钠的摄入量将明显增加。

7—12 个月的婴儿可以从辅食中获得部分碘,母乳中也含有碘,一般可满足其需要量;而13—24 个月的幼儿开始尝试成人食物,也会摄入少量的含碘盐,从而获得足够的碘。

食物中不需要额外添加糖,过量的糖摄入不仅增加了龋齿的风险,也增加了额外的能量摄入,进而增加了肥胖发生的风险,并相应导致日后 2 型糖尿病、心血管疾病的发生风险增加。

2. 辅食的烹饪方式

辅食烹饪最重要的是将食物煮熟、煮透,同时尽量保持食物中的营养成分和原有口味,并使食物质地能适合婴幼儿的进食能力。辅食的烹饪不宜采用煎、炸。婴幼儿的味觉、嗅觉还在形成中,可以通过不同食物的搭配来调节口味,如番茄蒸肉末、土豆牛腩等,其中天然的奶味和酸甜味是婴幼儿最熟悉与喜爱的口味。经过腌、熏、卤,重油、甜腻、辛辣刺激,高盐、高糖、刺激性的重口味食物均不适合婴幼儿。

3. 辅食添加的时间

理想的辅食添加时间是根据婴幼儿的营养需要和母乳摄入量来确定的。当母乳摄入量不能满足婴幼儿的营养需要时,可开始添加辅食。此时也是婴幼儿咀嚼与吞咽功能发展的关键时期。过早添加辅食会增加胃肠道负担,引起消化紊乱,还可引起婴幼儿吃母乳的次数和量的减少,使母乳分泌不足。因此,4 个月前不宜添加辅食,但也不要晚于 6 个月,否则既不能满足婴幼儿的营养需要,又会影响嗅觉、味觉,以及咀嚼和吞咽功能的发育。

4. 辅食添加的原则

辅食品种由单一到多样,质地由稀到稠,添加量由少到多,制作工艺由细到粗。在不同的月龄,婴幼儿的神经系统和消化系统发育水平不同,能食用和消化的食物种类及成分也不相同。即使婴幼儿自身有食用某种食物的能力,也需要一段时间来适应这种食物。应根据婴幼儿的发育状况引入辅食,为锻炼婴幼儿的进食能力提供帮助。

5. 辅食添加中存在的问题

婴幼儿对于新添加的辅食表示出拒绝,可能是因为他还不熟悉新食物的味道,并不一定表示他不喜欢。在辅食添加中,婴幼儿常常表现出对熟悉食物(乳类)的偏爱,对新口味、新口感恐惧拒绝。对某一新食物拒绝 2—3 次后,可能被误认为是"不爱吃""不能吃""不会吃",从而停止添加。其实,这是剥夺了婴幼儿吃这种辅食的权利,婴幼儿也失去了学习进食新食物的机会。有研究表明:90%的婴幼儿能很快接受新的食物,而另外 10%的婴幼儿反复多次后,也能接受每一种新食物。因此,应正确对待类似问题,耐心反复多次地喂养,改变婴幼儿恐惧新食物的心理。

6. 影响辅食添加的因素

（1）家长对婴幼儿的影响。

这包括家长对婴幼儿的鼓励、帮助、监督和保护，正向或逆向的相互影响及情感交流。情感交流是辅食添加过程中的重要内容。家长在喂养婴幼儿时，应用眼睛看着他、赞扬他，并能对其各种需要和暗示及时给予回应。家长的示范动作、模仿行为、与婴幼儿的交谈都可鼓励其进食。强迫喂养会导致婴幼儿缺乏自我进食的积极性，最终导致厌食。放任型喂养则导致婴幼儿食物摄入量过多或不足。合适的喂养方式是负责型喂养，即用鼓励和赞扬的策略促进婴幼儿进食，这种喂养方式可以帮助婴幼儿建立自身的饮食调节机制。

（2）家长对辅食添加的影响。

以下因素可能会影响辅食添加：家长的教育水平、知识背景、时间、健康和营养状况、心理健康状况、自主状况、家庭经济状况及社会支持等。家长若焦虑、灰心，会对婴幼儿接受新食物产生不良影响。

（3）社会因素对辅食添加的影响。

社会经济、营养教育等均与辅食添加有密切的关系。在经济发达地区，由于辅食的工业化程度较高，卫生条件好，被微生物污染的可能性小，辅食的能量密度、营养素密度较高，辅食的质量较优。在经济落后地区，辅食的严重污染对婴幼儿的生长发育会有不良影响。

（四）进食建议

7 月龄的乳类为母乳或配方奶，5—6 次/天，乳量约 700—800 毫升/天。强化铁谷类食品每日 1/2 杯，如一餐中添加强化铁米粉。每日水果 1/2 个、碎菜 25—50 克。可让婴幼儿手拿"条状"或"指状"水果蔬菜学习咀嚼；可在进食稠粥或面条后饮奶，食物应清淡、少盐、少油和少糖。婴幼儿可坐在专门的餐椅上与成人一同进餐。

8—10 月龄的乳类为母乳或配方奶，约 4 次/天，乳量可稍有减少。可进食软饭、面条两餐，强化铁谷类食品每日 1/2 杯。每日水果 1/2—1 个、碎菜 50—100 克；肉类少量。此月龄段继续鼓励婴幼儿自己用勺，与成人同桌就餐。

10—12 月龄的饮食开始以软饭、面食为主，每日两餐，20—75 克/天，母乳或配方奶约 3—4 次，乳量约 500—700 毫升/天。强化铁谷类食品每日 1/2 杯；每日水果 1/2—1 个、碎菜 75—100 克；肉类少量。注意应断离奶瓶，停止夜间喂养，并且不喂食蜜蜂水或糖水。

13—24 月龄时，可继续母乳或配方奶喂养，但此时以乳类为辅，食物为主。可考虑每天喝奶 2—3 次，奶量约 500 毫升/天。主食量 50—100 克，另添加肉类 50—75 克，水果及蔬菜各 50—150 克。

在 7—24 月龄时，还应提倡顺应喂养，鼓励但不强迫进食。顺应喂养是在顺应养育模式框架下发展出来的婴幼儿喂养模式。顺应喂养要求为：应负责准备安全、有营养的食物，而具体吃什么、吃多少,则由婴幼儿自主决定。在婴幼儿喂养的过程中,应该及时感知婴幼儿发出的饥饿或饱足的信号,充分尊重婴幼儿的意愿,耐心鼓励,但绝不能强迫喂养。如当看到婴幼儿看到食物表现出兴奋、勺靠近时张嘴、舔吮食物等,则表示饥饿;而当婴幼儿紧闭嘴巴、扭头、吐出食物时,则表示已吃饱。应该以正面的态度,鼓励婴幼儿以语言、肢体语言等发出要求或拒绝进食的信号,增进婴幼儿对饥饿或饱腹等内在感受的认识,发展其自我控制饥饿或饱足的能力。

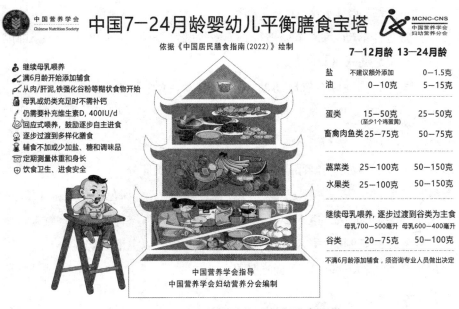

图 3-2　7—24 月龄婴幼儿平衡膳食宝塔

三、2—6 岁儿童的膳食安排

2—6 岁儿童的生长发育速度与婴幼儿相比,略有下降,但是仍处于较高水平,经过 7—24 个月膳食模式的过渡和转变,2—6 岁儿童摄入的食物种类和膳食结构已经接近成人,是饮食行为和习惯形成的关键时期。足量食物、平衡膳食、规律就餐是 2—6 岁儿童获得全面营养和良好消化吸收的保障。

(一)膳食参考准则

对于学龄前儿童,在《中国居民膳食指南(2022)》平衡膳食 8 条准则的基础上,增加了 5 条核心推荐。包含成人和儿童的膳食 8 条准则及 5 条核心推荐分别汇总如下。

1. 食物多样,合理搭配

● 坚持谷类为主的平衡膳食模式。

- 每天的膳食应包括谷薯类、蔬菜水果、畜禽鱼蛋奶和豆类食物。
- 平均每天摄入 12 种以上食物,每周 25 种以上,合理搭配。
- 每天摄入谷类食物 200—300 克,其中包含全谷物和杂豆类 50—150 克;薯类 50—100 克。

2. 吃动平衡,健康体重

- 各年龄段人群都应天天进行身体活动,保持健康体重。
- 食不过量,保持能量平衡。
- 坚持日常身体活动,每周至少进行 5 天中等强度身体活动,累计 150 分钟以上;主动身体活动最好每天 6 000 步。
- 鼓励适当进行高强度有氧运动,加强抗阻运动,每周 2—3 天。
- 减少久坐时间,每小时起来动一动。

3. 多吃蔬果、奶类、全谷、大豆

- 蔬菜水果、全谷物和奶制品是平衡膳食的重要组成部分。
- 餐餐有蔬菜,保证每天摄入不少于 300 克的新鲜蔬菜,深色蔬菜应占 1/2。
- 天天吃水果,保证每天摄入 200—350 克的新鲜水果,果汁不能代替鲜果。
- 吃各种各样的奶制品,摄入量相当于每天 300 毫升以上液态奶。
- 经常吃全谷物、大豆制品,适量吃坚果。

4. 适量吃鱼、禽、蛋、瘦肉

- 鱼、禽、蛋类和瘦肉摄入要适量,平均每天 120—200 克。
- 每周最好吃鱼 2 次或 300—500 克,蛋类 300—350 克,畜禽肉 300—500 克。
- 少吃深加工肉制品。
- 鸡蛋营养丰富,吃鸡蛋不弃蛋黄。
- 优先选择鱼,少吃肥肉、烟熏和腌制肉制品。

5. 少盐少油,控糖限酒

- 培养清淡饮食习惯,少吃高盐和油炸食品。成年人每天摄入食盐不超过 5 克,烹调油 25—30 克。
- 控制添加糖的摄入量,每天不超过 50 克,最好控制在 25 克以下。
- 反式脂肪酸每天摄入量不超过 2 克。
- 不喝或少喝含糖饮料。
- 儿童青少年、孕妇、乳母以及慢性病患者不应饮酒。成年人如饮酒,一天饮用的酒精量不超过 15 克。

6. 规律进餐，足量饮水

- 合理安排一日三餐，定时定量，不漏餐，每天吃早餐。
- 规律进餐、饮食适度，不暴饮暴食、不偏食挑食、不过度节食。
- 足量饮水，少量多次。在温和气候条件下，低身体活动水平成年男性每天喝水 1 700 毫升，成年女性每天喝水 1 500 毫升。
- 推荐喝白水或茶水，少喝或不喝含糖饮料，不用饮料代替白水。

7. 会烹会选，会看标签

- 在生命的各个阶段都应做好健康膳食规划。
- 认识食物，选择新鲜的、营养素密度高的食物。
- 学会阅读食品标签，合理选择预包装食品。
- 学习烹饪、传承传统饮食，享受食物天然美味。
- 在外就餐，不忘适量与平衡。

8. 公筷分餐，杜绝浪费

- 选择新鲜卫生的食物，不食用野生动物。
- 食物制备生熟分开，熟食二次加热要热透。
- 讲究卫生，从分餐公筷做起。
- 珍惜食物，按需备餐，提倡分餐不浪费。
- 做可持续食物系统发展的践行者。

5 条核心推荐如下：

- 食物多样，规律就餐，自主进食，培养健康饮食行为。
- 每天饮奶，足量饮水，合理选择零食。
- 合理烹调，少调料少油炸。
- 参与食物选择与制作，增进对食物的认知和喜爱。
- 经常户外活动，定期体格测量，保障健康成长。

（二）进食特点

2—6 岁儿童的咀嚼能力仍较差，因此其食物的加工烹饪应与成人有一定的差异性。多采用蒸、煮、炖、煨等方式烹饪儿童膳食，培养儿童清淡的口味，少放调料、少用油炸。鼓励儿童体验和认识各种食物的天然口味与质地，了解食物特性，增加对食物的喜爱。

（三）食物结构和营养素供给

2—6 岁儿童的食物种类和膳食结构接近成人，是饮食行为和生活方式形成的关键时期。应培养儿童摄入多样化食物的良好饮食习惯，避免儿童挑食偏食。鼓励儿童选择各种食物，引导他们多选择健康食物,对于儿童不喜欢吃的食物,可以通过改变烹调方法或盛放容器、重复小分量供应等方式,鼓励儿童尝试并及时给予鼓励,不可强迫喂食。通过鼓励儿童参加锻炼,增加其食欲。避免以食物为奖励或惩罚的措施。鼓励儿童参与食物的选择与制作,增加儿童对食物的认知与喜爱。

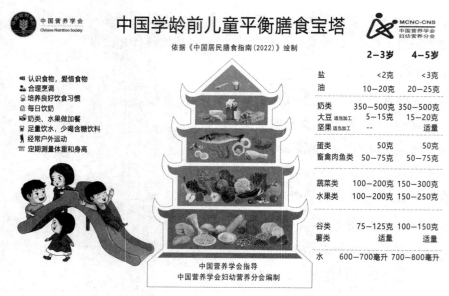

图 3-3   学龄前儿童平衡膳食宝塔

平衡膳食要求构成膳食的食品一定要多样化,七大营养素都是人体所必需的物质,任何一种营养素都是不可缺少的。

食物热能分配应遵循以下规律:早餐不可忽视,早上孩子活动量较大,又经过一个晚上,胃部已空,因此必须有足够的热量。午餐必须食用富含蛋白质、脂肪的食物。晚餐不宜食过多的蛋白质、脂肪,尤其是油炸食物,不易消化,以免引起消化不良并影响睡眠。只有平衡膳食,才能保证科学合理的营养摄入,这也是儿童健康成长的有力保证。

儿童膳食中各种营养素和能量的摄入必须满足该年龄阶段儿童的生理需要,蛋白质每日 40 克左右,其中优质蛋白(动物性蛋白质和豆类蛋白质)应占总蛋白的 1/3—1/2。乳类供能仍不应低于总能量的 1/3(约 30 千卡/千克)。

(四) 有规律就餐

应该安排早、中、晚 3 次正餐、2 次加餐。正餐之间应该间隔 5—6 小时,加餐和正餐之间应该间隔 1.5—2 小时,加餐以奶类、水果为主,配以少量松软面点。晚间加餐不宜安排甜食,以防龋齿发生。不要随意改变进餐时间、环境和进食量。

儿童应与成人同桌进餐,食物种类与成人相近,只是质地较软、佐料少。

这一阶段,儿童的生活自理能力不断提高,自主性、好奇心、学习能力和模仿能力增强,是培养良好饮食习惯的重要阶段。

第四节 幼儿园膳食管理

学前儿童膳食管理是幼儿园保育工作的重要内容。幼儿园应该根据儿童对营养素的需要,结合儿童的进食特点,合理安排儿童的营养膳食。

一、膳食计划

幼儿园应当根据儿童的生理需求,以《中国居民膳食指南(2022)》为指导,参考"中国居民膳食营养素参考摄入量(DRIs)"和"各类食物每日参考摄入量",有计划地研究各年龄儿童的营养需要,据此选择食物的种类,计算数量,制定食谱,合理烹饪,构成膳食计划。有条件的幼儿园可为贫血、营养不良、食物过敏等儿童提供特殊膳食。不提供正餐的幼儿园,每日至少提供 1 次点心。

(一)确定食物用量

根据中国营养学会的平衡膳食宝塔,根据年龄范围确定能量需要量,采用对应的能量值作为膳食设计的目标,确定食物用量。在实际生活中,根据儿童的生理状态、身体活动程度、食物资源的可获得性进行调整。

(二)确定和选择食物及其用量

根据食物的分组,分别选择谷类、蔬菜类、肉类或蛋类、植物油烹饪菜肴;选择水果类、奶类作为加餐。在食物选择上,注意多样性,注意选择深色蔬菜、全谷物等。

保证食物多样性不仅是为了获得均衡的营养,也是享受生活,使饮食更加丰富多彩。平衡膳食宝塔只是提供了食物种类上的建议,但具体的食物还应在实际中根据需要安排,根据烹调方法、形态、颜色、口感等多样变换。

(三)制定食谱

食谱是一日食物的量、调配和烹调方法的实施方案,是膳食计划的重要部分。根据膳食计划制定带量食谱,1—2 周更换 1 次。要注意食物品种的多样化和合理搭配。

1. 制定食谱的原则

在食谱的制定上,要注重搭配,兼顾六项搭配(米面搭配、干湿搭配、咸甜搭配、粗细搭配、荤素搭配、深浅蔬菜搭配);注重多样化,实现小分量多品种;注重加工,体现年龄及季节特点;注重效果,讲究烹调方法;兼顾全面,保证各营养素摄入合理,重点要做到保证卫生和新鲜,煮熟煮透最关键;杜绝野味,防止后患。尊重儿童,满足儿童的年龄特点,从种类、大小、色香、外形等出发,配制出色彩协调、味道鲜美、增进食欲的食物。并根据儿童消化系统的生理特点制定食谱,配制容易消化吸收且营养丰富的食物。烹饪以蒸煮为宜,忌油煎、油炸、烟熏等。

2. 食谱制定的重点

注重营养搭配、食物种类多样化。每天应进食谷薯类、蔬果类、畜禽鱼蛋奶类、大豆坚果类等食物,建议每人每天平均摄入 12 种以上食物,不挑食偏食,这也是维持日常营养摄入和保证免疫力的基础。尤其要注意增加优质蛋白质以及新鲜蔬果的摄入,优质蛋白质食物的来源主要为牛奶、鸡蛋、瘦肉、鱼虾、豆腐等;蔬果应尽量新鲜。

以中国营养学会推荐的每日膳食中的营养素供给量为依据,制定膳食计划,膳食中应该包括儿童生长发育所需要的各种营养素;注意各种营养素的比例适当,注意动植物食品之间的平衡;注意荤素、干稀、粗细搭配,制定多样化、科学化的平衡膳食。

3. 食谱制定方法

早餐:早餐提供的热量应占一日总热量的 30%。早餐以主食为主,优质蛋白质为辅。早上儿童活动时间长,活动量大,所以早餐热量比例应占 30%,以保证儿童上午的活动。制定食谱时,如有牛奶应配上面食及少量的肉类,如是粥或面,应配上蛋类、肉类、猪肝、蔬菜等。每个地区可根据当地的饮食习惯适当改变。保证品种丰富、营养丰富。

中餐:中餐提供的热量应占一日总热量的 40%(包含午点的 5%)。中餐主、副食的质量并重,汤菜的数量和质量并重。副食应该做到至少两菜一汤,荤素搭配。不同的地区可以选择地方特色饮食,不同季节选择不同食材。

午点:可为儿童提供牛奶、粥、坚果、自制饮品、自制点心,并根据季节的变化为儿童配制合适的食物。

晚餐:晚餐提供的热量应占一日总热量的 30%。晚餐以主食为主,副食次之,以保证营养。以容易消化的食物为主,配制炒菜时以可口为原则。晚餐不宜过饱,过量会造成胃有负担,消化功能受损,引起消化不良。

(四)进餐环境

注意进餐环境的清洁、安静、舒适。进餐前消毒,让儿童洗手,并定时、定点、固定座位进餐。也可以采用自助餐的方式。餐后应留样。

进餐时保证儿童情绪愉快,培养儿童良好的饮食行为和卫生习惯。

鼓励儿童将自己的一份饮食吃完,以保证足够的营养摄入。同时关心儿童对于食物的偏好,注意儿童的偏食行为。对于食欲较差、进食慢的儿童,要给予帮助和鼓励。

(五) 膳食安全卫生

(1) 幼儿园应当按照《中华人民共和国食品安全法》《中华人民共和国食品安全法实施条例》《餐饮服务许可管理办法》《餐饮服务食品安全监督管理办法》《学校食品安全与营养健康管理规定》等有关法律法规的要求,建立健全各项食品安全管理制度。

(2) 幼儿园应当为儿童提供符合《生活饮用水卫生标准》的生活饮用水。保证儿童按需饮水。每日上、下午各 1—2 次集中饮水,1—3 岁儿童饮水量 50—100 毫升/次,3—6 岁儿童饮水量 100—150 毫升/次,并根据季节变化酌情调整饮水量。

(3) 食堂应当每日清扫、消毒,保持内外环境整洁。食品加工用具必须生熟标识明确、分开使用、定点存放。餐饮具、熟食盛器应在食堂或清洗消毒间集中清洗消毒,消毒后规范存放。库存食品应当分类,注明保质期,定点储藏。

(4) 禁止加工变质、有毒、不洁、超过保质期的食物,不得制作和提供冷荤凉菜。留样食品应当按品种分别盛放于清洗消毒后的密闭专用容器内,在冷藏条件下存放 48 小时以上;每样品种不少于 100 克以满足检验需要,并做好记录。

(5) 厨房、消毒室等,应按工艺流程合理布局,符合《托儿所、幼儿园建筑设计规范》及《饮食建筑设计标准》中的相关要求。

(6) 儿童膳食应当专人负责,建立有家长代表参加的膳食委员会并定期召开会议,进行民主管理。工作人员与儿童的膳食要严格分开,儿童膳食费专款专用,账目每月公布。儿童食品应当在具有《食品生产许可证》或《食品流通许可证》的单位采购。食品进货前必须进行采购查验及索要票证,应建立食品采购和验收记录制度。

二、膳食调查和营养评估

常用的调查方法有称重法、记账法和询问法。幼儿园多采用记账法,并利用电脑软件进行计算,避免了人工操作费时、费力且容易出错的缺点。

将膳食调查结果与每日供给标准进行比较,此为数量评估。质量评估考查包括热能以及各种营养素的来源分布及它们之间的比例,以此与合理的分配比例进行比较,如热能与营养素的摄入量、热能与营养来源的分配、热能食物的分配、蛋白质食物的来源分配、微量营养素的食物来源分配。

表 3-3 平均每人进食量

单位为克

食物类别	细粮	杂粮	糕点	干豆类	豆制品	蔬菜总量	绿橙蔬菜	水果	乳类	蛋类	肉类	肝脏	鱼	糖	油
数量															

表 3-4　营养素摄入量

	热量		蛋白质 （克）	脂肪 （克）	视黄醇 当量 （微克）	维生 素 A （微克）	胡萝 卜素 （微克）	维生素 B₁ （毫克）	维生素 B₂ （毫克）	维生素 C （毫克）	钙 （毫克）	锌 （毫克）	铁 （毫克）
	（千卡）	（千焦）											
平均每人每日摄入量													
DRIs													
比较%													

问题与思考 ————————————————————————————————•

1. 根据蛋白质互补作用这一原理,练习通过几种食物混合食用的方式,提供高质量的蛋白质。

2. 如果婴幼儿不吃新食物,请你运用厌新理论对其行为进行分析,并提出相关的保育建议。

3. 练习健康食物的替代方法。

4. 根据儿童身体活动消耗能量的特点,设计一份儿童户外运动后的食谱。

第四章　学前儿童常见身体疾病和保育

 本章提要

　　学前儿童容易发生感染,遭受疾病的折磨,甚至危及生命。本章内容涉及学前儿童患病时的症状、学前儿童常见身体疾病的预防和护理,以及学前儿童常见身体疾病预防和护理的基本原则。

第一节　学前儿童患病时的症状

　　由于学前儿童在感到身体有某种不适时,往往无法像成人一样用语言准确地表达自己的主观症状,会造成成人对病症的识别困难。因此,把握学前儿童患病时的症状及其可能原因,结合孩子的具体情况作出对于病情的初步判断,有助于及时发现和辨别异常现象,进而做出正确的保育措施,以免贻误治疗的最佳时机。

　　学前儿童患病时的症状主要表现为呕吐、发热、腹痛、哭闹、便秘。出现这些症状并不一定意味着孩子生病了,有些症状属于学前儿童生长发育中正常的生理现象,不需要就医治疗;有些则属于病理性现象,需要及时进行治疗。

一、呕吐

　　呕吐是婴幼儿期常见的症状,引发原因是多方面的:可能是由于喂养方法不当、过饱、吞咽空气过多或者配方奶调制方法不当所致;还可能是由于消化系统疾病所致,例如先天性消化道畸形,或者后天性胃炎、肠套叠;消化道以外的疾病也会引发呕吐,例如颅内出血、感染、代谢紊乱或者中毒等。具体的症状、原因和保育措施如下。

1. 生理性呕吐

　　婴儿出现溢乳,吃奶后自口角溢出少量奶,这属于生理性呕吐。由于婴儿的胃呈水平位,胃部肌肉发育尚未完善,贲门松弛,若哺乳过多或者哺乳时吞入空气,易发生溢乳。溢乳不需要治疗,但需要改善喂养方法,采取正确的哺乳姿势,喂后将其抱起,使其伏在成人肩上同时轻轻拍背,使其胃中气体充分排出,使乳汁易于进入肠道;食后不宜立即更换衣服或频繁让其变换姿势,更不可逗弄婴儿。

2. 病理性呕吐

呕吐前常有恶心,然后产生呕吐;或者无恶心,大量的胃内容物突然经口腔,有时同时从鼻孔中喷涌而出,这都属于病理性呕吐,前者是非喷射性呕吐,后者是喷射性呕吐。此症状在新生儿期多见于分娩时颅脑损伤、消化道畸形、羊水吞入;婴幼儿期则主要是喂养不当、感染因素(包括颅内感染及其他感染)。呕吐时最好采用右侧卧位,以免呕吐物被吸入而引起窒息;必要时可以禁食,或喂以流质食物,再逐渐增加适量的半流质食物,如鸡蛋羹、稀饭、面条,3—4天后恢复正常饮食。呕吐后应该清洁口腔,及时更换被污染的衣物。

二、发热

发热的原因一方面是由于婴幼儿体温调节功能尚未发育完善,另一方面是免疫系统对病毒或细菌感染的一种生理反应。

(一)病因

1. 非器质性病变

由于婴幼儿身体的体温调节功能尚未发育完善,因此,3岁以下儿童的体温容易因外界环境影响而变化,以下因素都可能导致体温升高:气温过高(中暑)、穿衣太多、喝水过少、水分丢失(流汗、腹泻)、剧烈运动。

2. 感染性疾病

以病毒和细菌感染最常见,如呼吸道、胃肠道、泌尿道受到感染等。除发热外,还伴有各系统的症状。如呼吸道感染时,可有流涕、咽痛、咳嗽;胃肠道感染表现为腹痛、呕吐、腹泻;在泌尿道感染时可能出现尿频、尿痛、腰痛的现象。但婴幼儿各系统的伴随症状不典型,可能只有厌食、吐奶、腹泻等现象比较明显。

3. 非感染性疾病

引起发热的疾病还有很多,如长期发热可见于一些风湿免疫性疾病、血液系统疾病、恶性肿瘤等。

(二)保育措施

1. 物理降温

(1)减少衣被:发烧时不要给孩子穿过多的衣服、盖太厚的被子。"捂汗"的方法其实不利于散热退烧,反而会因过热而导致高热惊厥。

（2）多喝水:发热时首要考虑的问题就是脱水,脱水现象可能严重危及婴幼儿生命安全。应该尽快让孩子多喝清淡的液体,目的主要在于帮助孩子对抗感染,此外水有调节温度的功能,可使体温下降及补充机体丢失的水分。在为孩子补水时,少量多次的原则很重要,不宜让孩子一次性喝下过多的水。刚开始时,可以每5分钟给孩子一汤匙的液体,后慢慢增加。可以在医生的指导下采用口服补液盐补充水分,而非给孩子果汁等饮品。

（3）冷敷法:用冷毛巾敷在前额,毛巾变热后再用冷水浸湿,后重新敷用。对年长儿童,可用冷水袋或冰袋敷包裹后敷用。

（4）全身温水拭浴或泡澡:将孩子衣物解开,用温水（37℃左右）打湿毛巾擦拭全身或泡澡,可使皮肤血管扩张,加快散热。

2. 治疗

一般来说,很多发热现象不需要立即使用各类药物或者医疗救助。采取降温措施后,若孩子精神状态、食欲尚可,可先进行等待和观察,让孩子的免疫系统有充分的机会抵抗部分疾病。

但若出现下列情况,应立刻就医:不到6周的孩子体温超过37.7℃;不到3个月的孩子体温超过38℃;不到2岁的孩子体温超过39.4℃;持续发热超过5天;孩子高热的同时精神极为不佳,有其他严重症状。此时,医生可结合其他检查结果作出诊断和治疗。一般在体温达到38.5℃以上后,开始服用退热药,每次服药要间隔4—6小时。但对有高热惊厥史的婴幼儿,可适当积极退热。常用的退烧药有对乙酰氨基酚（如泰诺林等）、布洛芬（如美林等）。

拓展阅读

学前儿童体温测量的基本方法

测量体温的方式主要为口表、腋表和肛表。口表适合五六岁以上能够配合的儿童,适合3岁以下婴幼儿体温测量的方式是腋表和肛表。让一个喜欢动来动去的孩子安定下来测量体温,并不是一件容易的事情。可以采用以下方法:

腋表:侧抱孩子,让他侧靠在家长的身上,放体温计于腋窝中,紧夹10—15分钟后取出并读数。

肛表:让儿童俯卧,把手放在孩子的臀部上防止其移动。先将体温计的水银端涂一点甘油或其他油类等润滑剂,然后慢慢将体温计插入肛门 3 厘米(婴儿为 1 厘米)处即可。留置 3 分钟后取出并读数。

每一次测体温前,首先要看一看体温计的水银柱是否在 35℃ 以下,如果超过这个刻度,就应轻轻甩几下,使水银柱降至 35℃ 以下。读数时,用一手握住体温计的尾端,最好人背光站立,使体温计平行于眼前,并慢慢转动,取水平线位置观察水银柱所示温度刻度。观后用软布或纸将体温计擦净,酒精消毒,并将水银柱甩至 35℃ 以下,放入盒中存放以备下次使用。

目前,除传统的水银体温计外,更有电子体温计、红外体温计等可供选择,如耳温枪、额温枪等就属于常见的红外体温计。这类体温计使用便捷,减少了汞中毒的风险,为越来越多的人选用。

三、腹痛

腹痛的原因可能是消化系统发育不成熟、对于食物的不适应,也可能是由于细菌、病毒感染所致。

(一)病因

1. 腹内疾病

急性胃炎、胃肠炎、胃及十二指肠溃疡、肠痉挛、肠及胆道蛔虫病、细菌性痢疾等。

2. 腹外疾病

呼吸系统疾病、心血管疾病、神经系统疾病、代谢性疾病、败血症、带状疱疹、铅中毒等。

3. 消化系统不成熟

对于食物不适应。

(二)症状

1. 不同年龄儿童的症状

不同年龄儿童的腹痛,原因各异。如肠痉挛多见于 3 个月以下的婴儿,常由于喂养不当或吞咽空气过多所致。肠套叠、腹股沟疝以及肠道感染多见于 2 岁以下的儿童,急性阑尾炎、肠及胆道蛔虫病则相对少见。

表4-1　学前儿童腹痛症状及可能原因

症　状	可能原因
阵发性哭闹,面色苍白、表情痛苦,呈屈腿卧位,身体翻来覆去。疼痛缓解时,婴儿可玩耍或者安静入睡,间隔性发作。时间较久时出现呕吐、便血等。	肠套叠
哭闹剧烈,而且很难止住。哭闹或者直立时,腹股沟部位出现一个半球形肿块,如入阴囊内。停止哭闹或者躺位时,阴囊的肿块又回到腹腔。时间较久时出现呕吐、便血等。	腹股沟疝
腹痛伴排便或排尿困难。	便秘或者尿路感染、结石

2. 腹痛发生的急缓

腹痛起病的急缓对鉴别诊断往往具有重要意义。发病急骤或阵发性加剧者常为外科性疾病,如肠套叠及腹股沟疝等。发病缓慢而疼痛持续者常为内科性疾病,如肠及胆道蛔虫病、胃及十二指肠溃疡、胃肠炎及病毒性肝炎等,但要注意,有时慢性腹痛和急性腹痛的病因可以相同,这是因为疾病在不同阶段其性质发生变化所致,如胃及十二指肠溃疡原属慢性腹痛,在合并穿孔时为急性腹痛,即发展为急腹症。急腹症是以急性腹痛为临床表现的腹部疾病的总称,对原有慢性腹痛者,如腹痛转为持续性或突然剧痛,应注意急腹症的可能。

3. 腹痛的性质

腹部器质性病变的疼痛特点为:①持续性钝痛,阵发性加剧;②局部压痛明显;③有腹肌紧张;④肠鸣音异常。此外,阵发性疼痛或绞痛可能提示有梗阻性疾病,若局部喜按或热敷后腹痛减轻者,常为胃、肠、胆管等空腔脏器的痉挛;持续性腹痛加剧多见于胃肠穿孔;持续性钝痛,改变体位时加剧、拒按,常为腹腔脏器炎症以及腹膜脏层受到刺激所致;轻度隐痛多见于消化性溃疡。

4. 腹痛的部位

一般腹痛的部位与病变的部位相一致。

5. 伴随症状

应注意腹痛与发热的关系。

(三)保育措施

1. 病因治疗

根据病因作相应处理。如发病24小时内的肠套叠,可以采用空气灌肠复位疗法;如果发病超过24小时,婴儿多半已经发生肠管坏死,需要进行手术,切除坏死肠管。肠痉挛则给予解痉剂。肠及胆道蛔虫病或蛔虫性部分肠梗阻，可用解痉止痛药等治疗。炎症等应根据病因，选用有效抗生素治疗。外科急腹症（例如腹股沟疝）应及时手术治疗。

2. 对症处理

（1）有水和电解质紊乱或休克者，应及时纠正脱水、电解质失衡，进行抗休克治疗。

（2）病因诊断未明确前，禁用吗啡、度冷丁、阿托品等药物，以免延误诊断。疑有肠穿孔、肠梗阻或阑尾炎者，禁用泻剂或灌肠。可适当采用药物缓解疼痛。

四、哭闹

哭闹是学前儿童就诊的主诉之一。3岁前的婴幼儿尚无法用语言来表达不适，只能以哭闹来表达其痛苦。哭闹的原因可能是生理上的，也可能是病理上的。

（一）病因

1. 护理不当

包括过度饥饿、睡眠不足、口渴、过热、过冷、尿布潮湿或者想大小便等，即生理需要没有得到满足；渴望陪伴、无聊、入睡前过度兴奋、缺少橡皮奶嘴或者睡眠节律被打乱等，即心理需要得不到满足。这些都会引起哭闹。肠胃胀气或者由出牙而造成的不满情绪亦可引起哭闹。

2. 病理因素

能够引起儿童不适或疼痛的疾病都可能产生哭闹。其中以腹痛、头痛以及口腔疼痛较为多见，其次为耳部疾病或者皮肤病等。

（二）症状

可能引发哭闹的有很多疾病，应根据表现进行判断，情况严重时应该尽快寻求儿科医生的帮助。

1. 非疾病哭闹

由于护理不当引起的哭闹，一般时间较为短暂，只要去除原因，哭闹即止。常伴有啃拳、寻找乳头、吮指、抓咬衣被等行为。

2. 疾病哭闹

因疾病疼痛而哭闹的儿童，其哭闹声音尖锐而刺耳、撕心裂肺。由于病因不能很快去除，因此哭闹为持续性和反复性的。新生儿及婴儿中枢神经系统感染或者颅内出血时，常有音调高、哭声急的尖叫声。甲状腺功能低下的婴幼儿哭声低沉而沙哑。急腹症如肠套叠等，可引起阵发性剧烈哭闹，哭声弱或有呻吟则表示病情严重。

（三）保育措施

（1）及时满足婴幼儿的生理、心理需要，有效地缓解由于护理不当而导致的哭闹。

（2）对于疑似因疾病而哭闹的婴幼儿，需要进一步密切观察病情，若发现哭闹伴随着任何异常，在进行适当护理的同时，应及时送至医院，以便及早作出诊断，及时予以治疗。例如，当患耳部疾病时，婴儿表现为不断摇头，幼儿表现为不断抓耳挠腮，此时可以将婴幼儿耳垂轻轻向下拉，若发现外耳道红肿，需要立即就医治疗；患有佝偻病的婴幼儿常表现为夜间哭闹，伴随烦躁不安、易惊等症状。

五、便秘

（一）病因

1. 饮食不当

饮食不足、食物成分不适宜、母乳不足、呕吐引起摄入量不足、摄入过量蛋白质、过早喂以牛奶等，都可能导致便秘。进食过少、膳食纤维和水摄入不足、营养不良、体弱等，也可能造成便秘。

2. 生活习惯

生活习惯突然发生改变、强烈的精神刺激、缺乏运动，可能使食物通过胃肠道的时间变长，引起便秘。

3. 疾病引起

肠道先天性畸形，如先天性巨结肠、先天性肠旋转不良、肠狭窄等，除无大便外，还常有呕吐及腹胀等症状。另外，在肠炎、痢疾等疾病的恢复期，腹泻以后，可能有一段时间会出现便秘。

（二）症状

3—4 天甚至 1 周排 1 次大便即为便秘。便秘可以引起儿童食欲减退，也可能使直肠静脉血液回流产生障碍。干燥大便排出可擦伤黏膜，导致便血、肛裂，同时使儿童更加不敢排便。由于儿童食欲受到影响，进食少，更易使便秘形成恶性循环。

（三）保育措施

可以通过多补充水分进行预防。可喂以润肠辅食，例如菜汁或水果汁。年龄再大一些的儿童可以多吃新鲜蔬菜、水果并多饮水，添加谷类食物，如玉米、小米等。

拓展阅读

快速评估孩子是否生病

（1）孩子生病之初一般表现出眼睛无神、昏睡或者面色苍白。

（2）一般来说，6 周以内的孩子，有任何病症，都应该立即送到医院。出生后 3—4 个月的孩子，其病情发展速度往往比大一点的孩子快一些，所以，建议立即就医。

（3）和平常相比，当天孩子活动有何异常？睡眠情况如何？孩子的饮食是否正常？一个非常活跃的孩子行动开始迟缓下来，可能就是患病的早期症状，而一个安静的孩子突然变得烦躁或者焦躁不安，应考虑生病的可能。

（4）排尿情况如何？如果长时间不排尿或者尿液呈深黄色，那么说明孩子有脱水可能。

（5）体温如何？在排除孩子由于活动而导致体温升高之后，如果出现高热不退、高热惊厥、持续发热超过 5 天等情况，应立即就医。

（6）心率如何？孩子的心率比成人快，如果休息时每分钟心率高于 130 次或者低于 60 次，需要立即就医。

（7）呼吸频率如何？新生儿的呼吸频率为 40—60 次/分钟，1 岁为 25—35 次/分钟。发热会导致呼吸频率加快，在家长试图减轻孩子的发热症状后，估测一下孩子休息时的呼吸频率，如果孩子呼吸频率加速并伴有呼吸费力或者急促现象时，需要立即就医。

第二节　学前儿童常见身体疾病的预防和护理

由于身体各系统、器官的基本特点，学前儿童易患呼吸系统、消化系统、过敏以及部分传染病。了解这些疾病的症状和发病规律，有助于及时发现、尽早就医，从而减缓疾病对孩子身心造成的痛苦和损害，有助于有针对性地开展有效预防工作；了解对这些疾病护理的要求，有助于提供有效的辅助治疗方式等。

由于生活方式的改变，学前儿童常见身体疾病从婴幼儿肺炎、婴幼儿腹泻、营养性缺铁性贫血和维生素 D 缺乏性佝偻病，逐渐演变成为肥胖、近视、脊柱弯曲异常、龋齿等。

一、"小儿四病"

婴幼儿肺炎、婴幼儿腹泻、营养性缺铁性贫血和维生素 D 缺乏性佝偻病这四种疾病是影响儿童健康的常见病和多发病。1986年,我国政府制定了《小儿四病防治方案》,把这四种疾病统称为"小儿四病"。在小儿四病中,营养性缺铁性贫血和维生素D缺乏性佝偻病属于营养缺乏性疾病,婴幼儿肺炎、婴幼儿腹泻是感染性疾病。为了保障儿童健康,国家按照预防为主的方针在全国各地建立了儿科医疗和儿童保健机构,落实和执行了小儿四病的防治和诊治。

(一)婴幼儿肺炎

1. 疾病特征

在所有儿童住院患者的发病率中,肺炎能够达到50%—60%以上,而且病死率也较高。世界卫生组织已将其列为三种重要的儿科疾病之一。

肺炎的发生多半与儿童本身存在免疫功能低下、接触细菌和病毒有关,可导致儿童出现呼吸道感染,从而引发肺炎。在冬春寒冷季节及气候骤变时发病较多。大多数由于肺炎球菌所致。肺炎常常是由上呼吸道感染或支气管炎累及。存在营养不良、贫血、佝偻病或者过敏体质的儿童,免疫功能降低,易感染,且患病后病情比较重、恢复慢。

2. 临床症状

起病可急可缓,发病前先有呼吸道感染数日。早期发热多在38℃以上,甚至高达40℃。呼吸系统的症状和体征是:咳嗽,咽部有痰声,呼吸时呻吟,呼吸浅表、增快,每分钟达40—80次。常见呼吸困难、鼻翼翕动,口周或指甲发绀明显。肺部体征早期不明显,数日后在哭闹和深呼吸时可听到细小湿啰音。重症患儿除表现呼吸道症状外,还有呕吐、腹泻、腹胀、腹痛等,心音低钝、脉搏加速。晚期可出现惊厥和各种神经症状。弱小婴儿一般起病迟缓,体温不高,肺部体征不明显。新生儿症状可能表现为吮吸差、易呛奶且奶汁从鼻中流出,哭声轻或者不哭,特征是嘴里像螃蟹一样地吐泡沫,没有咳嗽、发热等症状,体温甚至低于正常。

表4-2　世界卫生组织推荐的识别婴幼儿肺炎的方法

方法	具体操作
数呼吸	可以在儿童安静状态下,通过观察腹部运动来数,一吸一呼为1次呼吸,连续数满1分钟。新生儿的呼吸次数为40—60次/分,如果3个月以内的婴儿每分钟超过60次,3—11个月的婴儿每分钟超过50次,1岁以上婴儿超过40次,都为呼吸增快。可以再数一次。如果两次结果一致,需要立即就医。
三四陷	如果发现吸气时出现两侧锁骨处、胸骨上下处出现下陷,说明儿童通过加深呼吸来增加血氧量,病情严重。
缺氧现象	如果儿童会出现口周苍白或者口唇青紫,说明处于缺氧状态,需要立即就医。

3. 预防

提倡母乳喂养。多进行户外活动,加强体育锻炼,提高儿童对外界环境的适应性、耐寒能力和对致病菌的抵抗能力;衣服适当,根据气温的变化增减衣服;避免交叉感染,在流行季节尽量不要去公共场所;积极防治各种慢性病,如佝偻病、营养不良和贫血等。

4. 保育与治疗

环境应保持清洁、整齐、舒适,每日通风换气 3 次,室内保持一定的温度及湿度。可以在室内使用加湿器等。

发热、气促时应该卧床休息,取半卧位,头部抬高,保持呼吸道通畅,防止呕吐物误入气管,经常用棉签蘸温水软化鼻痂;多翻身,多拍背,帮助痰液排出。病情稳定后可以适当活动。

饮食应该选用半流质。多喝温水。新生儿尽可能母乳喂养。若人工喂养,可选用小孔奶嘴喂奶,每吮吸 3—4 次,拔除奶嘴后让患儿休息片刻。喂奶后,要把患儿竖直抱起轻轻拍背,避免吐奶。

清洁口腔,餐后饮水,早晚漱口。

用物理降温或者药物降温等方法进行退热;腹胀时可以抬高床头。

密切观察病情变化,观察患儿的精神、神态、面色、脉搏和呼吸的变化,及早发现并发症,和医生联系及早治疗。如果发现以下症状时,应该迅速送往医院:脸色发青灰或者苍白、口唇及指甲紫绀;呼吸不规则、呼吸减慢或出现暂停;四肢冰凉、体温不升高;心跳每分钟超过180 次;不吃不喝、反应迟钝。

(二) 婴幼儿腹泻

1. 疾病特征

在发展中国家,婴幼儿腹泻的发病率很高,尤其多见于 5 岁以下的婴幼儿。急性腹泻易引起脱水和电解质紊乱,可导致生命危险;反复发生腹泻或者腹泻迁延,则可引起肠道吸收障碍以致营养不良,进而削弱机体免疫力,使婴幼儿更加容易出现腹泻,形成恶性循环,最终导致体弱多病、生长发育停滞。婴幼儿腹泻的病死率约1%—2%,它对儿童健康和生命威胁仅次于婴幼儿肺炎。

发病原因可能是消化系统发育不成熟、对于食物的不适应,也可能是由于细菌、病毒感染。腹泻的危险因素包括:食物保存不当致病菌繁殖、水源污染和粪便处理不当等。绝大多数的腹泻患儿是 2 岁以下的儿童,其中高发人群是6—11 个月的婴儿。因为这个阶段的儿童从母体中获得的抗体水平逐渐下降,而免疫功能相对不够成熟,胃肠屏障功能较弱,胃酸分泌量少,胃肠排空较快,对感染因素防御功能差。其次,这个阶段儿童正是开始添加辅食的时候,对侵入肠道的病原微生物抵抗能力弱。其中,人工喂养者食物中缺乏母乳所含的大量免疫物质,且食物和食具的污染机会较多,肠道感染的发生率明显高于母乳喂养者。此外,儿童患上呼吸道感染、肺炎、肾盂肾炎、中耳炎、皮肤感染及其他急性感染性疾病时可伴有腹泻,这是由于发热及病原体毒素的影响,使消化功能紊乱,酶分泌减少,肠蠕动增加。饮食因素、过敏因素和气候因素也会导致腹泻。喂养不当是引起腹泻的主要原因之一。过多过早喂哺大量淀粉类、脂肪类食物,突然改变食物品种和断奶等均可导致腹泻。一些吸收不良综合征,如乳糖不耐受、糖原性腹泻、遗传性果糖不耐受等都可引起腹泻。腹泻发生与气候也有关,一般细菌性腹泻多发生在夏季,病毒性腹泻多发生在秋冬季,迁延性腹泻多随着急性腹泻的高发季节而发生。

2. 临床症状

大便次数增加和大便性状的改变均被定义为腹泻。不同的病因引起的腹泻具有不同的临床特点和不同的临床过程。常见的腹泻主要有急性腹泻和迁延性腹泻。

（1）急性腹泻。

起病急,病程在 14 天以内,每日多次水样便、黏液便、脓血便等,每日大便次数多达 20 次以上,可伴有发热和呕吐。这一类腹泻最大的危险在于很快引起脱水,甚至死亡。另外,进食少和各种营养素丢失可造成营养不良。

（2）迁延性腹泻。

起病时可能为畸形水样便,但是病程持续在 14 日至 2 个月,患儿有明显的体重下降。多伴有营养不良和其他并发症,可由多种因素造成。发生迁延性腹泻的危险因素有:营养不良、对乳制品的不耐受、免疫功能低下、曾患有腹泻。

腹泻引起儿童死亡的主要原因是脱水和电解质紊乱,因此积极识别脱水,对于脱水性质和程度的判断,是腹泻管理的关键。

第一步,了解病情,如每日大便的次数、大便量、有无脓血,有无呕吐,尿量多少等。

第二步,根据世界卫生组织判断腹泻脱水的指征,即眼窝是否凹陷、哭时是否无泪、口腔黏膜和舌头是否干燥,有无口渴以及皮肤弹性如何,可以判断腹泻患儿是否脱水和脱水的程度。此外,前囟门凹陷、尿量减少也有助于对脱水的诊断。根据上述基本指标,儿童腹泻脱水的程度可以分为无脱水、有脱水(轻度、中度、重度)。

3. 预防

预防和治疗腹泻时的脱水是降低腹泻死亡率的关键。世界卫生组织推荐腹泻治疗的基本原则是:无论由何种病原体引起的腹泻,均需要补充丢失的液体和电解质。无论何种类型的腹泻,都要坚持继续喂养,腹泻恢复期应增加喂养的次数和量,以免造成营养不良。脱水的纠正需要补充液体和电解质,主要方法是口服补液和静脉补液等两种。

4. 保育与治疗

（1）饮食:调节患儿的饮食。病情轻者或重者均不必禁食,只要孩子有食欲就可鼓励其进食。急性期可减少哺乳的次数,缩短每次哺乳时间等。病情好转后,可逐步恢复饮食,进食必须由少到多,由稀到浓。

（2）保暖:除调整饮食外,还要注意患儿的腹部保暖。秋季气候渐渐转凉,患儿由于受病毒侵犯,其肠蠕动本已增快,如腹部再受凉则肠蠕动更快,将加重腹泻。

（3）病情不重的患儿,可遵医嘱服用对症的止泻药、肠黏膜保护药,如蒙脱石散,以及恢复肠道生态平衡的药,如益生菌等。明确是细菌性或真菌性肠炎的则需要加用敏感的抗菌药物。脱水不严重的患儿可服用口服补液盐。脱水症状严重的患儿需要给予静脉补液,还需要注意调节电解质平衡。

（三）营养性缺铁性贫血

1. 疾病特征

系因食物中铁摄入不足,体内铁储存缺乏,以致血红蛋白合成减少而引起的贫血,具有小细胞低色素特点。6个月—3岁的婴幼儿是患病的高危人群之一。

病因有四:一是由于胎内储铁不足,母亲孕期患有中、重度缺铁性贫血,可能使胎儿获得的铁比较少,早产儿、低出生体重儿,出生后均容易发生营养性缺铁性贫血。二是由于食物中铁的摄入量不足,这是发生营养性缺铁性贫血最主要的原因。婴幼儿以乳类为主食,虽然母乳中铁的吸收率高,但整体含铁量低,因此若添加辅食不及时,或者添加种类过少,就容易发生缺铁性贫血。年长儿童因挑食、偏食等不良习惯,也容易导致膳食结构不合理,铁摄入不足。三是生长发育因素,儿童生长发育迅速,铁需要量高于成人,如不注意供给含铁丰富的食物,较其他年龄段更容易贫血。早产儿、低出生体重儿出生后要追赶性生长,生长速度更快,因此较足月儿更容易发生贫血。四是由于疾病。对牛奶过敏、进食过多未煮沸的牛奶可引起少量长期肠出血,亦可以引起贫血。

2. 临床症状

一般表现为皮肤黏膜渐苍白,以口唇、指（趾）甲床及口腔黏膜苍白最明显。体力差,易疲劳,不活泼,不爱动,食欲减退,精神萎靡,年长儿童可能诉头痛、头晕、耳鸣等,生长发育缓慢。

消化系统方面常出现厌食、胃酸减少、胃功能减弱,严重时出现吸收不良综合征。可出现异食癖。神经系统方面出现烦躁不安、多动、注意力不集中、反应迟钝、记忆力差、智力减退等表现,补充铁剂后症状会消失。免疫系统方面,常易发生各种感染。

3. 预防

预防重点放在合理饮食上,也可以通过多种途径积极宣传改善营养性缺铁性贫血的重要性。

母亲在怀孕时就应在膳食中供给足够的铁,应多食用富含铁的食物,饭后适当摄入富含维生素 C 的水果或片剂,以促进铁的吸收。

针对早产儿和低出生体重儿,若为纯母乳喂养,从 2 个月可开始补铁,剂量为 1—2mg/(kg·d),直至 1 岁。人工喂养则应采用强化铁配方乳,一般不用额外补铁。

所有儿童添加辅食时,应先选用强化铁米粉,还可逐渐添加含铁量多的食物,如蛋黄、肝泥、豆泥、肉泥等。

年长儿童的预防措施主要是注意食物的均衡和营养,纠正挑食、偏食等不良饮食习惯;多采用含铁量多、吸收率高的食物,保证足够的动物性食物和豆制品的摄入,同时鼓励进食富含维生素 C 的蔬菜和水果,促进铁的吸收。

必要时可对营养性缺铁性贫血的高危儿进行筛查,以便尽早发现,如早产儿、低出生体重儿等。

4. 保育与治疗

以铁剂治疗和去除病因为主,配以一般治疗促进康复。

铁剂治疗应尽量给予口服铁剂。一般治疗为高营养、高蛋白和含铁量多的膳食,加强护理,预防感染,注意休息。因喂养不当导致铁摄入量不足者应合理喂养,改善饮食结构,宜从小剂量开始逐渐调整,不能操之过急,避免引起不良反应。

(四) 维生素 D 缺乏性佝偻病

1. 疾病特征

维生素 D 缺乏性佝偻病是常见的全身性疾病,因体内维生素 D 不足引起钙、磷代谢失调和骨骼病变,同时影响神经系统、心血管系统、免疫系统、肌肉等的功能,虽然不直接危及生命,但因发病缓慢,易被忽视。积极防治维生素 D 缺乏性佝偻病是儿科医疗保健工作者的重要任务。

对维生素 D 缺乏性佝偻病的判断至今尚无统一的国际标准,因此也无统一的预防与治疗标准。维生素 D 缺乏性佝偻病多发生在户外活动少的纯母乳喂养婴儿与深色皮肤婴幼儿身上。我国儿童维生素 D 缺乏性佝偻病发病的趋势是儿童年龄越小,发病率越高,因为生长快、户外活动少;北方发病率高于南方;重症发病率显著下降。近年来,各国发病率有增加的趋势,可能与使用防晒霜、电视、户外活动减少有关。

维生素 D 摄入不足是主要原因。如因晒太阳少、缺少户外活动,皮肤接受紫外线照射少,产生的内源性维生素 D 不足,冬季日照短、紫外线较弱,更易发生。饮食中摄取的维生素 D 不够,天然食物中的维生素 D 含量少。食物中钙磷比例不当影响钙的吸收。生长发育过快,如早产儿因生长速度过快,且体内储存量不足,导致维生素 D 缺乏。疾病所致,患有胃肠道疾病可以导致维生素 D 吸收减少。

2. 临床症状

临床表现分为活动期、恢复期和后遗症期。

活动期：活动期的初期多见于出生后 3 个月左右发病，以神经、精神症状为主，主要表现为易激惹、躁动不安、夜惊、夜啼、多汗、枕秃等非特异性的症状。若不治疗及时，就会出现骨骼改变，如颅骨软化、方颅、前囟门增宽及闭合延迟、牙齿萌出延迟、牙釉质缺乏、四肢骨出现手镯或足镯、下肢弯曲呈 O 型或 X 型腿，或胸部出现肋骨串珠、鸡胸或漏斗胸，脊柱出现后凸或侧弯畸形。

恢复期：经治疗后临床减轻或消失。

后遗症期：骨骼畸形遗留下来。婴儿畸形表现为颅骨畸形（颅骨软、方颅、前囟门闭合延迟）；幼儿畸形表现为手足镯、肋骨串珠、O 型腿（膝内翻）等。

3. 预防

多进行户外活动，增加富含维生素 D 的食物的摄入。同时，补充维生素 D 制剂，建议为 400 IU 每天。

4. 保育与治疗

活动期：改善营养，提供富含维生素 D 的食物，如蛋黄、牛奶、动物肝脏或瘦肉等。增加户外活动时间，多晒太阳；给予治疗量的维生素 D 及钙剂。

恢复期：口服预防量的维生素 D，增加户外活动时间。

后遗症期：加强运动，有助于中轻度的恢复，重度畸形则需要较长时间才可恢复矫正，严重者需要手术。

二、"新小儿四病"

近年来，肥胖、近视、脊柱侧弯、龋齿等的发生率逐年上升，正在成为"新小儿四病"。

(一) 肥胖

1. 疾病特征

肥胖是指体内脂肪过多。学前儿童体内脂肪需通过非直接方法测量。临床上最常用的方法是相对体重。考查相对体重时，体重超过理想体重（身高别体重）的 20% 以上即为肥胖。这一方法的缺点是它和参考人群密切相关，但是参考人群有时可能不稳定或没有足够的代表性。

体重指数是另一个常被用来评价体内脂肪的指标。它是一个相对独立的指标，但和其他测量脂肪的指标之间有很好的相关性。另外，皮肤测量指标，如皮褶（脂）厚度在临床上也是一个有用的测量肥胖的指标。

针对儿童的肥胖,应关注其持续性,即肥胖的孩子是否一直肥胖,这对于治疗是个很重要的指标。一般来说,孩子患肥胖的年龄越大,其肥胖越容易持续。肥胖的自动回缩率在婴儿期很高;绝大部分在1岁以内肥胖的孩子在4岁时便不再肥胖。但是随着年龄的增加,儿童发生肥胖导致成年后肥胖的概率也在增加。肥胖的持续性还与肥胖的严重程度有关:肥胖越严重,越不容易自动回缩。相对体重超过130%的肥胖孩子,回缩的难度将增加。

肥胖有三个高发时期,一是1岁以内,二是5—8岁,三是青春期,这三个时期与儿童生长发育过程中的几次脂肪重聚期相吻合。

儿童肥胖的发生和流行还受遗传、环境和社会文化等多种因素的共同影响。自20世纪90年代以来,我国儿童的超重和肥胖率不断攀升。1985—2005年,我国主要大城市0—7岁儿童肥胖检出率由0.9%增长至3.2%,肥胖人数也由141万人增至404万人。1985—2014年,我国7岁以上学龄儿童超重率由2.1%增至12.2%,肥胖率则由0.5%增至7.3%,相应的超重、肥胖人数也由615万人增至3 496万人。如果不采取有效的干预措施,至2030年,0—7岁儿童肥胖检出率将达到6.0%,肥胖人数将增至664万人;7岁及以上学龄儿童超重及肥胖检出率将达到28.0%,超重及肥胖的人数将增至4 948万人。

2. 临床症状

婴幼儿期肥胖不仅会对其当前的身体发育造成严重影响,而且还将增加成年后与肥胖相关慢性病的发生风险。超重、肥胖儿童发生高血压的风险分别是正常体重儿童的3.3倍、3.9倍;发生高甘油三酯的风险分别是正常体重儿童的2.6倍和4.4倍;发生高密度脂蛋白、胆固醇偏高的风险分别是正常体重儿童的3.2倍和5.8倍。肥胖儿童成年后发生糖尿病的风险是正常体重儿童的2.7倍,婴幼儿期至成年期持续肥胖的人群发生糖尿病的风险是体重持续正常人群的4.3倍。婴幼儿期至成年期持续肥胖的人群发生代谢综合征的风险是体重持续正常人群的9.5倍。儿童和青少年肥胖的并发症包括股骨骺变形、呼吸障碍、糖尿病和高血压等。除此以外,肥胖还会影响青春期发育,危害呼吸系统及骨骼,对心理、行为、认知及智力产生不良影响,并诱发非酒精性脂肪性肝病等。肥胖孩子有时会受到社会的歧视。

3. 预防

肥胖的始发年龄多为4个月内,到6个月时,肥胖的发生率已达顶峰,以后逐渐下降,到4—5岁时又开始增加。肥胖预防的重点为学龄前。

(1)平衡膳食、加强身体活动。

采用平衡的膳食结构,加强运动。对可能导致身体活动减少的环境因素,要有所控制。如研究发现屏幕时间与低代谢率之间有一定关系,故要控制孩子看电子屏幕的时间。

(2)培养良好的饮食行为。

培养孩子良好的饮食行为,包括定时定点定量进餐等。

4. 保育与干预

在临床上，对肥胖儿童是否需要治疗存有争议。

对治疗持迟疑态度的观点认为：首先，肥胖的自动回缩率在婴儿期较高；绝大部分在1岁以内肥胖的孩子在4岁时便不再肥胖。其次，一些研究证实肥胖有遗传倾向，而对成人肥胖的干预也没有取得长期疗效。最后，治疗过程强调了儿童身体形象的不完美，可能会因此而导致心理问题。

相反地，另一些学者认为应该对肥胖儿童进行干预，以此减少相关的社会和健康方面的危险因素。具体观点如下：首先，早期干预有助于降低成年后继续肥胖的可能。其次，相较于成人而言，儿童的饮食习惯及行为更容易进行调整。再次，在婴幼儿期进行干预，较容易得到社会的支持，且父母会参与治疗过程。最后，对肥胖儿童进行干预后，其效果维持的时间较久。

对肥胖儿童干预效果的评估分析发现，干预不仅可以改善儿童的健康状况，同时还具有一定的经济效益。肥胖一旦发生，逆转较为困难。因此，肥胖防控必须贯彻"预防为主"的方针，要及早、从小抓起，从母亲孕期开始预防，应由政府主导、社会参与，建立以"学校—家庭—社区"为主的防控网络。

要想减轻体重，需要摄入比预期少的热能。膳食咨询、适当的热量控制、增加体育活动（有特定的行为技巧）被认为是最传统的干预方法。只有对重度肥胖才采取极低热量膳食、药物治疗和手术治疗。下面将介绍几种常用的干预策略。

（1）热量控制。

热量控制是减少孩子营养摄入量最基本的策略。首先应对孩子的膳食进行营养分析。在此基础上给予热量限制。对大多数超重的孩子，建议平衡膳食，并减少30%的热量摄入。

（2）能量消耗。

可通过体育锻炼增加能量消耗。体育锻炼有助于身体脂肪燃烧；有助于维持休息时的新陈代谢；能使减轻的体重保持。

（3）吃饭速度的改进。

肥胖儿童大多有高密度的进食方式，包括吃得快、大口吃、咀嚼少或根本不咀嚼，应改进。

（4）行为干预。

最常见的行为干预内容：刺激控制、自我监测、条件处理、认知重建、预防复发。

① 刺激控制。

刺激控制指一种倾向，即对诱发吃的冲动的控制。比如，在厨房或餐桌旁就可能诱发吃的冲动。在多重诱发吃行为的环境中，抵御吃的欲望是比较困难的。因此，父母亲应该给孩子定时定点吃饭，同时把那些高热量的食物放在视线之外。

② 自我监测。

行为干预的最常见特征是对一些有关症状的重要信息和其他健康相关行为的自我监测。如孩子自我记录所吃食物的种类和数量、吃的时间、吃的地点、和吃有关的其他事件（如心情）、在吃饭和吃零食时出现的其他人员。体育锻炼同样也需要记录。自我监测通常在干预过程的早期开始，提供最基本的指标和资料，有助于修改干预方案以及评价干预的效果。

③ 条件处理。

奖励和抑制的应用是孩子体重管理的一项重要内容。对小年龄的孩子，立即给予具体的奖励可能特别重要。

④ 认知重建。

认知重建是一种认知行为技术，直接针对改正不良的观念和自我评述。想控制体重的人们往往会掉进一些常见的认知陷阱中，包括：设立不现实的减轻体重的目标；有分歧的想法（我既想节食又不想节食）；"大悲观"论（因为我今天没有节食，因此我永远不能实现体重控制的目的）。对大一些的孩子，可以经常询问他们的一些消极想法，然后教他们用更加积极、理性的想法去面对。

⑤ 预防复发。

对于有动力的个体，开始减肥比较容易。但是减肥成功后再进行维持，就很难得到保证。对想长期保持减轻的体重的策略有：治疗和干预方案个体化；延长干预时间；强调锻炼的重要性；强调低脂肪膳食。

（二）近视

近年来，学前儿童视力问题频发，了解造成近视的因素，据此制定预防措施，是预防学前儿童近视发生的重要前提。

1. 疾病特征

研究表明了近距离用眼行为与近视的关系，而其中近距离时长、姿势及距离可能是学前儿童近视的危险因素。

（1）用眼时长。

学前儿童接触电子产品的频率、时长、距离等对其视力有显著影响。用眼的时间越长，近视的概率越高，并且每周每增加一小时的近距离用眼时间，近视的概率就会增加 2%。2016 年，对北京城区儿童的研究显示，近距离用眼时间较长的儿童，比近距离用眼时间短的儿童更易近视，且比近距离用眼时间短的儿童近视进展更快。当儿童减少使用电子产品的频率和时长后，眼部不适情况有了明显改善。由此可见，近距离用眼行为持续的时间越长，儿童近视发生的概率就越高。

（2）用眼姿势及距离。

近距离用眼的姿势与距离对视力有着重要的影响，不良的近距离用眼姿势是近视的危险因素，且不良姿势将导致近距离用眼的发生。同时，握笔姿势作为绘画姿势中的重要部分，也对儿童视力有着深刻的影响。有研究者对眼放松行为、用眼距离、阅读环境选择、持续用眼、户外活动、读写坐姿、饮食习惯、眼保健操、握笔姿势等9个影响因子展开研究，发现视力与眼放松行为、用眼距离、持续用眼和握笔姿势有关。2018年发布的《综合防控儿童青少年近视实施方案》对读写姿势提出了要求，儿童应保持"一尺、一拳、一寸"，即眼睛与书本距离应约为一尺、胸口与课桌距离应约为一拳、握笔的手指与笔尖距离应约为一寸。

（3）用眼环境。

用眼环境主要包括阅读、绘画、写字、观看电子屏幕时的环境。其中，大部分研究聚焦光线对近距离用眼行为的影响。对于幼儿园而言，我国现行的《建筑采光设计标准》的要求，教育建筑的普通教室的采光不应低于采光等级Ⅲ级的采光标准值，侧面采光的采光系数不应低于3.0%，室内天然光照度不应低于450勒克斯。

在实际进行活动区设置时，应注意阅读区不应该位于教室的角落，而是应尽量设置在有窗户的、有自然光照的地方，要保证阅读或绘画时光照的方向在儿童的左侧。幼儿园在阅读区应该设有地毯、坐垫和小沙发等柔软材料，给儿童营造一种温馨舒适的感觉。

2. 预防

（1）加强观察，早发现。

家长和保教人员的健康用眼知识与儿童的近距离用眼行为有着密切的联系，应始终注意儿童的用眼情况，加强对其眼睛健康状况的管理。

（2）采用综合保育措施。

采用做眼保健操、制定科学食谱、定期检查等的方式促进儿童视力健康发展。将家庭、幼儿园、社区都纳入儿童的用眼管理中，对儿童近距离用眼行为进行干预。

（三）脊柱侧弯

脊柱侧弯已成为继肥胖、近视之后危害我国儿童青少年健康的第三大疾病。轻度的脊柱侧弯通常不会产生疼痛或造成外观上明显的不对称，但若不严密监控，极有可能发展成为更严重的脊柱侧弯，不仅可能使身体变形，影响儿童青少年的生长发育，还有可能影响孩子的心肺功能；而且发生侧弯致外观畸形可能会使儿童青少年产生自卑心理。近年来，有学者提出"早发性脊柱侧弯"的概念，即0—10岁儿童的脊柱侧弯，了解它的成因和分型对于治疗有很大意义。

1. 疾病特征

脊柱侧弯分为先天性和后天性脊柱侧弯。先天性脊柱侧弯，即由于孕妇怀孕的时候有不良服药史、存在精神疾病或者受环境等的影响,在胚胎发育期间就可能对脊柱的生理构成造成影响,导致脊柱畸形。先天性侧弯椎体又包括半椎体、楔形椎、蝴蝶椎等的畸形。后天性脊柱侧弯是由于肌肉张力不均、营养不良、创伤或姿势不良等造成的侧弯。最常见的类型是特发性脊柱侧弯,特发性脊柱侧弯依据年龄分为:婴儿型 0—3 岁,少儿型 4—9 岁,青少年型 10—18 岁,其中青少年型特发性脊柱侧弯最为常见,约占特发性脊柱侧弯的 70%—90%。

2. 病因

儿童的脊柱侧弯,主要与姿势不当关系密切。

不良的学习环境、不适合身高的桌椅、活动时的照明采光不佳等,都可使儿童容易发生弯腰、歪头、扭身等不良坐姿。这种不良坐姿就使得脊柱长期受力不均匀,两侧紧张度也不一致,进而容易导致侧弯。长期不正确的站、走、坐以及书写姿势,也使得脊柱得不到很好的休息,容易造成背部肌肉的疲劳受损,使得固定脊柱两侧正常弯曲的肌肉力量下降,进而造成弯曲的异常。

3. 预防

增加身体活动和体育锻炼的时间,适当增加护脊运动。改变久坐行为,纠正不良站姿和坐姿,培养良好的读写姿势和合理的作息习惯。

(1) 养成良好的习惯,注意坐、立、行的姿势,不要东倒西歪。正确的坐姿需要符合"三个90 度"的原则:双脚平放于地面时,髋—膝—踝呈 90 度—90 度—90 度,即在背部挺直的状态下,臀部与腰部保持 90 度,膝盖弯曲 90 度,脚与地面呈 90 度。避免长时间内用同一种姿势看书学习,积极指导孩子参加体育锻炼,做弯腰、伸背等动作。如果孩子平时喜欢含胸玩耍,家长就更要注意引导,让孩子意识到姿势的问题。

(2) 锻炼薄弱的肌肉群,增强肌肉肌力。要加强体育锻炼,例如足球、游泳、篮球等运动,对儿童的姿势矫正都有很大的帮助。儿童的骨骼处于生长发育期,可塑性非常强,不要睡太软的床、使用过高的枕头,取仰卧睡姿较好。

(3) 营养均衡、多吃些含维生素 D 及钙的食物,平时多晒太阳,促进脊柱健康发育。

(4) 配置适合孩子生长发育的桌椅,定期调整其高度,使其适合孩子身高的变化。

4. 保育与治疗

对于先天性脊柱侧弯而言,早发现、早治疗是克服脊柱侧弯对儿童产生危害的关键。如出生后发现儿童背部有不正常毛发、色素或"小包",应怀疑有先天性脊柱侧弯。之后如果家长发现自己小孩生长较别的儿童慢,或者上下半身发育不成比例,也应引起怀疑。在儿童开始行走时,如发现有两肩高低不平或两下肢不等长、臀部两侧不对称,应至医院检查。

对于后天性脊柱侧弯而言,则主要为纠正不良姿势及加强体育锻炼。

（四）龋齿

龋齿不仅会给儿童带来疼痛，同时还会影响儿童牙颌系统的发育、食物消化吸收的不良，因此应及时治疗。

1. 疾病特征

儿童从乳牙萌出后即可能患龋齿，一般患病率随着年龄的增长而增长，到 6 岁左右达到高峰。此时，恒牙开始萌出，乳牙逐渐脱落，乳牙患病率开始下降。但由于恒牙刚萌出，也应注意牙齿卫生保健，否则易再次发生龋齿。3 岁以前的婴幼儿多在前牙的邻面患龋，3—5 岁则多为乳磨牙的窝沟患龋。

2. 病因

含糖食物特别是蔗糖进入口腔后，在致龋菌的作用下发酵产酸，这些酸主要是乳酸，从牙面结构薄弱的地方侵入，溶解破坏牙的无机物而产生龋齿。更具体地说，有以下原因。

（1）饮食习惯。

糖的摄入量、摄入频率和糖加工形式与龋齿的发生有着密切关系。实验结果显示，两餐之间的食糖或甜食，可使龋齿增加显著，食黏性奶糖或巧克力后的龋齿发生最为严重。此外，糖在牙面上停留时间越长，越容易产生龋齿。因此，控制糖的摄入有利于防止龋齿的发生。

不能坚持早晚刷牙、进食后漱口也是龋齿发生的原因，这样会使在齿缝间存留的食物残渣，在口腔内细菌的作用下发酵，产生大量乳酸，这种酸能破坏牙齿结构，发生龋齿。

（2）氟摄入量。

少量氟可以帮助牙齿抵抗细菌的酸性腐蚀，因此可适当加强氟摄入，如使用含氟牙膏。但应注意，氟摄入亦不可过量。

（3）营养状况不好。

如儿童营养不良或患各种慢性病，特别是患维生素 D 缺乏性佝偻病，牙齿更缺乏钙，结构疏松，因此更容易被乳酸侵蚀而形成龋齿。

3. 预防

（1）预防龋齿应从母亲孕期开始，母亲孕期及时补充高蛋白质、钙和维生素 D 含量丰富的营养物质，保证胎儿牙胚的发育。

（2）帮助儿童从小养成良好的卫生习惯，如饭后漱口、早晚刷牙、睡前不吃糖和零食。

（3）牙列不齐可致使食物嵌塞或滞留，从而使龋齿发生。故换牙期应该及时拔除滞留的乳牙（以免影响恒牙萌出或歪斜）及多生牙，并矫正错位牙、修复缺失牙等。

（4）食物要多样化，以提供牙齿发育所需要的丰富营养物质，还要注意发展咀嚼能力。

（5）定期检查口腔，早期发现龋齿，早期治疗。2—5 岁儿童，可每 2—3 个月检查 1 次，6—12 岁儿童可每隔半年检查 1 次，12 岁以上儿童每年检查 1 次。

（6）使用含氟牙膏等。

四、常见传染性疾病

（一）传染性疾病的发生和流行

传染性疾病（以下简称传染病）的发生和流行是由传染源、传播途径和易感者等三个基本环节构成的，缺少其中任何一个环节，都不会造成传染病的流行。针对传染病预防、发生、发展、治疗、预后的规律，采取相应的保健对策，保护儿童的身体健康。

表4-3　学前儿童常见传染病的传播途径

	传播特点	疾病
空气传播	这是呼吸道传染病的主要传播方式，病原体由传染源从呼吸道排出体外污染空气，如被易感者吸入体内，就可感染疾病。	水痘、流行性腮腺炎、流行性感冒、麻疹、百日咳。
饮食传播	这是消化道传染病的主要传播方式。病原体经由消化道进入健康的人体而使其受到感染。	细菌性痢疾、流行性结膜炎等。
接触传播	由传染源与易感者直接接触或间接接触而造成传染的方式。	狂犬病、破伤风等就是以直接接触的方式传染，乙型肝炎、沙眼等是通过间接接触的方式传染。
虫媒传播	通过节肢动物叮咬吸血或机械携带，病原体直接或间接地侵入易感者，使其受到感染的方式。	疟疾、乙型脑炎等。
血行传播	通过输血、注射等途径而进入健康人体，导致感染。	乙型肝炎、艾滋病。

（二）传染性疾病的预防

通过管理传染源、切断传播途径以及保护易感者等措施，能够有效预防传染病。

1. 管理传染源

管理传染源的方式可以采取早发现、早隔离、早诊断和早治疗的保健措施，其中，早发现、早隔离是关键。早发现就是及早发现传染病患儿或病原体携带者。除了定期在医院进行健康检查以外，日常生活中可以通过摸前额（粗知体温是否正常），观察皮肤、五官和精神状况有无异常等检查手段，进行早期观察。如若发现有患传染病嫌疑，则应及时隔离，根据情况将该儿童接触之物进行消毒。早隔离就是及早将传染病患儿或可疑的儿童与健康儿童加以隔离,防止疾病的蔓延,病重患儿应尽早送医院治疗。早诊断和早治疗可以控制与消灭传染源,防止疾病的进一步传播。

2. 切断传播途径

需要根据传染病特定的传播途径采取相应措施,如对于经空气传播的传染病,应进行通风换气;经饮食传播的传染病,应进行食具、物品的消毒;经虫媒传播的传染病,应进行灭蝇保洁工作。

3. 保护易感者

除了加强营养和体育锻炼等措施之外,定期进行预防接种,是保护婴幼儿不受传染病侵害的有效措施。

接种疫苗是预防控制传染病最有效的手段。疫苗的发明和预防接种是人类最伟大的公共卫生成就。预防接种的普及,避免了无数儿童残疾和死亡。世界各国政府均将预防接种列为最优先的公共预防服务项目。

我国从 1978 年开始在全国开展儿童计划免疫工作,即按照规定的免疫程序对适龄儿童及时、有效地开展预防接种。相继将卡介苗、脊髓灰质炎疫苗、百白破疫苗、麻疹疫苗等纳入我国儿童计划免疫程序。我国通过接种疫苗,实施国家免疫规划,有效地控制了某些传染病的传播。

(三)我国的疫苗接种制度

2019 年,我国颁布《中华人民共和国疫苗管理法》,其中第四十七条规定:国家对儿童实行预防接种证制度。在儿童出生后一个月内,其监护人应当到儿童居住地承担预防接种工作的接种单位或者出生医院为其办理预防接种证。

我国对流动儿童的预防接种实行属地化(即现居住地)管理,流动儿童与本地儿童享受同样的预防接种服务。如果有小于等于 6 周岁的孩子迁入其他省份,可直接携带原居住地卫生部门颁发的预防接种证到现居住地门诊接种疫苗。如之前未办理预防接种证或预防接种证遗失,可在现居住地接种单位补办预防接种证。

根据《国家免疫规划疫苗儿童免疫程序及说明(2021 年版)》,儿童免疫程度见下表。

表 4-2   国家免疫规划疫苗儿童免疫程序表

可预防疾病	疫苗种类	接种途径	接种时间
乙型病毒性肝炎	乙肝疫苗	肌内注射	出生时,1—6 月龄
结核病①	卡介苗	皮内注射	出生时

---

① 主要指结核性脑膜炎、粟粒性肺结核等。

续　表

可预防疾病	疫苗种类	接种途径	接种时间
脊髓灰质炎	脊灰灭活疫苗	肌内注射	2、3月龄
	脊灰减毒活疫苗	口服	4月龄、4周岁
百日咳、白喉、破伤风	百白破疫苗	肌内注射	3、4、5、18月龄
	白破疫苗	肌内注射	6周岁
麻疹、风疹、流行性腮腺炎	麻腮风疫苗	皮下注射	8、18月龄
流行性乙型脑炎①	乙脑减毒活疫苗	皮下注射	8月龄、2周岁
	乙脑灭活疫苗	肌内注射	8月龄（2次）、18月龄、6周岁
流行性脑脊髓膜炎	A群流脑多糖疫苗	皮下注射	6、9月龄
	A群C群流脑多糖疫苗	皮下注射	3、6周岁
甲型病毒性肝炎②	甲肝减毒活疫苗	皮下注射	18月龄
	甲肝灭活疫苗	肌内注射	18月龄、2周岁

目前我国免疫规划疫苗的接种率很高，但非免疫规划疫苗的接种率普遍比较低；贫困、偏远地区儿童的患病风险更大，但接种率更低。这一方面是由于不少非免疫规划疫苗为进口疫苗，价格高；另一方面是还存在疫苗总体供应不足难以满足疾病控制需要的情况。解决这一问题，需要我国提升疫苗研发水平和生产能力，还需要发动社会力量筹集经费。

预防接种对人体来说是一种外来刺激，接种过程实际上是一次轻度感染，因此有些制剂接种后会引起不同程度的局部或全身反应。

表4-3　疫苗接种后常见的不良反应及注意事项

疫苗名称	常见不良反应及注意事项
乙肝疫苗	少数可出现局部疼痛红肿、中低度发热，可自行缓解，必要时可对症处理。
卡介苗	接种后2周局部出现红肿浸润，8—12周后形成小溃疡，随后结痂，为正常反应，如局部淋巴结肿大形成脓疱应及时诊治。过敏体质、慢性病患者、家族和个人有惊厥史者应慎用。
脊灰灭活疫苗	局部疼痛、红斑、硬结；中度、一过性发热；少见肿胀、过敏、关节痛和肌肉痛、惊厥、皮疹等。

---

① 选择乙脑减毒活疫苗接种时，采用两剂次接种程序。选择乙脑灭活疫苗接种时，采用四剂次接种程序；乙脑灭活疫苗第1、2剂间隔7—10天。

② 选择甲肝减毒活疫苗接种时，采用一剂次接种程序。选择甲肝灭活疫苗接种时，采用两剂次接种程序。

续　表

疫苗名称	常见不良反应及注意事项
脊灰减毒活疫苗	主要不良反应为发热、腹泻;其次为烦躁(易激惹)、呕吐;上述不良反应多为轻度,持续时间不超过 3 天,可自行缓解,无局部不良反应发生。
百白破疫苗 白破疫苗	局部可有红肿、疼痛、发痒、硬结;可有低热、疲倦、头痛等,不用特殊处理,如有严重反应及时诊治。
麻腮风疫苗	一般无反应,少数可出现一过性发热或皮疹,一般 2 天内自行缓解,必要时可对症处理。
乙脑减毒活疫苗 乙脑灭活疫苗	可出现一过性发热,一般 2 天内自行缓解,必要时可对症处理。
A 群流脑多糖疫苗 A 群 C 群流脑多糖疫苗	可有短暂发热、局部压痛,多可自行缓解,如有严重反应及时诊治。
甲肝减毒活疫苗 甲肝灭活疫苗	少数可出现局部疼痛红肿,72 小时内可自行缓解,不用特殊处理,必要时可对症治疗。

因此,预防接种要做好相应的准备工作。

(1)预防接种前注意事项。

各种预防接种必须在孩子身体健康的时候进行。发热、腹泻、空腹时都不宜进行预防接种,以免发生严重不良反应。

(2)预防接种后的反应和处理。

在接种后应避免剧烈活动,注意注射部位的清洁卫生。

一般在接种后 24 小时左右,可能局部发生红、肿、热、痛等反应现象。全身反应表现为发热,体温在 37.5℃以上,还可有头痛、恶心、呕吐、腹泻等症状。接种活疫苗时,局部和全身反应出现得比较晚,一般在接种后 5—7 天才出现发热反应。一般来说,目前应用的大多数预防接种制剂局部反应和全身反应都是轻微的,也是短暂的,不需要特殊处理,经过适当休息,就可以恢复正常。如果全身反应严重者,应到医院就诊。

(3)每种疫苗都有特定的免疫程序。

免疫程序是根据抗体水平在人体内变化、疾病感染风险、临床试验和多年科学实践为依据而制定,并以此确定接种年龄和接种间隔的。因此,有些疫苗还要进行加强免疫,而有些则获得了特异性抗体,不用加强免疫。

(四) 学前儿童常见传染性疾病的预防和护理

1. 流行性感冒

流行性感冒(以下简称流感)是一种以空气为传播途径的传染病,多见 6 个月—3 岁儿童,营养不良、过敏等体弱儿童容易感染。冬春季节高发。感染病愈后不会获得终身免疫。

（1）疾病症状。

潜伏期 1—3 天。起病急,高热畏寒、头痛、流鼻涕、眼结膜充血等,局部淋巴结肿大,肺部有湿啰音,偶诉腹痛、腹泻、腹胀等消化道表现。体温可超过 38℃,高热时伴有惊厥。婴幼儿可出现严重的喉炎、气管炎,咳嗽常呈干咳。常引起并发症,如心肌炎、中耳炎和鼻窦炎等。

（2）预防。

掌握流感疫情,加强晨间检查和日间检查,及早发现流感患者,并进行隔离诊疗。流感流行期间不进行大型室内集会、进入公共场合应戴口罩。建立合理的开窗制度,保持室内空气流通。为了保护易感者,可以接种流感疫苗,并加强体育锻炼。

（3）保育与治疗。

自发病起至主要症状消失前进行隔离,轻者可在家隔离护理,须定期进行消毒。隔离室环境要求阳光充足、空气新鲜,应经常通风换气。

发热时应该卧床,饮食以易消化富有营养的流质或半流质为主,保证充足的水分摄入,有利于退热和毒素的排泄。高热时应及时进行退热处理。

每日用生理盐水或者白开水漱口 3—4 次,进行口腔清洁护理,保持口腔湿润、增进食欲。观察病情（面色、精神状况、体温、呼吸等）,及早发现并发症。

2. 水痘

水痘是一种以空气为传播途径的传染病,多见 6 个月—3 岁儿童,营养不良、过敏等体弱儿童容易感染。冬春季节高发。感染后可以获得终身免疫。

（1）疾病症状。

潜伏期 10—20 天。出疹前,通常没有症状,偶尔也会出现疲劳和轻微发热的症状。起病急,病初常有中度高热、上呼吸道感染症状、周身不适、食欲减退等。皮疹常在发病当日或次日出现,初为红色斑丘疹,随后斑点变大,可能像小丘疹。数小时后迅速演变为非常脆弱的小水疱,看起来像在红色上面滴了一滴水,水疱的顶部很容易被抓破。24 小时后,水疱（囊）内变浑浊,囊破裂后水疱会变成脓疱,形成外皮。脓疱阶段常常出现剧烈发痒的症状,先从中心开始迅速结痂,数日后痂盖脱落。皮疹分布呈向心性分布,即躯干较多,四肢较少,常常先出现在头皮和脸上,然后扩散到身体的其他部位,口腔、结膜以及外阴内侧的黏膜上也可能出现。水疱的数量不等,可能只有一些,也可能有数百个。一般在起病后 3—5 天,同一部位可能有斑丘疹、疱疹和结痂等不同阶段的出疹。水痘的痂盖很表浅,如果抓破了皮疹,可能引发继发性化脓感染且留疤。水痘常见并发症是皮肤继发细菌感染、急性淋巴结炎、败血症等。预后良好,病后可获得终身免疫。

（2）预防。

接种水痘疫苗,保护率达到 98.5％以上,且比较安全。

水痘具有很高的传染性,尤其是在出疹前 24 小时到出疹后 6 天的这段时间里。因此,一旦发现周围有患儿,应该马上对密切接触儿童进行检疫,检疫期为 3 周。

（3）保育与治疗。

水痘患儿护理的主要问题就是防止抓挠,造成继发性化脓感染,可给孩子剪短指甲或者戴上手套,以免瘙痒时挠破脓疱引起感染且留疤,手套应该经常清洗。

发热时应该卧床休息,在大多数的水疱形成硬皮后,发热通常就控制住了。如果感染加重并再次出现发热,应该立即就医。

室内温度适宜,被褥不宜过厚,衣服柔软宽大,勤更换。

饮食清淡,给富有营养的流质或半流质食物。禁忌食用荤腥、辛辣的食物。多喝水。

观察病情,及早发现并发症。

冬春多发季节应该注意室内空气流通,用紫外线对衣物和玩具进行定期消毒。

3. 流行性腮腺炎

流行性腮腺炎是一种以空气传播为传播途径的传染病,多见 2 岁以上儿童,冬春季节高发,营养不良、过敏等体弱儿童容易感染。感染后可以获得终身免疫。

（1）疾病症状。

潜伏期为 14—21 天。多数患者起病急,表现为发热、头痛、咽痛、食欲不振、恶心、呕吐等。1—2 天后,出现腮部肿痛。先从一侧开始,以耳垂为中心,向周围蔓延,边缘不清,触之有弹性和触痛,表面灼热不红、不化脓,1—4 天后,累及另一侧。患腮腺炎时,摸不到耳朵下面下巴的边缘,咀嚼和吞咽会使耳朵后产生疼痛。腮腺肿胀后的 1—3 天达高峰,持续 4—5 天后逐渐消退。

流行腮腺炎可并发睾丸炎或者卵巢炎等,但多见于年龄大一些的患儿,大多发生在腮腺肿大消失后。一般无其他全身症状。腮腺炎从开始出现症状的前两天到腮腺肿胀完全消失（通常在肿胀开始后 1 周）的这段时间内最具传染性。单纯流行性腮腺炎预后良好,一次感染后,终身免疫。

（2）预防。

接种疫苗是保护儿童的最佳预防方法。麻腮风疫苗是针对预防流行性腮腺炎的,应在 8 月龄、18 月龄及时接种。

在流行季节不要到人群集中的公共场所,避免和患儿接触。

加强检查,早发现患儿,如果发现儿童无精打采、惊厥或者颈部出现僵硬现象,需要进一步检查腮腺部位,必要时立即去医院。对于发现患儿的集体机构进行 3 周检疫。

（3）保育与治疗。

从病发至腮腺肿大完全消退期间进行隔离。

应该卧床休息，以减少并发症的发生。

每餐后用生理盐水漱口或清洁口腔，多喝白开水。

饮食以易消化的流质、半流质或软食为宜。

在腮腺肿大早期，可以用冷毛巾进行局部冷敷，使局部血管收缩，从而减轻疼痛。

注意观察体温、全身症状以及可能的并发症状。如睾丸炎的症状是高热、恶心、呕吐、腹痛，一边或者两边睾丸肿胀并伴有疼痛。

4. 细菌性痢疾

细菌性痢疾是一种以饮食为传播途径的传染病，多见于婴幼儿，营养不良、过敏等体弱儿童容易感染。冬春季节高发。病原体为痢疾细菌。感染病愈后不会获得终身免疫。

（1）疾病症状。

可以分成普通型和轻型。普通型表现为起病急、畏寒、发热，体温可达 39℃。头痛、恶心、呕吐，同时数小时后可出现阵发性脐周围或左下腹疼痛、腹泻，初为黄稀便，后转为脓血便，10—30 次/天，可造成脱水、电解质紊乱。轻型的全身症状轻，不发热，只有轻度腹泻，大便 2—3 次/天，粪便内每日有少量脓血或黏液。

（2）预防。

早发现患儿，及时隔离和彻底治疗。

注意环境卫生。加强卫生教育，培养儿童饭前洗手、不饮生水和不洁饮料的习惯，生吃瓜果要洗净。

注意餐具消毒。

（3）保育与治疗。

隔离至临床症状消失后 1 周，卧床休息，避免过度疲劳。

发作期饮食应该给清淡易消化的流质或者半流质，忌食生冷。病情减轻后，可以改为半流质或者软饭。预防脱水，应少量多次喂口服电解质补液。可以减少牛奶的喂食量，因为牛奶中含有大量的乳糖，孩子在腹泻时常常因失去乳糖酶而不能消化牛奶。

注意观察病情变化。

详细记录大便次数和性状，留样检查。保持臀部清洁，防止发生红臀。每次排便后用温水清洗并涂护臀油。如果皮肤出现破裂并有疼痛感，不要使用软膏，并应努力保持干爽。避免坐盆时间过长，引起脱肛。保持腹部温暖（如热水袋保温），可以减少肠管痉挛，起到减轻腹痛和减少排便次数的作用。

5. 手足口病

手足口病是一种以空气为传播途径的传染病。3 岁以下婴幼儿最为多见，其次是 3—5

岁儿童。营养不良、过敏等体弱儿童容易感染。发病具有明显的季节性:4—5月份多发,6—7月份高发,8月份开始下降,9月份以后较少见。病后不会获得终身免疫。

(1)疾病症状。

潜伏期2—7天,一般表现为发热1—3天,可有喷嚏、咳嗽等症状及恶心、呕吐、腹泻等症状;皮疹主要表现为口腔黏膜疱疹、手和脚皮疹,尤其是口腔黏膜多数都出疹,同时伴有口炎等;疱疹多为米粒大小,周围绕有红晕,1—2天后因疱疹溃破形成溃疡,可出现口痛、咽痛、拒食、厌食等,一吃东西就大声哭闹、发脾气;同时出现玫瑰色红斑、斑丘疹,后可变成疱疹;大多数患儿在发病期内斑丘疹多于疱疹,疱疹一般不破溃,3—4天后会好转。皮疹有离心性分布的特征,主要发生在手掌、足部,有的患儿在臀、膝、踝、肘、腕等部位也可见到。

一般来说,7天左右就会恢复,不会有严重的并发症。极少数感染者可引起心肌炎、脑炎等并发症。

(2)预防。

避免与患儿接触。

(3)保育与治疗。

患儿应留在家中,直至热度及红疹消退,破溃处结痂后才外出。处理鼻喉排出的分泌物、粪便及弄污的物品后,须立即洗手。如儿童高热、活力减退或病情恶化,应及早就医咨询。

6. 流行性结膜炎

流行性结膜炎是一种以接触为传播途径的传染病。四季均可发病,以夏秋季节多见。各年龄组人群均可感染发病。无特殊治疗药物,预后较好,不获得终身免疫。

(1)疾病症状。

在接触病原体几小时后或1—2天内发病。双眼先后发病,发病后眼部明显红赤、眼睑肿胀、发痒、怕光、流泪、眼屎多,一般不影响视力。由病毒感染引起的红眼病,症状更明显:结膜出血、前淋巴结肿大并有压痛,还会侵犯角膜而发生眼痛,视力稍有模糊,病情恢复较慢。

(2)预防。

避免与患儿接触,注意饮食和饮水卫生。注重个人卫生,保持空气流通。

(3)保育与治疗。

患儿应及时就医,并适当隔离,一般隔离2周。对患儿的口腔分泌物、粪便、玩具、食具、便器应严格消毒,以防止传播。

注意个人卫生,做到不用脏手揉眼睛,勤剪指甲,饭前便后要洗手。眼屎多时,要用干净手帕或纱布擦拭。

饮食清淡,多食蔬菜、新鲜水果等,保持大便通畅。

开放患眼,不能遮盖,否则眼分泌物不能排出,反而会加重病情。

五、婴幼儿过敏性疾病

过敏正在成为学前儿童群体中高发的疾病，其中特应性皮炎最多，其次为过敏性鼻炎、支气管哮喘、荨麻疹、过敏性结膜炎和食物过敏。

最早使用"过敏"这一概念的是奥地利医生冯·皮尔克，其原意是变态反应或非正常反应。在后来的研究中，人们发现，过敏不仅是变态反应，而且是对人体有害的免疫反应。即过敏就是一种免疫反应，是人体自我保护的一种机制，如果这种机制过于灵敏、反应过于强烈，就会引发各种危害健康的反应，这就是过敏。严重的过敏反应也会危及人们的生命，如青霉素过敏。

（一）学前儿童过敏的特征

1. 发展性

由于免疫系统尚未发育成熟，因此学前儿童过敏具有发展性：不同年龄出现不同的疾病和不同症状，有的过敏性疾病在孩子身上会自然痊愈，有的则呈现进行性发展的状态。

2. 全身症状多

由于免疫球蛋白随着血液流向全身，因此，过敏的全身症状多，如支气管哮喘会加重过敏性鼻炎。有时则是多种过敏性疾病并存。

3. 过敏迁移

儿童的过敏性疾病逐个出现，如：0—1岁患特应性皮炎，2—3岁患支气管哮喘，4—5岁患过敏性结膜炎等。

4. 过敏原不断变化

客观地说，过敏原无处不在，一般可以分类为食物类和吸入类。

食物类过敏原是以饮食为媒介，通过胃进入体内而发生过敏反应。学前儿童由于身体发育尚未成熟，还不能彻底消化异类蛋白质，因此蛋白质被吸收后就有可能成为过敏原；而成人已经能够充分分解消化各种异类蛋白质，因此不易发生由食物引起的过敏反应。能引起食物过敏的主要过敏原超过百种，其中90％以上是由牛奶、鸡蛋、花生、坚果、有壳海鲜、大豆、小麦等引起的，最容易成为过敏原的食物为鸡蛋、牛奶和大豆，其次是大麦、小麦等谷类食物和有壳海鲜等，再次是蔬菜和水果。儿童的牛奶/奶制品、鸡蛋/鸡蛋清过敏呈现出一定的年龄趋势；食物类过敏最早可能出现在婴儿早期，在牛奶和鸡蛋过敏中，3岁及以下明显多于3岁以上，这可能是因为其致敏性随免疫系统发育完善而降低；而谷物类过敏一般在3岁以后才发生。

吸入类过敏原是通过呼吸进入体内而发生过敏反应。户外容易引发吸入类过敏的过敏原是杉树、松树、菊花等；在室内，容易成为过敏原的是猫的皮屑、家庭尘埃和螨虫，其次是棉布、羊毛、丝绸，再次是香烟烟雾、报纸、鸟毛、兔毛、脱落上皮、狗毛及其毛屑。

（二）引起过敏的因素

导致儿童过敏性疾病的主要原因是生物学因素，环境变化也是诱发因素。一般来说，大气污染、森林植被等自然环境的变化、居住环境的变化与过敏性疾病的增加有直接关系。除此之外，还有激素失调，生活方式、精神压力等原因。

1. 生物学因素

（1）过敏性体质。

过敏性体质者体内大量产生免疫球蛋白，这种免疫球蛋白不仅具有抵御细菌或病毒入侵、保持健康的功能，而且还是引发抗体反应、导致过敏的源头。每一种免疫球蛋白只对应一种变态反应原，产生过敏。例如，对螨虫过敏的人，在与螨虫接触中，体内就会产生大量以螨虫为变态反应原的免疫球蛋白，这时如果再有螨虫入侵，这些免疫球蛋白就会立刻和螨虫进行搏斗，从而发生过敏。例如，因为过敏性体质而发病的支气管哮喘占支气管哮喘总数的80%—90%。几乎所有儿童的过敏性疾病都是由过敏体质引发的。一般来说，过敏性体质具有遗传性：父母双方都患有过敏性疾病的，孩子发生过敏性疾病的概率最高；而那些父母都不过敏的，孩子发生过敏的可能性就比较小。

（2）敏感性体质。

身体比较敏感的孩子容易发生过敏性疾病，例如支气管哮喘的患者一般是气管过分敏感的。当然，身体敏感性也具有一定的遗传性。

2. 环境因素

汽车尾气、工业废气、香烟烟雾以及家庭内废气对空气造成了较大污染，时时刻刻刺激着孩子的呼吸器官，导致发生过敏。

住宅集中化、钢混结构的建筑以及金属门窗的使用大大提高了房屋的密封性，同时也降低了透气性，使室内充满了诱发过敏的各种物质；空调的使用更是将室内环境变成了一个恒温环境，从而剥夺了儿童锻炼皮肤、呼吸器官的黏膜及增强抵抗力的机会，容易导致过敏性疾病。此外，窗帘、地毯的普及以及家庭装饰的增多，使家庭灰尘、螨虫以及由霉菌诱发的过敏性反应大大增加；此外，各种新型建筑材料也会释放化学物质，成为过敏原。

3. 激素失调

由植物神经发育不全或者功能紊乱引发的激素失调，容易引发过敏。例如，支气管哮喘多发于夜晚的主要原因是夜晚副交感神经活动比白天强，激素分泌容易失调，使支气管收缩，发生哮喘。

4. 生活方式

当动物性脂肪和动物性蛋白质成为饮食结构的主体并使热能摄入过多时,人体就会产生更多的免疫球蛋白,易发生过敏。如在婴幼儿期,由于牛奶、鸡蛋的摄入量大大提高,过敏性疾病的发生也因此增多。

5. 精神压力

精神压力过大时,自主神经功能就会发生紊乱,从而导致身体出现各种反应。这些反应不一定是过敏性疾病的直接诱因,却能够加重过敏症状。如儿童面临学习压力、游戏场地减少以及生活空间日益狭小时,往往会产生种种精神压力。

(三)学前儿童常见的过敏性疾病及其对策

表4-4　学前儿童常见的过敏性疾病

年龄	胎儿期	0—1岁	1—6岁
过敏症状	妊娠末期,胎儿已经具备产生免疫反应的能力,所以这时母亲摄入的食物(如牛奶)就有可能成为胎儿的过敏原。	常见特应性皮炎;在由母乳向固体食物过渡时,最常见的是过敏性胃肠炎;其后可能出现支气管哮喘。	过敏性鼻炎最多,其次是特应性皮炎和支气管哮喘。这时不但能够确诊孩子是否属于过敏性体质,而且过敏性疾病也会全部呈现。

1. 支气管哮喘

支气管哮喘(以下简称哮喘)是由过敏或者其他炎症、呼吸道过敏引起的一种疾病。主要表现呼吸困难,而且反复发作。其发病过程一般为:呼吸道受到某种刺激时,支气管壁的肌肉发生痉挛,呼吸道因此变窄,正常呼吸受阻;此时若再发生炎症,呼吸道就会产生分泌物(痰),使空气流通进一步受阻。病情严重时,可能出现严重的呼吸困难,甚至导致生命危险。它和肺炎的区别在于其突发性和慢性化,并且几乎都是在1—6岁初次发作。80%的儿童哮喘与过敏有关。

(1)疾病症状。

呼吸困难,呼气比吸气更加困难,表现出患儿的胸部鼓得很高;

躺下时症状加重,坐起时症状明显改善,2岁以下孩子竖抱时症状明显减轻;

伴有喘鸣音,有的非常微弱,有的非常巨大,具有很大个体差异性;

呼吸困难持续一段时间后,血液含量减少,导致儿童脸色发青、嘴唇发紫;

反复发作,并且排除具有同样症状其他疾病的可能性,如肺炎等;

同时合并其他过敏性疾病,如特应性皮炎、过敏性结膜炎等。

(2)病因。

80%的儿童哮喘是由过敏引发的,其中大部分是由螨虫过敏引发,或接触到其他过敏原。

夜晚发病率更高,原因是夜晚抑制哮喘发作的激素分泌水平下降、气温下降、吸入了被褥上的尘螨、自主神经功能的变化等。

天气因素:天气骤变时容易发生,如换季期。

心理因素:精神压力过大时,如父母关系不和、家庭气氛紧张会引发孩子哮喘;精神紧张后放松时。

过度劳累:运动过度、旅行过度或者学习过度,都易引发哮喘。

(3)预防。

整治环境:彻底清除螨虫及灰尘,打扫卫生应彻底,被褥应常晒;最大限度避免香烟烟雾;保持室内空气清新,以减少螨虫等过敏原。

注意观察有无食物过敏症状。婴幼儿期饮食引发哮喘的现象比较常见,可以通过记哮喘日记,将食物记录下来,以便今后诊断参考。一般来说,不要轻易忌口,以免影响身体的生长发育。

加强锻炼:锻炼虽然不能治愈哮喘,但是对治疗有用。锻炼必须根据儿童的具体性格和病情制定切实可行的目标,循序渐进、持之以恒,锻炼方式主要是皮肤锻炼、腹式呼吸和体育锻炼。皮肤锻炼时不要穿过多过重的衣物;腹式呼吸能够减少哮喘发作时的痛苦,因此应该积极练习;也可以选择一些比较适合的体育锻炼活动,如游泳、滑雪、滑冰等。

选择适当的预防药物:一般情况下,哮喘发作过后一段时间内,呼吸道会保持较高的敏感性,容易再次发作,而每次发作都可能使下一次发作更加严重。因此,可以在发作后的一段时间内,可选择一些适当的预防药物。

(4)保育与治疗。

对哮喘实施规范化治疗:在患儿发作时期进行针对性治疗,给患儿及时服药,如气管扩张剂,以缓解支气管痉挛,使呼吸道通畅;在非发作时期也应该采取长期预防措施;控制呼吸道类炎症;提倡吸入激素疗法;坚持长期随访、连续治疗。

哮喘发作时最重要的处理方法是应该采取一些辅助措施,如立刻离开过敏原;解开患儿上衣最上端的纽扣,使其靠在被褥上,采用能够减轻症状的姿势;进行腹式呼吸,能够利用深呼吸有效缓解症状;摩擦或轻拍患儿背后,帮助患儿呼吸顺畅。

2. 特应性皮炎

在儿童皮肤病中,皮肤过敏占了相当大的比例,且近年来发病率明显上升。特应性皮炎多始发于婴幼儿期,并且随着年龄的增大而逐渐改变,常常是众多过敏性疾病中出现最早的一种疾病,类似"过敏迁移"的序幕,因此必须高度警惕学前儿童的这一疾病。

一般认为,低龄儿童的病因主要是饮食,属于食物类过敏,经过消化道进入血液的微量蛋白质或脂肪随血液来到皮肤,引发皮肤湿疹,从而导致特应性皮炎;也有的学者认为,一些食物成分黏在人体皮肤上后，遇到摩擦等可能进入人体，引发特应性皮炎，尤其是婴儿经常吐奶，皮肤上黏有大量的奶液，同时母亲也可能用黏有奶液的手触摸婴儿身体。大龄儿童的病因主要是螨虫，属于吸入类过敏，螨虫黏到皮肤上会引起瘙痒，如果患儿抓瘙痒部位，可能会抓破皮肤，使螨虫进入体内，引发过敏。

（1）疾病症状。

80％的特应性皮炎始发于0—1岁，最早可在出生后一个月前后出现。特应性皮炎是一种湿疹，湿疹的发生部位随着年龄的增长从面部向上肢外侧和下肢扩展，最后遍布全身，患处逐步扩大，瘙痒感增强。1—3个月主要出现于面部或者脖子上，3—12个月，面部湿疹有所减少，脖子至前胸开始增多，腿臂外侧也有少量。1—3岁面部明显减少，腿臂外侧和腰部周围增多。4—5岁面部湿疹消退，仅集中于手背、肘膝关节内侧以及腰部周围。在变化过程中，先前表面潮湿的湿疹随后会变得干燥，肘膝关节内侧的湿疹会变硬。

其特征是非常瘙痒，因此会出现不断挠抓、脾气变坏、睡眠不安、不吃奶等现象。由于剧烈瘙痒而哭闹不安、睡眠不好，同时可伴有食欲差、消化不良等症状。患儿容易反复发生呼吸道感染，发生腹泻。1岁以后逐渐好转，不再发作，仅有很少儿童延续至儿童时期。若将湿疹抓破，可引起继发性细菌感染，不仅损伤皮肤，甚至会引起败血症或者脓毒血症。

（2）预防。

避免一切可能导致过敏的刺激。例如，可以选择质地良好的衣服以免摩擦皮肤；每天晚上睡觉时应该换上睡衣，早晨起床后，应该换上一套新衣服以保持皮肤干净，避免穿着太多太厚，导致受热后症状加重。及时修剪指甲。保持头发清洁。每天用中性洗液、软毛巾或纱布洗澡。对于渗出液较多的湿疹，不能用温水清洗。

（3）保育与治疗。

适当多摄入植物油等能够有效提高湿疹患儿体内的必需脂肪酸，从而有助于湿疹的治疗。添加新的辅食需要从少量开始，每次只添加一种，以免无法分清引起湿疹反应的过敏原，如果几天内未出现变态反应，才可以再增加摄入量，或者添加另一品种的食物。食物应该以清淡为主，以保证婴幼儿正常的消化和吸收。对于母乳喂养者，母亲应该少食用刺激性食物。

治疗的主要药物都是外用药，根据病情选择不同的药物：病情严重时，可以选择类固醇类等药性较强的药膏，反之则可以选择一些药性较弱的药膏。遵守医嘱涂抹软膏，例如一日涂抹两次。面部湿疹不易选择药性强的软膏，面部湿疹开始干燥后，也要注意进行保湿。涂抹药物时特别不要抹到眼睛和耳朵里。如有必要，应同时服用口服药，如抗组胺类和抗过敏类，抗组胺类具有止痒功能。

寻找可能的食物过敏原。如果发现明显可诱发婴儿湿疹的食物，应该立即停用。例如，煮熟的蛋清和蛋黄之间的薄膜是卵类黏蛋白，极易引起过敏，可以暂时停止食用。如果牛奶是过敏原,可以用其他乳制品替代。

六、婴幼儿其他常见疾病

婴幼儿常见疾病还有尿布疹、斜视等。

(一) 尿布疹

尿布疹是0—1岁婴儿最常见的皮肤病之一,也被称为婴儿红臀,是发生在婴儿穿戴纸尿裤部位的一种皮肤炎症,是婴儿皮肤薄嫩、臀部长期由潮湿环境和尿液中的氨共同作用的结果。婴儿与纸尿裤接触区域的皮肤尤其薄嫩、通透性强,容易受到外界侵害,发生感染,而臀部长期过于潮湿,尿液使皮肤通透性增大、酸碱度升高,容易被纸尿裤或者衣物磨破,使尿液中的酶侵蚀皮肤,或者被细菌感染,从而引发尿布疹。

1. 疾病症状

婴儿与纸尿裤接触区域的皮肤红肿,在腹部、生殖器的周围,大腿和臀部的皮肤褶皱里面,常常可以见到皮疹。轻度尿布疹的患儿出现皮肤发红,严重者可出现溃烂、溃疡及感染。患儿由于疼痛而经常哭闹,拒绝进食、睡眠不安。严重者可以并发败血症。

2. 预防

为婴儿选择透气性良好的纸尿裤。每次便溺后应该用温水清洗,然后擦上薄薄的护臀油,及时换上干净的纸尿裤。

3. 保育与治疗

(1) 针对有渗出和无渗出的不同尿布疹进行有针对性的护理。

无渗出的臀部皮肤干红,可以每天清洁臀部,在局部擦护臀油,保持皮肤干燥。

有渗出液的尿布疹,皮肤有渗出液、溃烂,可以外涂雷锌软膏、氧化锌油等促进渗出液的吸收,保持干燥,促进皮肤生长。

(2) 保持臀部干燥。

这是护理尿布疹最有效的方法。可以动作轻柔、轻轻吸干皮肤上的水分,防止因为动作较重而刺激、损伤皮肤,尽可能让臀部暴露在空气中,可以涂上红臀治疗药膏以缓解皮肤的过分潮湿,每次换纸尿裤时无须擦去药膏。

(3) 密切观察病情。

由于尿布疹容易并发白色念珠球菌感染,因此,如果皮肤出现水疱或者有脓,且48—72小时不消失或者更加严重,需要就医治疗。

(二) 斜视

3岁前是斜视等疾病矫治的最佳年龄。斜视不易被及早觉察出,但不仅影响外观,而且易引起弱视,同时使患儿不如正常人看物的视野开阔,没有融像能力和立体视觉,无法准确分辨物体的前后距离,从而影响日后的生活质量。由于外观上不好看,斜视儿童常常被人取笑,从而导致社会退缩、孤僻的性格。因此,掌握斜视的原因和症状,有利于积极预防,及时发现,抓住最佳治疗时机。

导致斜视的病因是多方面的。儿童由于双眼单视功能发育还不够完善,不能够很好地协调眼外肌,所以任何不稳定的因素都可能导致儿童斜视的发生。如在生产过程中,由于使用产钳造成了婴儿头面部损伤或者是母亲在生产时用力过度导致胎儿颅内压升高,产生大脑点状出血,而出血刚好在支配眼球运动的神经核处,进而引起眼外肌麻痹。眼球的发育特点(调节力强)也对儿童斜视有影响。此外,不当的养育方式会导致斜视,如经常和孩子近距离相互凝视,或者将一些玩具忘在固定位置使儿童长时间凝视同一方向的物品,时间久了,眼睛肌肉的集合功能增强,就易产生斜视。

1. 疾病症状

出生数周内的婴儿有暂时性的生理性斜视,6 个月就会发育良好。病理性斜视表现为看东西时,两个眼球的位置是不正的,仅一只眼注视所看的东西,另一只眼的目光偏向它的旁边。斜视分成内斜视和外斜视。内斜视类似"斗鸡眼",多见于 1 岁以内的婴儿,由于他们的眼球尚未发育完善,处于远视状态,因此,在看近物时,出现内斜视现象,随着年龄的增长,眼球的发育完善,内斜视会消失。外斜视类似"斜白眼",患儿早期没有症状,逐渐发展成为看近物时双眼不舒服。当精神不集中或者疲劳时,往远处看时有一只眼往外"跑"。

2. 预防

避免让孩子长时间注视近距离及同一方向的物品等。经常转换和孩子相互注视的位置与距离;在用玩具逗引孩子时要经常转换方向和角度;根据室内光源的位置经常转换儿童睡眠的方向,防止孩子长时间从一个角度注视光源导致斜视。定期做健康检查,及早发现斜视症状,抓住最佳治疗时机。

3. 保育与治疗

针对不同斜视类型进行环境布置的调节以增强双眼的聚合能力。针对内斜视,需要将孩子的视线由近拉远。例如可以在离孩子比较远的位置和孩子说话,或在较远的正视范围内挂一些鲜艳的玩具,让孩子多看些这些远处的物体;针对外斜视,可以经常转换孩子视物的视线,例如让孩子调换睡觉方向,也可以让孩子先注视一个目标(物体),然后将此目标的位置由远而近调整,反复练习,增强双眼的聚合能力。

如果经过 4—6 个月的调节依然无效,应该去医院及时诊治,以免贻误时机。由于 3 岁前矫治对于能否使眼睛功能达到正常状态很关键,因此,及早发现,并且进行有针对性的治疗非常关键。对斜视的治疗除了要矫正眼位改善外观以外,更重要的是对眼睛功能性的治疗。

儿童成长期间,视觉系统正处在生长发育的旺盛阶段,因此可塑性很强,而年纪和可塑性是成反比的。

第三节　学前儿童常见身体疾病预防和护理的基本原则

在学前儿童常见身体疾病的治疗中,患儿往往并不愿意配合治疗,家长也容易处于焦虑状态,因此,如何在疾病预防和护理中遵循科学性原则,在疾病治疗中融入心理调适的方式,这些都是家长需要关注的问题。只有处理好这些关系,才能更有效地取得治疗效果。

一、学前儿童常见身体疾病预防的有效策略

尽管学前儿童常见身体疾病和身体各系统器官尚未发育完善有着密切的关系,但是,这些疾病的发生也和对儿童的看护有着密切关系。加强科学的保育能够预防疾病的发生。

首先,提倡母乳喂养。母乳中含有大量免疫物质,能够增加婴儿机体免疫力及抗病能力,防止婴儿因受到病毒的侵害而生病。尤其是初乳中含有抗体丰富的蛋白质,能够防止新生儿胃肠道和呼吸系统感染。

其次,针对各种学前儿童常见疾病的发病原因进行相应的预防工作。例如,针对婴幼儿易发的呼吸系统的疾病,需要注意保持空气流通、干净,让室内保持良好的温度和湿度状态;同时避免孩子去人群杂乱的场所,以免交叉感染;注意保暖,同时加强身体对冷热温度的适应能力。针对婴幼儿易发的消化系统疾病,需要把握住水源、器皿、食物等各环节的清洁工作,辅食添加遵循一定的原则,每次只添加一种,不宜过快,同时注意观察孩子的食欲、身体各方面的反应。对于那些具有遗传性过敏的婴幼儿,应该在环境创设、膳食结构等各方面消除过敏原,同时,循序渐进地对已经发生过敏的婴幼儿进行脱敏。针对婴幼儿易发的传染性疾病,需要按照国家免疫规划定期给孩子进行预防接种,防止漏种少种。

其次,加强学前儿童的身体锻炼,能够达到增强身体对外界环境的抵御能力、减少疾病发生的效果,可以进行抚触、体操、日光浴以及适宜的户外活动。

最后,定期进行健康检查。定期进行健康检查,有助于及早发现潜在疾病、及时预防。如果孩子总是生病却找不到原因,也可以进行相关的免疫球蛋白检测,确定孩子是否有免疫性缺陷、免疫功能低下等疾病,这些有针对性的检验有助于明确孩子的免疫系统问题所在,以便施以有效的治疗。

二、学前儿童身体护理的有效策略

学前儿童身体护理不仅需要掌握一般的护理知识，而且需要从孩子的年龄特点出发，运用相应的策略。

（一）设置专用的学前儿童专用药箱

根据学前儿童的常见疾病，家庭（幼儿园）应该设置专用的药箱，不要将成人药品和学前儿童药品放在一起。

1. 药品类

（1）学前儿童感冒药。如感冒冲剂等。

（2）学前儿童退热药。如布洛芬、对乙酰氨基酚等。

（3）学前儿童止咳药。如止咳糖浆等。

（4）学前儿童胃肠药。如止泻药等。

（5）学前儿童外用药。如用于湿疹的药膏、用于消毒的药品、用于止血的药物等。

2. 非药品类

（1）体温计。如额温枪、耳温枪、电子体温计等。

（2）健康档案。包括病例卡、预防接种证以及健康检查档案。附近医院、妇幼保健院、疾病预防控制中心、急救中心的地址和电话。

（二）药箱管理原则

为了更为科学地进行学前儿童药物管理，在进行学前儿童药箱管理时，需要遵循以下基本原则。

1. 药物分类保管，贴明标签

药物最好按照功效分类放置，以便紧急需要时能够快速找到。将内服药分类放好，保留包装盒和使用说明书。外用药的标签应该醒目，如果家庭需要无菌的消毒物品，如棉球、纱布等，最好在开袋一周内使用。

2. 合理放置药物

应该放在洁净、干燥、阴凉、避光处。一些药物最好装入有色的玻璃药品内，避光保存，以免见光分解。糖浆类制剂最好放入冰箱内冷藏储存。对于易挥发、刺激性较强的外用消毒溶液，如酒精等，最好装在密封性较好的容器内保存，用后应盖紧盖子。

3. 定期清理药箱

每隔 3 个月应该清理一次药箱，检查药物是否有发霉、变质、变色等现象。凡是过期、变质、名称不详的药物,应及时清除并更新,以确保用药安全和有效。

(三) 正确给学前儿童服药

给学前儿童服药并不是一件简单的事情。如何正确地给药,解决学前儿童不配合服药的难题,是护理中的重要环节。

1. 确保服药的安全性和准确性

了解了各种药物的作用后,更要了解其使用方法和剂量。安全性、准确性是家长给孩子服药时的基本前提。为此,家长有必要在给孩子喂药前获得必要的药名、药理以及需要用药多长时间等信息,避免在离开医院或者药店时还有许多困惑。具体来说,服药前,应该了解以下内容:

(1) 用药剂量。例如,应该给孩子吃多少? 多长时间给孩子吃一次? 整个疗程的时间多长?

(2) 药物的使用说明。例如,有什么特别的注意事项(例如摇匀)? 有什么特殊的服药规定时间(餐前还是餐后)? 这种药是否需要冷藏?

(3) 药物的安全情况。例如,告诉医生孩子可能过敏的药,确保医生的处方是安全的。药物的益处和风险各是什么?

2. 从学前儿童的心理特征出发, 运用孩子可能接受的方式喂药

服药时,学前儿童常常用吐药、呕吐和紧闭牙关的方法进行反抗,而家长常常使用暴力的方法让孩子服药,不仅容易加剧孩子的抵抗、恐惧心理,而且可能导致药物进入气管造成窒息等危险。因此,需要从学前儿童的心理特征出发,运用多种孩子可能接受的方式让孩子吃药。

(1) 可以把药和苹果酱、橙汁等混合搅拌在一起,给孩子服用。

(2) 0—1 岁的婴儿,可以用注射器给药。

(3) 对于稍大的孩子,可以尝试告诉他们吃药是必需的,有助于身体恢复,恢复了才能进行自己喜欢的活动(例如外出等)。

(4) 对于稍大的孩子,可以给孩子选择,征求孩子对服药时间的意见(例如,是现在服药还是讲完一个故事以后)。

(5) 当孩子对于吃药反抗剧烈时,家长可以尝试等待几分钟,再尝试喂药。这一方法可以让孩子学会自我控制。

(6) 可以和医生进行讨论,让他们提出一个更容易的喂药方法(例如使用注射器等)或者其他方法。

(7) 不要告诉孩子药物是糖果,避免孩子在缺乏照管的情况下误吃这些"糖果"。

(8) 不要在孩子哭闹时灌药。在孩子哭闹时灌药容易导致药物进入气管,轻则呛咳或引

起支气管、肺部的炎症,重则阻塞呼吸造成窒息死亡。

(四)调整学前儿童的一日生活起居

除了药物治疗之外,清淡的饮食、足够的休息以及良好的通风换气环境等有利于学前儿童身体的恢复。家长一方面遵从医嘱进行治疗,另一方面可以采取一些非药物治疗的方法。

由于担心孩子着凉而将门窗紧闭,容易导致室内氧气不足、湿度过低等问题,并不利于孩子恢复。通风换气有助于保证室内环境空气清新。天气晴朗、温度适宜时,可以把窗户打开调节温度湿度。使用空调或者干燥天气时,可以使用加湿器。

只要病情略微好转,孩子往往不愿意总是睡觉、休息,这些都会影响身体恢复的进程,甚至可能导致病情反复。家长需要创设安静的室内环境和有规律的生活作息制度,根据孩子的需要创设有助于休息的环境,使孩子得到充足休息,恢复体力。当孩子不愿意睡觉时,引导孩子在室内进行安静、体力消耗较少的活动,如堆摆积木、讲故事等。

家长应该根据孩子的身体状况、胃口情况调整食物结构和数量,根据医嘱对于某些食物进行暂时性禁忌,根据孩子的喜好提供相应的食物,饮食应清淡易消化,数量上由少到多。服药期间多喝白开水,以利药物的吸收和排泄,减轻药物对儿童肝肾功能的损害。

腹泻的排泄物正确管理,避免二次重复感染。

(五)给学前儿童创设良好的心理环境

患病期间因身体不适、治疗等因素,孩子容易出现焦虑、烦躁、脆弱等消极情绪,部分孩子会出现行为倒退现象。应为孩子创设一个宽松的心理环境,这对于康复有着非常有效的作用。

语言沟通能够传递给孩子情感支持和鼓励,消除孩子的恐惧心理。可以告诉孩子,知道他生病时很难受,会和他在一起;鼓励孩子积极治疗后一定能尽快康复;需要避免对孩子流露自己对孩子病情的担心,防止由此可能带给孩子的恐惧心理。

激发孩子积极情绪的方式可以是多种多样的。可以陪着孩子玩喜欢的游戏、阅读喜欢的图画书、讲喜欢的故事、看喜欢的动画片等;让孩子和自己的依恋物品在一起,减缓消极情绪;此外,对孩子出现的尿床、不能独立睡觉等倒退行为采取宽容的态度。

 问题与思考

1. 请运用第一章中的文化观解释"新小儿四病"发病率高的原因。

2. 学前儿童身体疾病发生后容易出现情绪低落、烦躁等情况,如何进行保育?

3. 如何理解过敏中的食物限制?

4. 倡导每日 2 小时户外活动有利于预防哪些学前儿童身体疾病?

第五章 学前儿童心理健康和保育

 本章提要

　　学前儿童的心理尚未发育成熟，由于生理机能失调、环境适应不良或心理冲突产生等，容易出现不适当行为、心理偏差和心理问题。理性看待、防止夸大或忽视孩子的问题，正确理解一些"令人头疼"的孩子及其所面临的"生存困境"，给予他们理解和帮助，是心理保育的重要目标。本章内容包含心理健康的相关概念、学前儿童心理健康的影响因素和预防措施、如何理解和帮助"令人头疼"的孩子、学前儿童常见问题行为的预防和干预。

第一节　心理健康的相关概念

一、心理健康

　　国内外学者对于心理健康的含义作过不同的表述，至今尚未有统一的说法。这是一个混合的领域，难以给出精确的定义。它不仅包含了知识体系，也包含了生活方式、价值观念以及人际关系。

　　凯兹和刘易斯认为，心理健康指的是人的情绪稳定、智慧敏锐以及社会适应良好的状态。麦林格认为，心理健康的人能适应外部世界，保持平稳的情绪，拥有积极的心理品质。朱家雄认为心理健康的儿童能够适应其所处环境的变化。冯江平认为，心理健康的儿童具有以下特点：心理表现与年龄相称；行为与当地的社会文化相适应，并参与社会生活；通过学习能掌握、使用所处社会的语言等；在日常生活、学习中能逐步学会遵守规则，能懂得奖与罚的意义；能正确处理与同伴的关系；能逐渐学会控制自己的情绪，其情绪表现与环境要求的相一致。

二、问题行为

问题行为，也称心理问题或者心理障碍，是指由于生理机能失调、环境适应不良或心理冲突产生等导致的心理方面的障碍及不适当行为，也指个体在社会化过程中出现的偏离社会准则或社会规范的行为。

问题行为的概念是 1928 年由英国威克曼提出的，目前主要有以下几种观点。

一是在精神病学或病理学领域，问题行为被认为是"偏离常态标准的行为，主要表现为攻击反抗、违纪越轨或由焦虑抑郁、孤僻退缩等引起的轻度心理创伤"；二是从行为的程度和时间出发对其进行界定，如李雪荣认为儿童问题行为是一种异常行为，在严重程度和持续时间上超过了相应年龄阶段所允许的正常范围。

学前儿童的问题行为是其发展过程中特有的问题和障碍，具有行为不足、行为过度和行为不适当等特点。具体如下：

（1）通常表现为情绪或者行为方面的某一种或者某几种孤立地偏离常态的情况，而不是一大堆症状。

（2）在发展过程中具有很大的易变性和被动性，容易受到环境的影响而发生变化，有的可能随着年龄的增大而逐渐消失，而有的则会越来越严重，甚至导致成人期的心理缺陷。

（3）在判断某种行为是否为问题行为时，必须考虑特定的文化性。特定的社会文化对于心理健康的要求，取决于这种社会文化对于心理健康的各种特征所持的价值观。

（4）心理表现是否与年龄相称。某类问题和障碍在儿童发展的一定阶段出现，可以被看作是正常现象，若在不适宜的年龄段出现，则被认为是问题行为。例如，1 岁儿童尿床属于正常现象，但是 6 岁儿童还常尿床就需考虑其是否在发展方面存在异常。

（5）特殊心理表现出现的频率。学前儿童的某种不太正常的心理表现如果经常出现，就需要注意。例如，一些儿童害怕体型较大的动物，这属于正常现象。但若儿童在日常生活中对比自己看上去大的人、物都频繁表现出害怕，并因此不能接触社会，这种表现就不正常了。

（6）特殊心理表现持续的时间。任何儿童在发展的某个阶段，都可能出现一些特殊的心理或行为表现，例如注意不集中等，不久又会自然消失。但是若是某种特殊行为长期保持，就需要特别关注了。例如，儿童长期注意力不集中，则可能是注意发展障碍。

（7）特殊心理表现的严重程度。与同龄儿童的一般行为相比，观察是否有特殊行为出现。例如，大多数 2—3 岁儿童睡觉都很沉，而一个 2 岁儿童常常在梦中惊醒，睡眠很不稳定，就可能预示着有某种问题。如果某种心理和行为的表现，其程度大大超过了其他孩子，就可能预示着有某种心理问题。例如，3—4 岁的儿童容易因为玩具等发生纠纷，但程度并不激烈，若儿童无论在什么时间、场合，总爱伤人，就需要对这个孩子的行为进行矫正了。

（8）心理反应是否与周围环境相互适应。某些心理表现或行为在不适宜的情境中产生了,但是在适宜的情境中却又不产生。例如,在正常的情境中,孩子出现一些不适当的愤怒、紧张等,可能表明其心理与行为存在一定的问题。应注意的是,儿童的对抗或者不顺从行为可能是由于父母对他提出了过高的要求而导致的,问题不是出于儿童本身,而是由于家庭教育环境。儿童的好斗行为也可能是模仿父母打骂他的结果。

要评价一个孩子是否有问题行为是有很大难度的。人们总是会更多地关注儿童的行动,而很难去探究儿童到底感受到了什么、在思考什么。也就很难判断儿童的行为是否与他们的年龄相互吻合。要想了解一个孩子,需要花很长的时间慢慢投入其中,有时即使收集了大量的信息,依然很难对孩子作出准确诊断。

第二节　学前儿童心理健康的影响因素和预防措施

影响学前儿童心理健康的因素比较复杂,归纳起来主要有生物学因素、心理学因素和社会学因素等方面,预防也可以从这三个方面进行。

一、生物学因素

学前儿童的一些心理健康问题,和遗传基因、先天素质、脑损伤以及神经功能失调等生物学因素有着密切的关系。

(一) 影响因素

1. 遗传基因

个体发育从受孕开始,精子和卵子结合成为受精卵。正常的受精卵有 23 对染色体,每一对染色体中各有一条来自父母,每一对染色体都包含了几千条脱氧核糖核酸(DNA),基因是 DNA 上载有遗传信息的最小功能单位。

从理论上说,家族研究可以确定遗传基因决定或影响心理健康的程度,是进行遗传基因研究的常用方法,包括双生子研究、寄养子研究和家系研究等。目前的研究结果已经基本明确,学前儿童的精神障碍和行为异常与遗传有不同程度的关系,如注意缺陷多动障碍在同卵双生子中的发病一致率为 100%,而在异卵双生子中只有 10%;一些人格的核心部分是受遗传基因影响的,例如儿童的气质特点在中等程度上是由遗传基因决定的,而不少儿童的情绪障碍都与气质类型有密切的关系。

2. 先天素质

先天素质是指出生时具备的基本生理、心理素质,先天素质和遗传基因的区别在于其包含妊娠期因素的影响。

相关研究表明，近年来城市儿童出现感觉统合失调的情况呈现上升趋势，与遗传基因相关度不高，而和母亲妊娠期不良的生活方式有直接的关系；妊娠期处于不稳定的情绪状态，容易生育有焦虑倾向的婴儿；妊娠期营养不良可致胎儿营养不良甚至智力低下。

3. 脑损伤

儿童出生时或由意外事故等造成的较严重的脑损伤、脑疾病，会造成儿童心理发展的迟滞，如学习困难、智力低下、情绪障碍等。但由于神经系统有很高的可塑性及补偿能力，因此，及早发现并及时给予治疗和训练，还是可以减少或避免儿童产生心理问题。

4. 神经功能失调

神经系统功能失调的儿童一般比较容易出现好激动、多动、注意力不集中等问题。

（二）预防措施

通过婚前检查、妊娠检查以及出生后的健康检查等一系列措施，可以有效预防一些由于生物学因素而导致的婴幼儿心理健康问题。

1. 出生前

通过婚前检查，筛查患有遗传病的育龄青年，给予计划生育和遗传咨询，可以减少由遗传基因引起的心理问题；创设良好的妊娠环境，提供丰富的营养，避免胎儿受到环境危险因素的影响，并且通过产前诊断，早期筛查出有严重畸形或遗传病的胎儿；在分娩过程中，应该尽量避免新生儿分娩缺氧和脑部受损。

2. 出生后

为了保证婴幼儿身心正常发育，减少由于疾病等导致的心理问题，应加强计划免疫，提高计划免疫的实施率和有效率；加强营养指导，保证婴幼儿能够获得均衡的膳食，同时还要减少可能引发儿童脑损伤的环境危险，如注意环境中可能引发铅中毒的材料。

二、心理学因素

学前儿童的心理健康问题，也与其依恋类型、信息处理方式、自我调节能力、心理发展水平等心理学因素有密切的关系。

（一）影响因素

1. 依恋类型

依恋是指婴幼儿与养育者（通常是父母）之间建立起来的早期的关系。从降生时起，婴儿就在积极地寻找与父母保持亲近的需要——发展依恋行为，并通过吮吸、依附、微笑等反应来建立对父母的依恋。同时,父母也由于儿童的哭和笑而依恋儿童。3岁前是建立依恋关系的重要阶段。

表 5-1　3 岁前的依恋关系发展的四个阶段

年龄	特　　点
0—2 个月	孩子会对任何人作出反应。
2—7 个月	孩子更偏爱他们熟悉的人,但父母离开时,他们不会抗议,能从其他人那里获得安慰。
7 个月—2 岁	依恋是最强的,父母的离开会给孩子造成非常大的烦恼。
2 岁—3 岁	孩子开始理解父母的情感和动机,与父母之间建立起一种伙伴关系,虽然这个时期依恋关系仍然很强,但孩子对父母的离开不会再那么害怕。

依恋在个体成长的过程中起到了重要的作用,如信任的建立、自身能力的获得,以及人格的形成。依恋关系将直接影响着孩子未来的心理健康状态,影响着孩子的未来发展。亲子依恋可分为四种不同的类型,其中只有安全型最有利于孩子的安全感获得满足。

安全型:这类儿童跟母亲在一起时,能在陌生的环境中进行积极的探索和玩耍,对陌生人的反应也比较积极;当母亲离开时,表现出明显的苦恼和不安;当母亲回来时,立即寻求与母亲的亲密接触,继而能平静地离开,只要母亲在视野内,就能安心地游戏。

回避型:这类儿童的母亲在场或不在场影响不大,母亲离开时,并无忧虑的表现;母亲回来了,往往不予理睬,虽然有时也会欢迎,但是情绪变化短暂。这种儿童实际上并未形成对母亲的依恋。

反抗型:这类儿童当母亲要离开时表现出惊恐不安,大哭大叫;一见到母亲回来就寻求与母亲的接触,但当母亲去迎接他,如抱起时,却又挣扎反抗着要离开,还有点发怒的样子。孩子对母亲的态度是矛盾的,他们即使在母亲身旁,也不感到安全,不能放心大胆地去玩耍。

紊乱型:这类儿童对母亲的情感显得很混乱,且具有自我破坏性。

2. 信息处理方式

信息处理方式会影响儿童的发展。信息处理包括处理声音、图像和感觉,即听觉处理、视觉—空间处理和感官处理,每一种方式都与儿童的发展紧密相关,例如冲动、活跃的儿童,倾向于运用感官进行信息处理;理解和使用语言时需要几种处理同时进行。儿童的信息处理方式对其各种行为都有很大影响。

3. 自我调节能力

自我调节能力是儿童对自身精力、注意力、情感和冲动等的管理。自我调节能力比较好的孩子可以在精力旺盛时使自己平静,在注意力模糊时使自己集中,在感觉强烈和痛苦时安抚自己。当感觉和冲动得到控制时,儿童更能成功地在事情开始变得困难时解决问题。但是有些孩子很难做到保持身体平静、全神贯注,也难以管理情绪和控制自己的冲动,往往会因此面临许多挑战。

4. 心理发展水平

对于小年龄的孩子而言,攻击性行为、情绪过激的原因可能是语言能力不足、无法理解同伴的情绪、社会技能的缺乏等,若成人能了解其心理发展水平并给予相应的发展支持,随着孩子年龄的增长,这些问题将不再出现。但对于一些特殊儿童而言,其心理发展水平可能相对迟缓,更需要不断的理解与支持,否则极易产生心理问题。

(二)预防措施

通过建立安全型依恋关系、加强沟通交流、创设和谐的物理环境、加强疏导工作等方式,有效预防由于心理学因素而导致的婴幼儿心理健康问题。

1. 建立安全型依恋关系

安全型依恋关系的建立有助于孩子获得安全感。父母与孩子交往的态度和行为以及孩子本身的气质特点,是影响其形成不同依恋类型的两个主要因素。充满爱心、负责任、能够对孩子的需要作出积极回应的父母,能够尊重孩子的气质类型并创设良好的生活环境的父母,能够尽可能多地给予爱抚和鼓励孩子的父母,更容易和孩子建立安全型的依恋关系,满足孩子对归属感、信赖感和安全感的需要。反之,则难以和孩子建立安全型依恋关系。

2. 加强沟通交流

父母需要提高在养育中的敏感性,及时地回应孩子的需求。如母乳喂养是与宝宝进行沟通的开端。新生儿来到人间,在母亲的搂抱与爱抚中立即感受到母爱与安全,增进母婴之间的情感。对小年龄孩子的抚触也是一种交流的方式。在孩子的语言能力逐步发展起来后,更要多与其进行交流。

3. 创设和谐的物理环境

噪声、过于刺激的光线和过于拥挤的空间,都可能加重儿童的心理压力,尤其是对于容易发生问题行为的易感儿童而言。因此,和谐的物理环境应该从学前儿童的身心特点出发来创设,使其远离不良因素。

4. 加强疏导工作

疏导是指疏通和引导。对于儿童面临的冲突和压力,应该给予其宣泄的通道,并在这一过程中进行引导,防止不合理的宣泄方式。游戏以自由、富有想象力的特点,成为孩子宣泄不满足的良好通道,体育锻炼也能够使儿童感到轻松。疏导应建立在成人对儿童的尊重、对儿童合理需要的把握、对儿童个体差异性的了解以及引导上,否则就可能成为对孩子某些不合理行为的放纵和强化。

消极情绪的体验对于孩子的心理健康有重要影响,应对这些情绪进行合理疏导。例如,当孩子因遭受挫折而痛苦时,应该在安慰其的同时,积极地消除或者减少引起痛苦的刺激事件,帮助孩子处理、应对和克服痛苦,这将有助于提高孩子的自信心和抗挫折的能力;当孩子体验痛苦时,不要对他施加斥责,这将使孩子遭受双重打击,甚至产生心理偏差;当孩子产生恐惧情绪时,可以向孩子解释其害怕的对象,减轻孩子的恐惧感,也可以帮助孩子尝试想办法处理这样的情境,鼓励孩子对恐惧不退缩。

三、社会学因素

社会文化、家庭、幼儿园等社会学因素,也是影响学前儿童心理健康状况的重要因素。

(一) 影响因素

1. 社会文化的变化

现代社会生活节奏加快,竞争激烈,生活方式也发生了很大变化。因此,一方面,人们正逐步从繁重的体力劳动中解脱出来,闲暇时间有所增加,对外部世界的关注在减弱,而对自我的关注在增强。另一方面,人们又经常处于紧张之中,心理上的种种冲突、压力和焦虑也在不断增加。随着科学技术的发展,由细菌、病毒引起的身体疾病多数比较容易治疗了,但由生活事件、心理原因引起的心理异常、身心疾病的发生率却大大增加。成人社会如此,儿童世界同样避免不了这样的影响。

随着社会生活的发展,儿童的生活环境,尤其是城市儿童的生活环境,与以前相比发生了很大变化,主要表现在以下几个方面。

(1) 核心家庭因素。

核心家庭中由于父母白天忙于上班,使父母与孩子在一天之中分离时间较长,一起活动的时间明显减少,这无疑会对儿童的身心发展产生一定的不利影响。

(2) 活动空间受限。

爱玩是儿童的天性,若由于担心孩子危险而限制孩子的活动空间,则在限制了儿童进行室内外活动的机会同时,也减少了其发展中必要的人际交往。这样既影响了儿童体质的发育,也影响了儿童心理的健康发展,导致儿童形成孤僻、脆弱、暴躁、任性等不良性格。

2. 家庭因素

儿童从小生活在家庭里,活动在父母的周围,家庭对儿童潜移默化的影响很大,家庭环境、家庭成员之间的关系、父母的言行举止和性格、父母对孩子的态度以及教育方法,都会对孩子的心理健康产生影响。不良的家庭教育和影响容易使孩子产生各种各样的心理和行为问题。

（1）过分宠爱与保护。

随着生活水平的提高，溺爱子女的现象变得较为普遍，表现为对孩子的过分关注，处处护着孩子，无原则地迁就孩子，甚至满足孩子物质上的无理要求，生怕孩子有任何一点委屈或受到任何伤害。但另一方面，又极力限制孩子的活动范围，企图让孩子始终处于自己的"监控"之下。这种做法会导致孩子缺乏谦让、分享、同情等行为经验，使他们不能约束自我意愿和行为，易产生依赖、顺从、退缩、懒惰、生活自理能力差、抗挫折能力低等心理问题；容易出现自我中心、不爱劳动、任性、蛮横等不良品质。

（2）过高期望和过度教育。

一些家长对孩子提出了超出其身心承载能力的要求，进行高强度的学业教育，这就造成了让学业学习的数量过多、内容过难、时间过早。很多父母最关心的是孩子的学业，一旦孩子学习没有达到家长的"高要求"，就会受到处罚，虽然有些处罚不是身体上的，但带给孩子的心理刺激却更大。这种过高期望和过度教育，使孩子始终处于"高压"之下，时常品尝"失败"的痛苦，久而久之，孩子感受不到家庭的温暖、父母的爱，就会产生孤独感和其他心理问题，影响儿童的身心健康和全面发展。处于高压状态下的孩子，更易出现焦虑、睡眠障碍等问题行为。

（3）教养方式。

目前，父母对孩子的教养方式一般有民主型、溺爱型、专制型、保护型、放任型、忽视型、分歧型等。民主型父母对孩子采取爱而不娇、严格而又民主的态度，其子女性格多表现为活泼、活动能力强、善于和大家共事、容易适应集体生活。这些孩子往往会感到幸福、快乐。其他类型的教养方式则易出现问题行为。例如，忽视型家庭或者分歧型家庭的儿童常常通过攻击性行为来引起家长的关注；溺爱型家庭的儿童出现哭吵、撞头时往往得到成人的默许，从而强化了该行为，进而使之成为问题行为。

3. 幼儿园因素

对于在家庭环境中遭受负面压力的儿童而言，具有专业能力的幼儿园保教人员可能提供有效纠偏；反之，不合适的幼儿园环境将成为负面压力另一源头。

保教人员需要对于学前儿童情绪、行为和发展中的一些问题具有敏感度，尤其是针对在日常教育活动中表现特殊的儿童，应有意识地了解其行为背后的内部和外部因素，与同事、家长共同制定教育方案，从情感上建立切入点，综合运用多种方法来帮助儿童。

总之，首先不要轻易定义问题行为儿童。其次，需要加强心理健康素养提升的专业知识的学习。缺乏专业知识的保教人员更容易将学前儿童发展中的情况划为"问题"，而放弃对其进行个性化的教育支持，使幼儿园经历对孩子造成负面影响。

此外，幼儿园与家庭的合作也十分重要。保教人员要同父母一起，正确认识孩子的心理健康问题,并形成合力。

(二) 预防措施

创设良好的家庭心理环境和幼儿园心理环境,并进行社会宣导,有助于婴幼儿心理健康发展,预防心理偏差的发生。

1. 营造良好的家庭心理环境

影响家庭心理环境的因素多来自家长,例如家长的性格特征、育儿方法。应该加强家庭育儿支持和指导,缓解家长的压力,提高育儿能力。

如在妇幼保健院的产前检查中开设心理学课程和育儿课程,帮助父母提高自身的育儿知识和育儿能力,增强育儿信心,克服育儿过程中可能面临的困难和挑战。在早教中心设立家长沙龙,帮助家长在分享育儿经验的过程中,缓解育儿焦虑。

2. 创设和谐的幼儿园心理环境

加强保教人员对儿童心理健康相关知识的学习,提高保教人员预防和干预儿童问题行为的专业能力,缓解保教人员个人面临的来自工作角色和家庭角色的种种压力,改善工作环境,提高保教人员的心理保健能力。

创设有利于儿童安全型依恋需要的幼儿园保教环境,使儿童已有的依恋情结在新的环境中得到新的明确。在儿童入托、入园后,环境的变化、原有依恋关系的缺失,造成了儿童极度不安全的心理反应,于是开始本能地寻找新的依恋对象,寻找心理的"自我平衡"。这时,保教人员就应敏感地发现儿童的行为变化,在与他们的交流中感受他们的需要,理性作出分析,迅速进行适度回应。保教人员应将儿童在家的感受进行保持和扩展,不仅要在生活上给予孩子爱的呵护,更应时刻捕捉孩子的心理需求,及时给予爱的支持。为此,保教人员应该做好孩子入托、入园前的家访工作,通过对孩子家庭生活的观察和与孩子父母的交流,对孩子的生活进行细致了解,便于建立幼儿园和家庭之间的衔接。保教人员可以让孩子带着依恋物来园,如自己的餐具和毯子等,这些细节都有助于孩子顺利适应新环境。

保教人员应及时关注孩子的情感需求,尊重孩子的活动要求,站在孩子的角度体会他们的想法,对孩子的行为多予以积极的应答,帮助他们消除焦虑和恐惧的心理,由此使儿童对保教人员产生信任感、安全感,建立依恋关系。保教人员应善于和孩子游戏、玩耍,在玩中创设情境与孩子交流,在玩中和孩子建立情感上的交融。

为建立良好的师幼关系,保教人员需要有健康的心理素质、高尚的情操,能理解尊重孩子,有宽容友爱的态度、适当的感情表现、积极合理的语言动作等,使儿童对保教人员充分信任,主动和保教人员接触,乐意听从保教人员的要求,以积极的态度全面发展。同时,要形成民主、热忱、欢迎的班级气氛,创设良好的与同伴、保教人员交往的环境,满足儿童内在的心理需要。

3. 开展社会宣导

无论是家庭还是幼儿园,都是社会生态环境的一个部分,因此必须从社会这一层面上,以社会宣导的舆论性和法治建设的法律性为手段,为学前儿童心理健康成长创设一个和谐的环境。例如以社区为纽带,制定预防儿童伤害的相关规约,建立一个安全、和谐的社会生活环境。

第三节　如何理解和帮助"令人头疼"的孩子

出于各种原因,一些孩子成为了成人眼里"令人头疼"的孩子。对于专业的保教人员来说,应在幼儿园尽早发现孩子身上存在的潜在问题行为倾向,并采取恰当的保育措施来理解和帮助他们,防止问题行为的进一步发生和发展。本节就将介绍儿童在幼儿园常见的一些"令人头疼"的行为及其对策。

一、儿童对于流程的更替感到恐慌

(一) 行为表现

因为某些节日活动或者其他原因使日常生活的流程发生了变化,例如户外活动时下雨了要转换到室内,节日活动的流程有别于日常生活的流程等,有时儿童会发生恐慌,表现为吵闹、不安等。

(二) 原因

儿童在"没有心理准备"的情况下,无法忍受别人强制要求他结束正在做的事情。

(1) 仅仅通过语言表述,有些孩子很难对某件事形成具体的印象,有些孩子无法对通过耳朵听到的信息进行集中处理,有些孩子会因为对某个事情过度投入而听不见其他的事情。对于这些孩子而言,以声音形式出现的"语言"是一种模糊、难以理解的信息。

(2) 儿童对于日常生活规律特别执着。

(三) 方法

对于流程更替感到恐慌的孩子,关键在于如何将活动安排得简单易懂,让孩子能够理解。如果保教人员在工作中能够掌握"对某个孩子,用某种说法他就能明白"这样的技能,就可以放心地与孩子交流流程上的变化,消除孩子的不安全感。

1. 理解孩子的恐慌

孩子面临计划变更时所产生的恐慌,与成人被放在一个完全陌生的环境中所体验到的感觉是一样的。作为保教人员,首先要理解这种恐慌。

2. 建立与孩子之间的信任关系,并在情感上理解孩子

首先,建立起与孩子之间的信任关系,让孩子知道保教人员的话是可信的。

其次,在情绪上建立共鸣,如抱抱、亲亲、抚摸孩子,站在孩子的立场上,让孩子感受到被理解和接纳,促进孩子表达自我,再同孩子一起分析和解决问题。与孩子产生情感共鸣,还可以让他们学会移情,即站在别人的立场上,采纳他人的观点,从而逐步摆脱自我中心,增加具有积极情感的举动。

如当孩子因为日常生活流程更替而发脾气时,保教人员就可以安慰道:"我知道你也不想这样。""我想你一定很难过吧。""下次生气的时候,到老师这里来。"如果孩子之后在同样的情况下行为有所改变,就可进一步理解其情绪:"不错,真的到老师这里来了。""还是觉得很懊恼吗? 但也没这么糟糕吧。"以这样的方式引导孩子,避免攻击性行为的出现,然后一起商量解决方法。

3. 用孩子能够理解的方式事先对要做的事情进行计划,并及时传达给孩子

进行事先预告,有利于孩子做好心理准备,预防由此引发的焦虑或恐慌。例如,针对由于流程更替而恐慌的孩子,可以事先对于要做的事情进行计划,及时传达给孩子,并用孩子能够理解的方式告诉他。

根据学前儿童的认知特点采用有针对性的简单易懂的方式,向孩子介绍一日活动流程,特别是由于节日活动等更改了的内容。如当要转换活动地点时,若孩子语言理解能力较好,那么就可以直接对他们说:"我们一起收拾东西,之后就到外面去玩吧。"如果孩子的语言理解水平一般,可以帮助孩子一起收拾,以此来告知他们当前活动结束了。如果孩子可以理解文字、图画等,也可以直接采用图示的方式。

对于刚进入幼儿园的孩子,可直接将孩子带往活动地点,并在此向其解释,这样会使其更易理解。如果不管做什么,孩子都不能平静下来,可以先开始活动以吸引孩子,再通过共情等方式引导孩子参与。

4. 适当采用消退的方法

在孩子因恐慌而哭闹时,立即给孩子过多的关注,可能并不能解决问题,可适当采用消退法。

如带孩子离开现场,到一个能令他安静的环境中,防止其情绪的进一步失控。让孩子在冷静的过程中慢慢意识到自己的排压行为是错误的,等他平静后告诉他什么行为是可以接受的,如何能更好地面对内心的不安等,帮助他化解消极情绪。

二、不喜欢参加集体活动

（一）行为表现

无法服从集体命令，或者讨厌、不愿意参加集体活动。

（二）原因

集体活动的氛围有别于个别化活动，儿童可能因各种原因拒绝参加：集体活动的气氛使其感到紧张和不安；对于集体活动的任务有强烈的不安感；在集体活动中无法集中注意力；由于语言沟通能力不足、无法理解对方的情绪、无法理解游戏规则等，在集体活动中与同伴发生争执。

（三）方法

1. 不勉强孩子，分解任务循序渐进

不勉强孩子是一种尊重孩子的交往方式，通过这种方式，能够与孩子建立良好的信任关系，以便其感到安全。应认可孩子不愿意参加某些游戏的心情，不强制其参加所有活动。可尝试询问："不想玩这个对吗？那不玩也没有关系，不过，我希望你能够在这里，看看其他小朋友玩，好不好？"通过这种方式，使他意识到不用勉强参加自己不喜欢的活动，可先进行观察。观察后若孩子参与了，要给予表扬。

2. 事先告知

事先告诉孩子当日活动安排，以使孩子有心理准备。

3. 帮助其调整情绪

帮助孩子调整情绪，学习如何与他人建立关系。首先应理解孩子的情绪，帮助其学会用语言来表达情绪。其次要为孩子创造分享、表达情绪的环境。但需注意的是，如果孩子持续不愿意参加集体活动，要观察是否有发展方面的问题，如语言发育迟缓等。

案例分享

不喜欢集体活动的孩子

观察实录

运动结束后，孩子们拉成圈围在一起玩游戏，乐乐叫豆豆一起拉手，豆豆却不理

他,独自坐在旁边。老师拉起豆豆一起加入,豆豆拒绝,表示:"不想玩,我要妈妈。"回到班级里,老师表演了手指游戏,一些小朋友跟着老师一边念一边做。老师接着又表演了一次,这时大部分小朋友也加入进来了。等到第三次表演的时候,除了豆豆和另外一个男孩子,其他小朋友都参与了。老师提问时,很多小朋友举手,老师直接请豆豆回答问题,但他只是静静地坐着,不说话。

支持策略

(1) 接纳幼儿的性格特点,耐心引导。豆豆相对内向,比较喜欢安静,有点害羞,尤其面对自己不熟悉的事物时更是如此。在指导过程中,应该尊重这种特质,不试图改变,不强迫他参加集体活动,而是通过一系列的方法,以温和、理解的方式,耐心引导,帮助其体验集体活动的乐趣,进而乐于参加。

(2) 小步递进,不断强化豆豆参加集体活动的行为。创设相对轻松的情境,每天至少一次和豆豆在一起待一会儿,聊聊天、讲讲故事、玩玩手指游戏等。再邀请几个豆豆的好朋友组成小组,鼓励豆豆和小组里的小伙伴一起玩耍,在小组里大胆表达自己的想法。不断增加小组中小朋友的数量,最终过渡到豆豆主动参加集体活动。在此期间,不断鼓励豆豆加入集体活动,并通过口头表扬、抱一抱、当豆豆举手时请他回答问题等方式及时肯定豆豆参加集体活动的行为。

三、注意力不集中

(一) 行为表现

无法在一项活动中集中注意力,看见别的小朋友在做事情就会过去跟他们说话或者捣乱,无法保持安静。

(二) 原因

(1) 对于外界刺激的敏感度远远高于常人。在安静的地方,可以非常平静地投入活动中。

(2) 外界信息过多,使孩子无法集中处理。

(三) 方法

创设适宜的环境,为孩子进行适当信息整理,屏蔽多余的信息。如合理安排区角,移去无关的环境布置或玩具,使活动环境简洁、清爽。

可调整教室布局,单独留出一个角落,这样就有效地隔离了外界的各种干扰因素,能够使孩子很快在此处安静下来。

在集体活动中,尽量安排注意力不集中的孩子坐在保教人员的身边,尽量不要在周围放置可能会分散其注意力的物体。

第四节 学前儿童常见问题行为的预防和干预

学前儿童常见问题行为有过度哭吵、情绪障碍、言语和语言发育障碍、攻击性行为、睡眠障碍、重复性行为等,本节将介绍这些问题行为的成因、预防和干预。

一、过度哭吵

过度哭吵是指婴儿过度哭闹,但是生长良好,常见于出生后不久的新生儿,可持续至出生后 3—4 月。

1. 成因

目前对于婴儿过度哭吵的解释,主要认为这是婴儿和环境相互作用的结果。其中有三个主要因素。

(1)器质性因素。如疾病导致身体不适所致,也称病理性哭吵。病理性哭吵往往伴随着相关的临床症状,如发热、呕吐、大便异常等。但在有些疾病的早期,临床症状表现不典型,哭吵就成为了唯一表现。为了准确诊治,应加强对哭吵婴儿的观察,及时寻找原因。

(2)婴儿的先天素质,即气质或者情绪反应。婴儿的气质或者情绪反应特征有相当大的个体差异性。气质上比较敏感、易激惹和紧张、适应性较差的婴儿容易哭吵,他们在应对环境中不适当的感觉输入时表现更加脆弱。

(3)父母不适当的养育方式。父母不懂得适当地应答婴儿的需求,增加了婴儿突然哭吵的时间。缺乏经验和存在焦虑的父母往往对婴儿的应答更加敏感,而过分不适应地应答婴儿,易成为婴儿过分哭吵行为的强化因素。

2. 表现

哭吵强烈,一次持续数小时,经常发生于午后近傍晚时分。韦塞尔等人对持续哭吵的定义为:一天中有发作性的激惹或者哭闹,总计 3 小时以上,1 周 3 天以上,至少持续 3 周。同时须将其与正常的啼哭和由于喂养不当而引起的啼哭进行区分。

3. 干预

明确症状:即哭吵的强度、持续时间和频繁程度。

体格检查:体格检查可以排除器质性疾病。

4. 预防

孕期就可以开始关注孩子的健康教育知识。父母应了解有关婴儿啼哭的知识,知道婴儿啼哭的普遍情形,如发生异常时及时寻求专业帮助。

二、情绪障碍

情绪障碍(Emotional Disorder)是发生在儿童青少年时期以心理因素为主因的神经功能失调,以焦虑、恐怖、抑郁为主要临床表现,过去被称为儿童神经官能症、儿童神经症。儿童的心理发育特点使神经功能失调的临床表现与成人的神经症有较明显的差别,所以目前倾向于使用"情绪障碍"一词。

学前儿童情绪障碍的发生发展与其气质和人格特征有关,其中主要受遗传因素的影响。

另外,学前儿童情绪障碍还由来自家庭和学校的持久紧张因素引起,儿童通过心理防御机制反映了以往的精神创伤或当前的心理冲突,如父母不和、分离、死亡,家庭教育方法不当以及来自学校的过大压力。这些都容易造成儿童社会适应的困难,或者导致恐惧、回避、退缩、自卑、不安和抑郁。

(一) 分离焦虑症

分离焦虑症主要表现为儿童与亲人分离时产生的焦虑反应,是一组以恐惧与不安为主的情绪体验,会对儿童的社会功能造成一定的影响,如情绪不稳、烦躁不安、注意力涣散、学习效率下降、学习能力及学习成绩受影响,同时这些症状又反过来加重了分离焦虑症。

1. 病因

分离焦虑症与遗传因素和环境因素有关系。一般多发生于对外界刺激较敏感和容易紧张的儿童身上,婴幼儿期的行为抑制倾向往往是其先兆,而这类儿童的父母通常也有敏感、犹豫、缺乏自信心等特点。环境和教育不当是重要诱发因素,如对儿童的溺爱或苛求、管教过严、家庭矛盾、父母离异、亲人死亡等,均易引发儿童的分离焦虑症。早期体验到不稳定的家庭生活的儿童更易焦虑。有些儿童先天的气质类型中有焦虑因素,如果父母对其焦虑又给予焦虑的反应,则会使其症状更为严重。假若父母本身就是焦虑的个性,受父母的长期影响,儿童的焦虑就会成为慢性焦虑,对人格的形成非常不利。

2. 症状

分离焦虑症表现为与亲人分离时的急性、期待性的焦虑。分离焦虑症最早发生于6—8个月的婴儿身上,3岁后,当婴幼儿能够理解与亲人的分离是暂时的,这种焦虑会有所缓解。5岁前,对儿童分离焦虑症的诊断依然应该慎重。对于分离的预见是分离焦虑症的主要诱因,分离也包括被迫分离,如死亡、疾病或者父母再婚。分离焦虑症一般发生于星期日晚上或者星期一早晨,上学前或者不在学校较长时间后,如暑假或者病后。

《中国精神障碍分类与诊断标准(第三版)》提出衡量分离焦虑症的诊断标准,即至少满足下列内容中的3项:

- 过分担心依恋对象可能遇到伤害,或者害怕依恋对象一去不复返。
- 过分担心自己走失、被绑架、被杀害或住院,以致和依恋对象分离。
- 因为不愿离开依恋对象而不想上学或者拒绝上学。
- 非常害怕一人独处,或者没有依恋对象陪同绝不出门,宁愿待在家里。
- 没有依恋对象在身边时不愿意或者拒绝睡觉。
- 反复做噩梦,内容和离别有关,以致夜间多次惊醒。
- 与依恋对象分离前过分担心,分离时或分离后出现过度的情绪反应,如烦躁不安、哭喊、发脾气、痛苦、淡漠,或退缩。
- 与依恋对象分离时出现躯体症状,如头痛、恶心等,但是无相应躯体疾病。

3. 干预

对学前儿童的分离焦虑症,主要采用心理支持的方法,如消除他们的顾虑,帮助控制不安全感和失败感,消除环境中的不利因素,对适应环境困难或适应较慢的儿童,要让他们有足够长的时间去适应,并且要防止过多的环境变迁。

对有焦虑倾向的父母,要帮助他们认识自身的个性弱点可能对儿童造成的不良影响,让他们了解父母对子女温暖的情感和理解可降低子女的焦虑水平,父母与子女之间应该保持和谐融洽的亲密关系,并相互尊重和理解,这样有利于促进子女的心理健康、缓解子女的焦虑情绪。可以建议父母常带孩子多进行户外活动和体育锻炼,这样有益于疾病的恢复。

(二) 恐怖症

恐怖症(Phobia)是指儿童对某些事物或情景产生特别强烈的恐惧,或对不该产生恐惧的事物产生严重的恐惧。普通儿童对一些事物会发生恐惧反应,学前儿童表现为怕动物、怕黑暗等,但这些行为随着年龄的增长会很快消失,属于发育过程中的正常现象,不应被视为恐怖症。当这种情绪持续一定时间,并由此产生的回避、退缩行为,严重影响儿童的生活、学习、社交等活动,且通过任何劝慰均不能消除时,才可被诊断为恐怖症。

1. 病因

儿童恐怖的形成是基于经验、学习的。有的通过直接经验而得到,也有的通过观察别人的行为而学到,如父母故意用恐吓或威胁性的语言刺激孩子,或父母经常吵架造成家庭不和,或儿童目睹某些悲惨场面或观看恐怖的影视节目,或因教育方法不当,如溺爱等,都会造成儿童容易产生恐怖的感觉。

2. 表现

参照《中国精神障碍分类与诊断标准(第三版)》,恐怖症的诊断标准为:当儿童对于日常生活中的一般客观事物和情境产生过分的恐惧情绪,出现回避、退缩行为,严重时日常生活和社会功能受损。判断时必须能够鉴别害怕和恐怖,即暴露于条件时的焦虑反应程度、逃避行为范围和伴随的功能损害。

3. 干预

学前儿童的症状多数较轻,常可不治自愈,一般以心理治疗为主。较严重者可在父母的积极协助下,采用行为疗法,如系统脱敏疗法,对儿童所恐惧的事物有意识地使其逐步升级地接触,并在此过程中给予热情的鼓励和保证,使恐惧情绪逐渐减轻,直至面临真实事物或情景时也不再恐惧。

三、言语和语言发育障碍

言语是指发出的声音和说出的话,是由语音、词汇和语法所构成的符号系统。语言是建立在条件反射基础上的复杂的高级信号活动过程。言语和语言发育障碍是指发育早期正常语言获得方式的紊乱,表现为发音、语言理解或语言表达发育的迟缓和异常。

一般认为,引发言语和语言发育障碍的原因主要有遗传、环境等。男童比女童发病率高数倍。

发病类型主要是语言发育障碍、发育性发音障碍和言语流畅性障碍。

(一) 语言发育障碍

语言发育障碍(Developmental Language Disorder)是一组由中枢神经发育迟缓引起的语言障碍,患儿智力相对正常。目前还没有准确的发病率报告,文献报道的发病率为0.8%—13%,所有语言发育障碍病例中大约有0.6%的儿童属于这一障碍,男女比例为4∶1。

1. 表现症状

(1) 表达性语言障碍。

患儿的表达性语言能力显著低于其智龄水平,2岁时还不会说单词句,3岁时还不会说双词句;患儿的理解能力也正常,如1—2岁时能够执行一些简单的指令。但由于说的话不被人理解而变得焦虑,易出现情绪问题。

《国际疾病分类(第十一版)》的诊断标准为:语言习得、产生和使用方面的持续困难,这些困难出现在发育期,通常出现在儿童早期,并导致个体交流能力的显著受限。鉴于个人年龄和智力功能水平,产生和使用口语或手语(即表达性语言)的能力明显低于预期水平,但理解口语或手语(即接受性语言)的能力相对完善。

（2）感受性语言障碍。

患儿对语言的理解能力显著低于其智龄水平，且几乎所有患儿的语言表达都明显受损，多继发表达性语言障碍。如 1 岁时对叫喊自己的名字没有反应，18 个月时不能识别几种常见的物体，2 岁时不能执行简单的指令。常常出现语义和语法的紊乱现象。同时伴有退缩、害羞、易激惹、攻击性以及注意障碍等情绪和行为问题，进入学龄阶段可出现阅读困难，智力发展迟缓。

《国际疾病分类（第十一版）》的诊断标准为：发育性语言障碍伴接受性和表达性语言障碍，其特点是在发育期，特别是在幼儿期，在语言的习得、理解、产生和使用方面持续存在困难，并对个人沟通能力造成显著限制。考虑到个人年龄和智力水平，理解口语或手语（即接受性语言）的能力明显低于预期水平，并伴随着产生和使用口语或手语（即表达性语言）能力持续受损。

2. 病因

一般认为是生物学因素，有的学者根据患儿的表现类似有局部性脑损害的获得性失语症症状，推测其发病可能为先天性或出生时发生了脑损伤所致。也有的学者认为，由于语言的获得与多种感知觉功能有关，如视觉、听觉以及与感知有关的记忆和注意等，因此认为该障碍与感知觉功能失调有关。

3. 干预

进行特殊的言语训练，制定特殊的言语训练计划，将父母包括在训练计划中。训练由简单到复杂，从 3 岁开始一直持续到语言发育障碍消失为止。对于伴有行为障碍的患儿还要采用行为疗法进行控制，如对伴有情绪障碍的患儿进行支持性的心理治疗，提高其社会适应能力。

（二）发育性发音障碍

发育性发音障碍是指儿童运用语言的能力明显低于其智龄水平，具体表现为语言技能正常，但语音习得出现问题，其发音异常不是由发音器官和明显的神经系统疾病引起的。

1. 表现症状

（1）语音习得速度低于同龄儿童的水平，说话吐字不清，有明显的构音异常：舌根音化（以舌根音如 g、h、k 代替大多数语音，如耳朵说成"耳郭"、草莓说成"考莓"）、舌前音化（以舌前音 d、t 代某些语音，如乌龟说成"乌堆"、公园说成"东园"）、不送气音化（p、t、k 等是送气音，儿童将送气音用其他音代替，如婆婆说成"伯伯"）、省略音化（省略语音的某些部分，如蚊子说成"无子"、汪汪说成"娃娃"）。

（2）由于说话吐字不清而被人取笑，常常伴有一些情绪和行为的变化，如退缩、孤僻和不愿与人交往。

（3）虽然说话时吐字不清，但是并没有句法结构上的错误，因此，听者依然能够感受到一个潜在的句子，这是有别于语言发育障碍的。

《国际疾病分类（第十一版）》的诊断标准为：语音的习得、产生和感知方面存在困难，导致发音错误，无论是所犯言语错误的数量或类型，还是言语产生的整体质量，都超出了年龄和智力水平预期的正常变化范围，导致可理解性降低，严重影响交流。发音错误出现在早期发育阶段，不能用社会、文化和其他环境变化（如地区方言）来解释。言语错误不能完全用听力障碍或结构或神经系统异常来解释。

2. 病因

准确病因尚不清楚，一般有两种解释：一来认为可能是由于神经系统发育迟滞导致发音器官的运动部分功能失调，其中遗传因素往往对发育迟滞有影响；二来认为是环境因素所致，如儿童经常与发音不清的人接触。

3. 干预

（1）消除环境中的消极因素，如教给他们正确、清晰的发音，避免和发音不清晰的人接触，对儿童发音不准的情况，不要加以指责，而是要使其心情放松，避免紧张。

（2）对于4岁以后依然有发音问题的患儿，应该进行语言训练。通过夸大孩子的错误发音，要使孩子能辨认自己的错误发音，进而根据不同类型（阶段）进行治疗。同时，进行口腔功能训练，如改善食物质地，由软到硬；练习吹泡泡、吹喇叭、吸管吸食等，改善口腔协调运动能力；模仿动物叫声等。

（三）言语流畅性障碍

言语流畅性障碍，又被称为口吃（Stuttering），是一种言语节律异常的语言障碍。学龄前是高发年龄段，男童的发病率高于女童。

1. 表现症状

表现为发音或单词的重复、停顿、发声延长，明显影响说话的流畅性，每句话在说出第一个字后即停顿，或重复第一个字，或拖长第一个字的发音。主要表现为辅音发音困难，如b、d、g。患儿存在喉、舌、唇部等发音器官的肌肉痉挛或强直性痉挛，继发性地引起胸部、腹部及颈部等呼吸肌痉挛，同时有头颈紧张、颜面歪斜等继发性奋力动作。唱歌、耳语和独自大声阅读时口吃症状减轻或消失。口吃患儿容易产生焦虑和自卑。部分口吃患儿不经治疗就会自愈。

《国际疾病分类（第十一版）》的诊断标准为：正常的节奏和语速经常中断，其特点是声音、音节、单词、短语的重复和延长，以及中断和单词回避或替换。随着时间推移，语言障碍持续存在。言语流畅性障碍发生在发育期,言语流畅性明显低于预期年龄。言语流畅性障碍会导致社交、个人、家庭、社会、教育、职业或其他重要功能领域的严重障碍。言语流畅性障碍不能归因于智力发育障碍、神经系统疾病、感觉障碍、结构异常或其他言语或声音障碍。

2. 病因

(1) 大多数认为由生物学因素所致,如口吃患儿家族中口吃的发生率高于一般人群,同卵双生子高于异卵双生子。

(2) 口吃具有神经病理学基础,可能是皮质优势区域异常引起的。这些学者认为口吃是语言的偏侧化不完全所致,可能与左利手更改为右利手有关,正常右利手的人,对于言语刺激有右耳听觉优先的特点,而口吃患儿的这种右耳听觉优先不明显。

(3) 精神因素对口吃有影响,部分患儿在急性精神创伤后出现口吃。

(4) 环境不良因素所致,和儿童的模仿有关,因为部分患儿在语言发展的早几年无口吃,后来因模仿周围人的口吃而发病。

3. 干预

(1) 避免儿童在发育过程中的语言不流畅发展为口吃,不要指责孩子的不流利说话,也不要催他说,不要过分关注,让其放松,使之说话速度放慢。

(2) 让儿童养成良好的说话习惯,吐字清晰,避免模仿口吃患儿说话。

(3) 避免儿童在过分着急的情况下说话。

(4) 对于急性口吃,重在防止其发展成为慢性口吃,并引起其他心理健康问题。可以采用非直接治疗的方法,减少造成和加重口吃的因素,让儿童得到一个松弛的说话环境,如设计一些游戏情景,利用故事接龙、儿歌、童谣等方式,加强儿童语言表达的流畅性。避免让孩子因刻意矫治语言不流利而引起紧张。

(5) 对伴有情绪障碍的儿童,可以通过心理支持等方式,鼓励其重建人际关系,增强自信心。

四、攻击性行为

攻击性行为(Aggressive Behavior)是指故意的攻击。在学前儿童中,轻度和间断的攻击性行为比较常见。

(一) 表现症状

(1) 婴儿时表现为咬、踢、哭、拉扯头发相当频繁。

(2) 学龄前表现为经常抢别人的玩具、叫喊、打以及猛击他人,伴有语言虐待。

(二) 病因

(1) 因受到挫折而报复。

（2）家庭问题和不良的父母教育。孩子表现好时受到忽视，而表现出攻击性行为则立刻受到责备（被注意），使孩子宁可用攻击性行为来引起他人的关注。

（3）模仿榜样。来自社会生活中的攻击性行为，对于好模仿的孩子而言是一种榜样，如父母用打骂的方式纠正孩子的攻击性行为，这种方式恰好发挥了榜样的作用；充满暴力渗透的电子游戏、电视节目也会使孩子模仿和学习。

（4）文化因素。在古代社会中，进攻是人类获得生存所必须具备的能力，在现代社会中，进攻也在商业贸易、体育场的竞技中常见，尤其对于男孩而言，攻击性行为往往被视作勇敢的标志。

（5）注意缺陷多动障碍易引发攻击性行为。

（6）生物学因素。有人格特质等方面的遗传因素作用。

（三）干预

（1）了解孩子的压力来源，进行疏导，并且让孩子知道攻击性行为是不恰当的，会对他人造成严重的后果。

（2）避免采用体罚的方法，因为这样只能强化孩子的攻击性行为。

（3）使用正面的行为疗法，如暂时隔离法对于轻度攻击性行为很有效，将孩子置于一个角落，让孩子意识到自己的行为是错误的。

（4）学习亲社会行为，有助于孩子认识发怒、控制冲动以及进行情感表达，从而减缓孩子的攻击性行为。同时，对孩子的亲社会行为进行鼓励。

（5）对于比较严重的患儿，可以采用行为疗法和教育相互结合的措施。

（6）减少环境中的不良影响因素，强化生活中的亲社会因素，如去除暴力电视和游戏，远离其他有攻击性行为的同伴，让孩子看到别人的攻击性行为应该受到的惩罚；和具有亲社会行为的孩子为伴。

五、睡眠障碍

睡眠障碍是指在睡眠过程中出现的各种异常心理行为表现。由于儿童睡眠—觉醒功能尚未发育完善，易有睡眠障碍。睡眠障碍会影响儿童的睡眠结构、睡眠质量以及睡眠后的觉醒程度，从而直接影响其生长发育。

（一）阻塞性睡眠呼吸暂停综合征

学前儿童的阻塞性睡眠呼吸暂停综合征（Obstructive Sleep Apnea Syndrome，简称 OSAS）以睡眠过程中部分或者完全上呼吸道阻塞的发作为特征，表现为一系列临床综合征，严重者可能有肺源性心脏病、发育迟缓，甚至导致死亡。儿童的发病率为 2%。

1. 表现症状

夜间症状表现为打鼾并且鼾声响亮,上呼吸道感染时鼾声加剧;呼吸困难;睡眠不安或者在床上翻来覆去,睡眠姿势通常是颈部过度伸展,头从枕头上滑落或坐起,并且大量出汗;通常表现有遗尿。

白天症状表现为早晨觉醒时有口干、定向力差、迷茫和头痛等症状;部分患儿有白天过度嗜睡的症状;还表现出一些问题行为,如智力低下、情绪问题、害羞或者退缩性行为、攻击性行为和语言障碍等;许多患儿存在发育迟缓;多数患儿有肥大的扁桃体和腺样体,伴有口部呼吸。

2. 病因

(1)气管阻塞。

(2)大多数患儿有扁桃体和腺样体肿大。

(3)可能由上呼吸道感染引起,随后导致睡眠剥夺并且加重该病症的恶性循环;也可能与过敏有关。

3. 干预

(1)手术治疗:腺样体和扁桃体切除。

(2)药物治疗:鼻缩血药物和局部使用糖皮质激素对于慢性鼻塞患儿有效,对于早产儿可以使用氨茶碱。

(二)睡眠不安

婴幼儿期常见的睡眠不安有以下一些方面。

1. 睡眠启动相关问题

正常情况下,所有婴幼儿、年长儿和成人在夜间的睡眠中都有数次短暂的觉醒,尤其在快速眼动睡眠中,但很快又再次入睡,第二天对此并无记忆。正因为成人对其睡眠中的觉醒无意识,因此他们常认为婴幼儿睡眠中的觉醒为异常现象,需要帮助,并会积极地参与孩子的睡眠过渡过程。但这种"帮助"其实并不是解决夜间觉醒的方法,反而是引起婴幼儿睡眠不安的原因。孩子习惯了这种"帮助"方式,变得不能单独过渡进入睡眠,从而产生了睡眠启动相关问题。

在睡眠启动相关问题中,婴幼儿依靠父母的帮助来完成睡眠的过渡。孩子必须与一些简单的物品接触后才能进入睡眠,如婴儿床、毯子、洋娃娃、奶瓶或安抚奶嘴等,还学会了将睡眠与一些不总存在的环境因素联系起来,如父母的怀抱、轻拍、摇晃或护理等。如果在孩子睡着后将这种方式撤离,那么会使睡眠变浅或中断,同时必须在孩子夜醒时重建这些方式才能使他再次入睡。即使父母选择与孩子同床,孩子夜醒后这种习惯的方式也会重复出现。

根据详细的睡眠病史调查即能对睡眠启动相关问题作出诊断。在入睡时或晚上醒来时，若孩子习惯的睡眠启动相关条件缺失或改变，孩子会持续哭闹，但如果父母以孩子所期望的方式应答，孩子则很快安静地回到睡眠中。这种习惯的相关条件一旦建立，就会成为儿童睡眠启动相关问题诊断的重要依据。

诊断一旦被确立后，即可进行针对性的治疗。治疗的目的是使婴幼儿学会处理从醒来到进入睡眠的过渡。首先应教育父母：婴幼儿睡眠中短暂的觉醒是一种正常的现象，他们能够自己再次启动睡眠、回到睡眠中，实际上很少需要父母的帮助和参与。婴幼儿具有很好的学习正确的睡眠过渡方式的能力。

治疗一般采用渐进的过程。父母在婴幼儿入睡但没有完全睡着的时候将其独自放在床上，并在其夜醒后渐渐延长每次去安抚他的时间间隔，第一次可以在他醒后2分钟去看望他，然后间隔5分钟再去看望孩子，用同样的方法安慰他，直至某一次去看望他时，他已自己进入睡眠。每次夜醒时，重复使用这个方法。治疗过程中要给予父母充分的支持，做好睡眠记录，增强其信心。一般治疗1周即会有明显的进展。当然，孩子不良的睡眠习惯形成的时间越长，治疗所需的时间也越长。

如果父母让孩子与他们同床或同房睡觉，那么睡眠启动相关问题的治疗会变得困难。在这种情况下，父母和孩子离得太近，则很难拒绝孩子的习惯要求。因此，在实施治疗时应尽量使孩子与父母分离，即分床或分房。如果婴幼儿因为害怕而难以与父母分离，那么可以允许他们与父母同睡几天，但应渐渐延长父母离开的时间，使孩子能够自己进入睡眠。

2. 夜间喂哺问题

6个月时，所有足月、健康、正常生长发育的婴儿都能仅通过白天的营养摄入来满足其生理需要，在长时间的夜间睡眠中无须进食。如果此时父母在夜间仍给予婴儿频繁的喂哺，摄入大量的液体，将造成婴儿睡眠不安。一方面，饥饿感会成为一种条件性信号，导致婴儿睡眠中途夜醒，并干扰其再度入睡，使进食成为婴儿睡眠过渡的必要条件。另一方面，频繁的夜间喂哺或饮水使与正常睡眠—觉醒昼夜节律同步的消化、内分泌、体温调节等规律发生变化，从生理上造成睡眠启动和维持困难。另外，夜间额外的液体摄入使夜尿次数增多，增加不适感，加重了夜间的睡眠不安。

如果婴儿夜间觉醒时，只需与母亲乳房或橡皮奶嘴短暂接触后即能很快进入睡眠，那么这仅是睡眠启动与乳头或奶嘴相关的问题，可以按照前面讨论过的方法来进行矫治。如果婴儿每晚频繁夜醒，并且每次都要摄入大量液体，这就并不仅仅是睡眠启动相关问题，而是还有夜间喂哺的问题。

治疗时，首先要使父母意识到夜间频繁喂哺所造成的睡眠片段化对于婴儿生长发育的不利性。这使孩子在一定程度上仍保持着新生儿的睡眠—觉醒昼夜节律，影响了其正常睡眠节律的形成。父母的睡眠也被剥夺,不能在白天与孩子保持固定和积极的联系,从而无法建立规律的日常生活。

治疗方法包括减少每晚液体的摄入量,将两次喂哺之间的时间间隔延长或冲淡配方奶。一般采用渐进的过程,因为习惯性饥饿信号的重新设定往往需要多日。这些方法可以同时实施或者分步进行,同时应做好治疗过程记录,并给予父母足够的支持。当婴儿晚间的习惯性饥饿问题解决后,睡眠与进食的相关问题可能仍会存在,可以应用睡眠启动相关问题的治疗方法来处理。虽然,夜间喂哺问题能引起婴幼儿最严重的睡眠不安,但当夜间的喂哺量和次数减少、相关的睡眠习惯被改变后,正常的睡眠—觉醒昼夜节律一般能很快建立。

3. 与躯体疾病相关的睡眠不安

许多躯体疾病会影响婴幼儿的睡眠,引起睡眠不安,如中耳炎、胃食道反流等,但由于婴幼儿缺乏语言表达能力,躯体疾病常常不易被觉察。躯体疾病伴随的疼痛或不适往往不影响婴幼儿睡眠启动的潜伏期,但增加了夜间的觉醒次数,使睡眠的有效性下降,睡眠各期的转换时间明显增加。这种睡眠不安常无法缓解,即使父母对于他们的夜醒作出快速和积极的应答,孩子仍然不能很快入睡。因此,遇到这种情况时应考虑可能存在躯体疾病,详细地询问病史,积极地进行体格检查,以尽早明确诊断结果,进行针对性的治疗。躯体疾病治愈后,睡眠不安常自行缓解或消失。如果继续存在,则应考虑可能伴随其他潜在的问题。

有严重神经系统损害的婴幼儿可因为控制睡眠—觉醒昼夜节律的中枢发生功能紊乱,而表现出明显的睡眠紊乱,表现为睡眠方式的不规则、总体睡眠需求少等。这种婴幼儿的睡眠不安的治疗非常困难。一般,首先处理同时存在的其他躯体、行为、环境、睡眠保健问题等,如果这些干预无效,可以在夜间使用一些镇静剂。

案例分享

午睡困难的孩子

观察实录

午睡时间到了,孩子们在故事声中陆续进入睡眠状态。但阳阳总是睡不着,教师轻轻地走到他身边,捏拢阳阳的被子,轻轻地拍着他。"老师,我还想听故事。"一个故事后,阳阳用力地闭着眼睛,看得出来,阳阳还是无法入睡。当教师巡视完其他幼儿的入睡情况后,发现阳阳脸上开始出汗,教师轻轻地将阳阳的手拿出被窝,告诉他放松身体。

（1）加强家园沟通，看见幼儿的"需求"。通过和家长的沟通、交流，得知幼儿在家一般不午睡，应让家长深刻地认识到，原来幼儿在一天当中是需要这些睡眠时间的。通过拍摄教师成功助力幼儿午睡及午睡后幼儿的精神状态，引发家长的反思，激发家园协同助力幼儿午间睡眠的愿望。向家长推送脑科学相关研究文章和视频，从幼儿大脑发育的角度看待幼儿午睡，加强家长的重视。

（2）加大幼儿运动量，助力幼儿较高质量午睡。教师可以加大幼儿的运动量，让其充分地接受外部刺激。带幼儿做运动的好处，一是能让大脑在正确的时间接受良性的刺激，二是能让孩子在体力消耗后，有中午休息的需求。这样可以逐渐帮助其养成午睡的好习惯。

（3）教师对幼儿充分地接纳。当幼儿无法入睡、发出声响的时候，教师没有责备，而是不动声色地安抚、陪伴幼儿，同时细致观察幼儿的一举一动，以此作为分析幼儿"睡眠困难"的依据。

六、重复性行为

学前儿童的重复性行为（Repetitive Behavior）或者刻板行为是比较多见的，通常表现为无目的、有节律的动作或者行为，如吮吸手指、咬指甲、屏气发作、撞头、习惯性阴部摩擦等。当幼儿有发育障碍或者情绪障碍时，重复性行为的频率会增加，这类行为的本身可能引起组织的损害、周围异样的眼光以及儿童自身的烦恼。

重复性行为的发生部分源于生物学因素。这类行为是儿童发展过程中的普遍现象，而且所有的这些行为都在1岁以内出现；神经解剖学的研究认为某些重复性行为与基底神经节、额叶和多巴胺神经介质有关；而药物学研究表明大脑兴奋剂的应用可能导致抽动。

环境因素也是重复性行为产生的重要因素。对于年幼儿童来说，养育者的更换、新玩具的呈现，或者婴幼儿处于不警觉状态时对刺激的紧张反应，都是潜在原因。年长儿童的重复性行为常常发生于疲倦、无聊、被其他刺激分散注意或者生气发怒时。

（一）吮吸手指

吮吸手指（Finger Sucking）是指儿童自主或者不自主地反复吮吸手指的行为。婴儿发生吮吸手指行为的概率高达90%，属于正常行为，随着年龄增长，逐渐下降到4岁时的5%，学龄后逐渐消失。如果学龄后仍存在难以克服的吮吸手指行为，并且干扰儿童的其他活动，或者引起牙齿咬合不良等问题,则应被视为异常。

1. 病因

(1) 自我分化不良:婴儿还不能将自己从周围环境中分化出来,将自己的手指视为和乳头一样的外部客体进行吮吸。

(2) 心理忽视:当婴儿因饥饿而哭闹时,未能得到及时的哺乳等回应,婴儿就会很自然地将手指作为进食对象而吮吸,并且逐渐形成习惯。

(3) 选择玩具不当:在早期选择条状、棒状的玩具,当孩子用嘴体验了玩具与手指有类似的作用后,丢开玩具后的主要活动对象和方式便是吮吸手指,以满足心理需求。缺乏玩具时,也会将吮吸手指作为自娱的方式,特别是当心理矛盾冲突和情绪问题出现时。

(4) 睡眠习惯不良:在没有睡意时,让其躺在床上待着,在此过程中,孩子就会将手指含在口中,并逐渐形成固定的睡眠习惯。

2. 矫治

(1) 去除病因,如孩子因饥饿而哭闹时及时哺乳或者喂食;睡眠时不要过早让其在床上待睡,醒来没有睡意时就起床;给儿童提供的玩具要适当,不要选择单纯的条棒状玩具;让孩子有足够的时间与周围环境接触和游戏,将注意力从吮吸手指中转移。

(2) 要给予关爱,避免讥笑和训斥,以减缓其压力。

(3) 可以采取行为疗法:如对于难以克服者,在手指上涂上苦味剂等也能收到一定效果,在实施时最好能够和孩子沟通,让其知道这样做的目的;对于年长儿童也可以采用习惯矫正训练法。

(二) 咬指甲

咬指甲(Nail Biting)主要表现为反复咬指甲和指甲周围的皮肤,甚至咬足趾。所咬手指较多,几乎每个手指都被咬过,严重时可将指甲全部咬掉,一些儿童因反复咬指甲而致使手指受伤、出现疱疹或者发生感染。咬指甲开始于 3—6 岁,可持续至青春期,甚至可以持续终身。3 岁的发生率在 17％左右,5 岁时为 25％,婴幼儿期在发生率上没有性别差异。

1. 病因

(1) 与心理紧张和情绪不稳有关。儿童开始咬指甲前往往有心理诱因,如家庭气氛紧张、父母关系不好、家长或教师批评、学习成绩不理想,通过这一行为可以缓解紧张,久而久之形成习惯。

(2) 与有些儿童未养成剪指甲的习惯有关。

(3) 模仿他人咬指甲后形成习惯。

2. 矫治

(1) 消除引起精神紧张的因素。

（2）多给予儿童关爱，不要训斥，鼓励其树立自信心。

（3）改善家庭和幼儿园环境，减轻生活中的压力来源。

（4）养成按时修剪指甲的习惯。

（5）对于难以克服者，可以采用行为疗法，如习惯矫正训练，重点要使儿童意识到咬指甲的害处，强化其正确行为，增强自我控制能力。

（6）对于甲沟、指端皮肤等处有损伤者要及时包扎处理，防止感染加重。

（三）屏气发作

屏气发作（Breath Holding Spell）是指儿童在剧烈哭闹时突然出现呼吸暂停现象。当恐惧、疼痛、情绪受挫或者严重气愤时就会发作，表现为突然迸发剧烈的哭叫，随即深吸气后呼吸暂停，伴有口唇发绀和全身强直、意识丧失、抽搐发作，随后哭出声来，持续 30 秒至 1 分钟，严重者持续 2 分钟，发作后儿童常常疲倦。多见于 6—18 个月的婴幼儿，被视为没有语言表达能力的儿童发泄愤怒的一种方式，3—4 岁以后缓解，7 岁后少见，发病率为 4%—5%。发作时，皮肤会出现青紫或者苍白色，一般皮肤青紫与呼吸异常有关，皮肤苍白与迷走反应使心率减缓有关。

1. 病因

（1）有生物学因素，往往在气质困难型儿童身上更多出现，贫血也常常会加重屏气发作的程度。

（2）与周围环境和教养方式有关。发作往往发生在儿童与环境、父母之间发生明显冲突时，通常初次发作后又因受到了父母不恰当的抚育方式的强化而持续下来。

2. 矫治

（1）解决儿童和父母以及环境的冲突。消除父母的紧张疑虑情绪，帮助父母分析引起发作的原因，并且有效地消除、避免各种诱发因素，纠正不良的育儿方式。

（2）避免过分关心儿童的发作，可以代之以暂时冷却法。

（3）防止采用惩罚与训斥，这样只会加重病情。

（4）对伴有贫血的儿童可以服用铁剂以改善症状。

（5）重症发作时可以使用阿托品以缓解症状。

（四）撞头

撞头（Head Banging）是反复而有节律地将头撞于硬的物体上的动作，一般撞头约 15 分钟，有时长达数小时，撞头后儿童显得很安静和放松。撞击部位常常有骨痂形成或擦伤，但是脑部没有损伤，也不影响儿童的生长。一般 6—12 个月开始出现，国外报道儿童的发生率为 5%—19%，18 个月后明显减少，大多在 4 岁前停止。男女发病比例为 3∶1。

1. 病因

（1）有生物学因素。部分儿童正在出牙或者有中耳炎。

（2）和心理状况有关，往往发生于睡眠前、醒后、不愉快或者情绪激动时。

（3）和环境因素有关，部分儿童听到有节律的音乐也可出现节律性撞头；而家长的过分关心会加剧其发作。

2. 矫治

（1）给予儿童关爱和劝告，并将经常被撞击的硬物用软物包扎，以减轻撞击的损伤。

（2）可采用行为疗法，当患儿发作时不要过分关心或者训斥，可以采用暂时冷却法。

（3）对于顽固性、持久性的儿童，可以考虑药物治疗。

（五）习惯性阴部摩擦

习惯性阴部摩擦是指用手或者其他东西触摸自己的生殖器的现象。偶尔出现是儿童生长过程的正常现象。最早发生于1岁左右，多数在学龄前比较明显，孩子进入学龄阶段后，这类现象会消失。

1. 表现症状

孩子用手指直接抚弄生殖器，或者坐在床沿、椅子的靠背或凳角等边角部位扭动身体，让生殖器与之摩擦。

2. 病因

（1）局部的疾患是主要原因，如由包皮过长、包皮垢太多、蛲虫病和阴部湿疹等导致的局部发痒而引起。

（2）有不良的情绪，并将其作为消除消极情绪的一种手段，当父母对此表现出过度焦虑或者严加惩罚时，会加重孩子的焦虑情绪，使其更加频繁地出现这一行为。

（3）某些精神发育迟滞或者精神分裂症患儿会出现这一现象。

3. 矫治

（1）寻找身体原因，并且进行治疗。如有蛲虫病者必须治疗好蛲虫病；有湿疹的进行相应治疗。

（2）消除引起心理紧张的因素。

（3）对于轻度患儿，可采用忽视法，分散他的注意力。

（4）对于重度患儿，可请专门的儿童精神科医生进行心理治疗。

4. 预防

（1）培养良好的清洁卫生习惯，如经常清洗生殖器并且保持干燥；

（2）培养良好的睡眠习惯：养成上床就睡、醒了就起的睡眠习惯，不要让孩子在床上玩得太久；注意良好睡姿，如不要将手夹在双腿间。

（3）不要盖太厚重的被子、穿过小过紧的裤子。

 问题与思考 ————————————————————————————————————●

1. 召集几位同学，讨论大家在理解和帮助一个"令人头疼"的孩子时的经验。

2. 如何理解学前儿童问题行为的特点？

3. 谈谈你如何看待心理学因素对于学前儿童心理健康的影响。

4. 如果你是一位教师，如何与家长沟通，对有问题行为的儿童进行帮助？

第六章　学前儿童日常起居和活动的保育

 本章提要

　　学前儿童日常起居和活动是由睡眠、进餐、活动和游戏等环节构成的。通过制定和执行合理的生活作息，可以把这些环节的时间、顺序、次数和间隔进行有机合理安排，有利于婴幼儿身心健康成长、养成良好的生活卫生习惯，能够让家长体会到育儿的乐趣、获得更多的闲暇时间，也便于幼儿园同时照料好多个儿童，并促进儿童健康成长。本章内容包含学前儿童日常起居和活动作息的制度、0—3岁婴幼儿日常起居和活动的保育、幼儿园一日活动各环节的保育。

第一节　学前儿童日常起居和活动作息的制度

　　学前儿童日常起居和活动作息的制度是对学前儿童日常所有活动在内容与时间上的安排，并以一定的程序和时间作为制度相对地固定下来。作息制度的制定，不仅要关注一日活动的组织实施，还要综合考虑学前儿童大脑皮层的活动特点，以及学前儿童的生理节律、幼儿园的特点等多种因素。

一、学前儿童大脑皮层的活动特点

　　大脑皮层的活动特点是作息制度制定的重要依据。

　　大脑皮层的神经活动有两个过程：兴奋和抑制过程。兴奋和抑制过程起初发生于大脑皮层一定部位的神经细胞之中，继而向邻近部位的神经细胞传播，在扩散到一定程度以后，又逐渐向原来的部位聚集。神经活动的强弱程度不同，其神经过程的兴奋与抑制在扩散和集中运动中的表现也不同：弱的神经活动倾向于扩散；中等强度的神经活动倾向于集中；而极强的神经活动则又倾向于扩散。无论是兴奋过程还是抑制过程都是能动的,它们都具有扩散集中和相互诱导的运动规律。兴奋过程与抑制过程的矛盾统一和相互协调支配着人体正常的、有规律的活动。它们的作用具体表现在以下几方面。

(一) 始动调节

始动调节指大脑皮层活动能力逐渐提高。人们在从事学习、研究等脑力活动时,通常在开始时的活动效率较低,经过一个适应过程后逐渐提高。这种始动调节是因为神经细胞和机体其他组织一样具有"惰性",需要通过一定时间来克服大脑本身的这一弱点,并加以调整,而且神经系统作为全身协调系统,对其他系统器官的功能调节也需要一定的时间,之后相应的活动能力才能逐渐上升。

始动调节在日常起居和活动作息中有如下体现:应采取循序渐进的原则,由浅入深,由易到难,逐渐增加活动难度和强度。在幼儿园一日活动中,来园活动宜以游戏、自由活动为主;集中游戏安排在上午或午睡起床以后;离园活动以游戏、自由活动为主。在幼儿园一周活动中,周一活动强度低,周三达高峰,周五下降或出现终末激发现象。在幼儿园学期安排中,学期初活动难度较低,学期中活动难度较高,学期末难度下降或有终末提升现象。不同年龄段的活动难度和强度应体现出差异性:年龄越小,始动调节速度越慢,越需要在一日、一周、学期安排中有所考虑。

(二) 优势法则

人们在从事脑力或体力活动时,在大脑皮层都有代表性的区域,其活动效率的高低取决于有关的皮层区域是否处于良好的兴奋状态,如果这一区域的兴奋状态占优势,就能在大脑皮层形成优势兴奋灶,加强兴奋度,同时使其他部位处于抑制状态。具有优势兴奋灶的皮层区域,具有更好的应激能力,条件反射容易形成,学习活动能力和效率都比较高。不同年龄的学前儿童,其优势兴奋灶持续时间不同。

优势法则在日常起居和活动作息中有如下体现:在一日活动中,应尊重并遵循每个学前儿童的优势法则,创设大量自主选择活动内容和时间的机会,激发学前儿童的学习兴趣,提供多样的教学方式方法。根据学前儿童的不同年龄特点,确定活动的持续时间。给予学前儿童自主探索、选择的机会,不要随意打扰学前儿童自主探索学习的过程。

(三) 动力定型

动力定型是指一种由固定程序的条件作用建立的暂时联系系统,即条件反射系统。当各种外部和内部的条件刺激,按一定的次序重复多次以后,大脑皮层的兴奋过程与抑制过程在空间和时间上的关系就固定了下来,即大脑皮层的兴奋区和抑制区按一定的排列顺序作出的反应越来越精确与恒定。这种在一定条件下形成并按照一定先后次序和强弱配置而构成的、暂时的神经联系被称为动力定型。动力定型的建立需要多次重复训练，它形成以后，神经细胞能以最经济的损耗收到最好的学习和工作的效果。动力定型的系统越重复，就越来越巩固、越来越易于完成、越自动化。要改变它，往往需要消耗很多的精力，改变的难度取决于刺激物系统的复杂程度及个体的个性和状态。一般来说，习惯一类的动力定型，稳定性较大、灵活性较少，技能一类的动力定型灵活性比较大。动力定型在一定条件下形成，也可以在新的条件下加以改造或发展。

动力定型在日常起居和活动作息中有如下体现：一切技能和习惯的培养就是动力定型的形成过程。反复训练、家园共同配合，有助于从小培养学前儿童良好的学习生活、卫生习惯。若发生假期中家园习惯不一致的情况，则会影响动力定型的形成。因此，应加强家园沟通，使学前儿童始终保持一致的习惯，不要轻易改变已经建立的良好动力定型，以免发生行为倒退。

（四）镶嵌式活动方式

大脑皮层的不同部位执行着不同的任务，有很细的分工。当人们从事某项活动时，大脑皮层只有相应部分的细胞群处于兴奋或工作状态，而其他部分则处于抑制或休息状态。随着工作性质的转换，工作区和休息区不断轮换，形成兴奋区与抑制区或工作区与休息区互相镶嵌的活动方式。

镶嵌式活动方式在日常起居和活动作息中有如下体现：在一日活动作息中注意活动内容的轮换，注意动静交替，有助于使学前儿童大脑皮质的神经细胞劳逸结合，维持较长时间的工作能力，降低大脑的工作压力。在制定生活作息时间表时，需要经常变化活动内容，兼顾睡眠和进食等日常保育与学习活动两个方面，同时，安排好保教人员和儿童的共处时间。

（五）保护性抑制

人们从事任何活动时，其对应大脑皮层兴奋区的代谢都在逐渐加强，血流量和耗氧量增加。活动开始时，大脑皮层的恢复过程大于损耗过程，这使工作能力逐渐提高，如果活动长时间持续下去，机能损耗过程超过了恢复过程，工作能力则逐渐下降，大脑皮层进而出现保护性抑制。保护性抑制是生理性保护机制，此时大脑皮层处于休息状态并逐渐恢复。

疲劳是引起大脑皮层抑制过程的重要原因。根据大脑皮层细胞的兴奋和抑制状态，可以将疲劳分成早期疲劳和显著疲劳，显著疲劳属于病理状况。在不同年龄，都能在学前儿童身上看到疲劳的两个阶段，其表现特征不同：年龄越小，往往早期疲劳的兴奋泛化表现越明显；体弱多病的儿童，显著疲劳会更早出现。学习活动中的疲劳表现如表 6 - 1 所示。

表6-1　学习活动中的疲劳表现

	早期疲劳	显著疲劳
大脑皮层的特点	优势兴奋区的兴奋性降低或兴奋过程出现障碍,使人在众多刺激中仅对有意义刺激产生反应	保护性抑制全面加深和扩散,兴奋和抑制过程同时减弱
体征与行为表现	坐立不安、交头接耳和注意力不集中、错误反应增加或反应时间延长,反应量减少。更易得到及时恢复,且恢复效果比较好	打哈欠、瞌睡、错误反应增加且反应量减少

保护性抑制在保育学方面的意义表现如下:出现早期疲劳变化时仍可认为学习负荷大体合理,显著疲劳变化则提示学习负荷过重。在一日活动中,应注意劳逸结合,适时组织休息。应以大脑皮层刚出现保护性抑制为生理依据,加强对学前儿童疲劳程度的观察。当学习活动中出现早期疲劳时便应休息,避免显著疲劳产生。

影响大脑皮层神经活动的因素有多种:年龄(反映神经系统的成熟程度,年龄越小,大脑皮层兴奋过程越占优势)、性别(生理发育的差异,2岁以后出现差异)、健康状况、遗传因素(遗传因素决定生长发育的潜能)、学习动机(优势兴奋区的产生)、环境因素、学习和生活条件、情绪因素。

二、学前儿童的生物节律

生物节律是生物活动的内在节奏,是人体与环境相互作用的结果,既有来自人体自身内部的因素,又有来自外部环境的动因。生物节律具有普遍性和特殊性。也就是说,整个人类都是以一昼夜为周期进行作息的,人体的体力、情绪、智力等都会随着昼夜变化作周期性变化;同时,由于个体的体质、情绪、生活习惯以及调节适应能力不尽相同,不同个体的生物节律有所差异。例如,负责运行睡眠—觉醒的生物节律,每24小时完成一个循环,这个循环一般在婴儿4—6个月的时候就开始了,部分婴儿由于家庭环境因素,尤其是父母不重视儿童良好睡眠习惯的养成,以及对孩子睡眠行为的不正确应答等原因,会延迟建立这种循环。生物节律对于人类健康有着重要意义。在其相对稳定时,人体的健康状况比较良好,而一旦被打乱,尤其是长期处于紊乱状态时,就易产生各种各样的不适或疾病,有的甚至会危及生命。认识、掌握并且顺应生物节律,对维护和增进人们的身心健康是非常有益的。

在活动作息中,一方面要遵循以顺应为主,兼顾促进发展的基本原则;同时需要关注个体的差异性,在进行较长一段时间的观察后,摸索出个体的周期性变化规律和特点,掌握与了解个体之间的差异。

表6-2　1岁婴儿的活动作息

时间	作息内容
7:00—7:30	起床、清洗、排便
7:30—8:00	早饭
8:00—11:00	活动、玩耍
11:00—11:30	饭前清洗
11:30—12:00	午饭
12:00—15:00	睡眠
15:00—16:00	活动、玩耍
16:00—16:30	加餐
16:30—17:30	活动、玩耍
17:30—18:00	饭前清洗
18:00—18:30	晚饭
18:30—19:30	活动、玩耍
19:30—20:00	睡前清洗
20:00 起	睡眠

三、幼儿园的特点

幼儿园在设计学前儿童活动作息时,应综合考虑学前儿童在园时长及年龄特点、季节、地域等因素。

表6-3　托班的活动作息

时间	内　　容
入园	打招呼
	日常保育(喂奶、换纸尿裤、睡觉)
	在活动场地上开展婴幼儿主导的活动
上午	活动(包括保教人员主导的活动和婴幼儿主导的活动)
	一些婴儿小睡片刻
	户外活动
中午	午饭
	午睡

续　表

时间	内　容
下午前半段时间	起床
	日常保育
	保教人员主导的活动
下午后半段时间	日常保育
	一些婴儿小睡
	保教人员主导的活动
离园	婴幼儿主导的活动
	日常保育
	与家长交谈

表6-4　小班的活动作息

时间	内　容
7:50—9:00	晨间接待、户外自主活动、早操
9:00—9:30	生活活动
9:30—11:10	集体教学活动与活动区游戏
11:10—11:30	餐前准备、自由活动
11:30—14:20	午餐、散步、午睡
14:20—15:00	起床、盥洗、吃午点
15:00—16:00	活动区游戏
16:00—16:30	户外自主活动
16:30—17:00	离园准备、离园

表6-5　中班的活动作息

时间	内　容
7:50—9:00	晨间接待、户外自主活动、早操
9:00—9:30	生活活动
9:30—11:00	集体教学活动与活动区游戏
11:00—11:20	餐前准备、自由活动
11:20—14:20	午餐、散步、午睡
14:20—14:50	起床、盥洗、吃水果

续　表

时间	内　容
14:50—15:20	户外自主活动
15:20—15:50	盥洗、吃点心
15:50—16:50	活动区游戏
16:50—17:10	离园准备、离园

表6-6　大班的活动作息

时间	内　容
7:50—8:10	晨间接待
8:10—8:30	早操
8:30—9:00	集体教学活动
9:00—9:40	户外自主活动
9:40—10:40	活动区游戏
10:40—11:00	餐前准备、自由活动
11:00—12:00	午餐、散步
12:00—14:30	午睡
14:30—15:00	起床、吃午点
15:00—16:30	户外自主活动
16:30—17:20	离园准备、离园

第二节　0—3岁婴幼儿日常起居和活动的保育

本节将重点介绍0—3岁婴幼儿的进食、睡眠、如厕、个人清洁卫生、服装卫生和运动等日常起居的保育。

一、进食

0—3岁婴幼儿的日常生活是以进食行为为中心而开展的。良好的进食行为不仅决定了婴幼儿营养获得的完善性、均衡性，而且影响着睡眠、如厕以及运动等日常生活中的其他环节。喂养不足时，婴幼儿可能变得很爱哭闹，或者夜里醒来的次数增加。

　　进食是一个复杂的生理过程,不仅有赖于消化系统解剖结构上的完整、神经系统的成熟,而且与个体的教育、生活水平等有关。父母需要根据婴幼儿的身心发展特点来调整喂养方式和食物结构,使其在进食过程中不仅能够获得身体生长发育所需要的营养,而且有助于其他方面的同步发展。如可以根据不同年龄婴幼儿喂养的方式对其进行社会性培养。婴儿期的母乳喂养或者人工喂养是建立母婴依恋关系的良好时机,过渡至成人食物后,共同进餐可以作为家庭成员聚集的一个重要时刻。

　　婴幼儿的进食行为呈现出一定的年龄特点。4个月以前都采用母乳喂养或配方奶喂养,尚不需要添加辅食。4—6个月开始尝试添加辅食,即在继续以母乳或配方奶为主要的食物的基础上,根据其需要添加食物。1岁以后,随着其消化吸收功能的不断完善,饮食的种类和制作方法开始逐渐向成人过渡,以谷类、蔬菜类、肉类为主。不过,此时的饮食还是需要注意营养均衡和易于消化,不能完全吃成人的食物。1岁到1岁半是练习使用勺子的时期。孩子在刚开始使用勺子时,经常会将饭菜弄在身上,但是只要他自己很想用勺子,就应当尊重他的积极性。另外,此时孩子应在固定地点用餐,如自己的餐椅中。当其表示吃饱不愿再进食时,应让其离开。

　　除了年龄上的共性外,婴幼儿的进食行为还具有个体差异性,如同龄儿童进食行为上的差异,或同一个体表现出的不稳定性。对于父母来说,应该根据孩子的实际情况调整进食量,避免过多给其造成压力,甚至导致厌食。此外,不同气质的儿童在喂哺时的行为反应不相同,有的较慢,有的急躁,这就需要根据孩子的具体特点,接纳并采取适当的方法完成进食。

二、睡眠

　　对于正处于快速生长期的婴幼儿来说,充足的睡眠具有重要意义:让大脑得到充分休息,促进生长激素的分泌;缓解疲劳,增加抵抗力。如果睡眠不足,孩子在白天会出现记忆力减退、反应迟钝、注意力涣散等现象。若长期缺乏睡眠,则会使体质下降,抵抗力差,易生病。

(一)评价婴幼儿睡眠质量的标准

　　对于睡眠质量的好坏,较难制定出一个客观的标准来加以衡量,目前受到公认的衡量标准是睡眠时间和睡眠深度。

1. 睡眠时间

　　不同年龄的人对睡眠时间的需求是不完全相同的。年龄越小,大脑皮层兴奋性越低,对疲劳的耐受性也越差,因此需要睡眠的时间越长。

表 6-7　0—3 岁婴幼儿每日睡眠时间和特点

年龄	每天睡眠时间（小时）	特　点
新生儿	20	新生儿单次最长的睡眠时间为 2.5—4 小时,而且不能区分白天和黑夜,在任何时间可以睡觉和醒来。
1—3 个月	16—18	白天大约要睡 4—5 次,每次可能睡 1.5—2 个小时,3 个月时已经开始建立夜间睡眠模式。晚上可能睡 10 个小时,70% 的 3 个月的婴儿会有一个连续 5 小时的夜间睡眠。
4—6 个月	15—16	上午睡 1—2 个小时,下午睡 2—3 个小时,夜里睡得较熟,中间醒来 1—2 次。
7—12 个月	14—15	白天可能睡 2—3 小时,通常是上午睡 1 次,下午睡 1 次,每次睡眠时间并不固定。可能在夜里不再吃奶,一般会睡 10 个小时。
1—2 岁	13—14	每天睡 1—2 次,每次 1—1.5 个小时,夜里至少保持 10 个小时的睡眠。
2—3 岁	12—13	午睡 2—3 个小时,夜间稳定睡眠可达 10 个小时左右。

2. 睡眠深度

衡量婴幼儿睡眠的质量,不仅要看一日睡眠的时间,而且还要看整个睡眠中深度睡眠时间的长短。深度睡眠时间是衡量睡眠质量的重要标志之一。深度睡眠最有利于人们获得充分休息和全身功能的恢复。

深度睡眠的表现状态是非常安静,睑部、四肢均呈放松状态,偶尔在声音的刺激下有惊跳动作,呼吸非常均匀,偶有鼻鼾声,处在完全休息状态。而与此相对应的浅睡眠则显得不安静,眼虽然是闭合的,但可见到眼球在眼睑下快速运动,偶尔短暂睁开眼睛,四肢和躯体有一些活动,有时出现吮吸动作或咀嚼动作,轻微的声响就可引发惊跳动作,有时突然啼哭。

由于婴幼儿的睡眠具有个体差异性,因此,在衡量婴幼儿的睡眠质量时,应以是否消除了疲劳、精力是否充沛来评判。因此,不能教条地使用衡量标准,只要婴幼儿精神状态好,食欲正常,又没有消化吸收方面的问题,体重增长良好,一般也不存在睡眠问题。

(二) 睡眠周期

1953 年,美国生理学家根据脑电波和生理表现,确定了睡眠是由两种状态组成,即有快速眼球运动的"眼球快速运动睡眠"(REM)和无明显眼球运动的"非眼球快速运动睡眠"(NREM),两者以是否有眼球阵发性快速运动及不同的脑电波特征相区别。

尽管婴幼儿在睡眠过程中有 NREM 睡眠和 REM 睡眠的交替循环,但婴幼儿的睡眠周期循环不同于成人。通常,新生儿的睡眠周期开始于 REM 睡眠,成人则相反,首先进入 NREM 睡眠。随着年龄的增长,REM 睡眠减少:从出生时 REM 睡眠占总睡眠的 60%—

80%,到 1 岁时降至 40%,并逐渐降至成人水平(20%—25%)。

有学者认为 REM 睡眠(也被称为活动睡眠)对发育中的大脑特别重要,能够促进神经系统的发育。研究者在调查被剥夺了 REM 睡眠的病患后指出,如果一个人在婴幼儿期被剥夺了 REM 睡眠,日后会产生行为偏差、失眠等后遗症,并会造成非正常数量的神经细胞死亡。可见,REM 睡眠对于神经系统的正常发育是不可或缺的。正因为如此,需要根据婴幼儿的睡眠特点,提供合理保育,使其获得充足的睡眠。

表 6-8　0—3 岁婴幼儿睡眠周期的特点和保育要点

	睡眠周期	保育要点
新生儿	REM 睡眠、NREM 睡眠,以及两者混合交替进行,不像成人那样有规律地循环,因此不易区分睡眠状态。每 3—4 小时苏醒一次。	由于新生儿的睡眠很容易被外界刺激所干扰,如小便等。因此,对于新生儿来说,保持干燥和舒适,有利于睡眠。
1—3 个月	REM 睡眠更多,占总睡眠的 60% 以上。清醒次数增加。	同上。
4—6 个月	6 个月时 REM 睡眠下降到 50%。4 个月开始,睡眠循环受周围环境的影响更多,还受到个体自身的影响,如吃饭等。建立了一个多元睡眠循环,包括清晨的小憩、下午的小睡和夜间的熟睡。	睡觉前喂食有助于之后获得一个长时间的睡眠,同时,由于在这个长时间睡眠周期中有清醒和半清醒状态出现,因此,不需要在这种睡眠状态下喂食或护理,以免影响孩子的正常睡眠。
7—12 个月	REM 睡眠下降到 40% 左右,睡眠周期循环的机制慢慢和成人一样。喂养的间隔时间在变长,所以孩子的睡眠依赖在减少,若吃饱后如果有有趣的事情发生,那么他们就不想睡觉了。	同上。
1—2 岁	REM 睡眠下降到 40% 以下,睡眠周期循环的机制开始和成人一样。	睡前建立某种习惯或者睡前仪式。
2—3 岁	REM 睡眠下降到 30%,睡眠周期循环的机制开始和成人一样。	同上。

(三) 睡眠前的准备

做好婴幼儿睡眠前的各项准备,可以保证婴幼儿及时入睡,并有助于良好的睡眠习惯的培养。

1. 创设有利于提高睡眠质量的环境

婴幼儿睡眠质量的好坏,与环境因素息息相关。噪声、缺氧、光亮、环境污染等,都对睡眠不利;过于呵护或者家庭不和等不良心理环境,也会影响孩子的睡眠质量。以下一些环境因素,对睡眠质量的提高有一定益处。

　　睡觉的房间既要阳光充足，又不会被阳光直射，还要拥有适宜睡眠的室温。新生儿皮肤对于外界温度的调节能力很差，因此，温度在 20℃—24℃ 为宜。可以在卧室放一个温度计，帮助成人及时了解室温。空气的湿度太大或过于干燥也不利于健康，会使人感到不适。如果湿度太大，可以通过通风、光照，或安装去湿设施来调节；倘若空气过于干燥，可以使用加湿器等。

　　婴幼儿睡觉时，要避免大声喧哗，或有很大声响，以免对婴幼儿造成惊吓；当然，也不要求完全安静，一些经常存在的声音并不会影响其睡眠，如一些谈话声等。

　　合理的采光照明，既能保证视觉机能的需要，又有助于睡眠质量的提高。刚出生的婴儿虽不分昼夜，但已开始通过光线对大脑的兴奋—抑制活动进行调整。因此，在婴幼儿睡觉时，房间里的光线要柔和，不可太强烈。白天，可以拉上窗帘；晚上，可以将灯光调暗，最好关灯。有时，为了便于哺乳和换纸尿裤等保育工作的开展，或者担心孩子在黑暗中害怕，有父母会通宵点灯。殊不知，床头的灯光不仅会影响孩子的睡眠质量，而且会影响他们的视力发育，另外还会因改变了人体适应昼明夜暗的生物节律，而影响生长激素的分泌。

　　要注意房间的通风，最好在睡前先打开门窗让空气流通后再关上门窗睡觉。如果通风不好，空气中的二氧化碳浓度过高，往往会影响大脑功能，使人白天感到疲倦。

　　良好的心理环境有助于孩子获得安全感，从而保证睡眠质量。一方面，过度呵护，注意孩子的每一个需求，并不利于建立良好的睡眠节律。另一方面，充满争吵、紧张、不和等的环境也会影响孩子的睡眠质量。

2. 提供卫生清洁的卧具

　　婴幼儿的卧具应该清洁、干爽，经常在阳光下晾晒、消毒。

　　给婴幼儿选择舒服、安全的儿童用床，是保证睡眠质量的重要条件。适宜的儿童用床，四周护栏高度、护栏宽度间隔符合标准，最好一侧护栏是活动式的，可以方便成人抱起婴幼儿。考虑到婴幼儿骨骼发育的特点，尽量让婴幼儿睡软硬适宜的儿童用床，床垫的大小应和床的尺寸大致相同，防止婴幼儿的头部、手臂或者腿部陷入边缘的缝隙中。

　　婴幼儿的被子应该选择全棉面料以保护其柔嫩肌肤。由于婴幼儿的体温调节功能尚未发育完善，因此，应该根据气温及时调整被子。

　　随着婴幼儿的生长发育及时调整枕头的高度。但应注意，3 个月以内的婴儿，脊柱尚未形成弯曲，仰起平卧时，背和头不在一个平面上，且头和肩的宽度几乎一样，因此，这时不宜使用枕头，可以把毛巾折成两层，垫入婴儿的头下，使婴儿的头部自然下垂，颈部和下巴自然也完全伸张，呼吸道不受阻。否则，会使颈部弯曲而造成呼吸困难，容易发生呛咳。

　　给婴幼儿穿上贴身睡衣，有助于其睡眠。睡衣应为质地柔软舒适、透气性好并能吸汗的。睡衣尺寸可以稍宽松一些，防止衣服过紧，影响其血液循环。

3. 睡眠前饮食要恰当

可以在睡前给婴幼儿喂点奶等。较大的幼儿,在晚餐时吃一些固体食物,如稠一点的面条、米饭等。吃饱后更有利于入睡,但是不要过饱,否则同样会影响其睡眠。对于 0—6 个月的婴儿,可以在进食后将其抱起,将婴儿的头靠在成人的背上,轻轻拍背,直到婴儿通气、舒服后,再将其放到小床上。

4. 睡前稳定情绪

睡前一个小时,不要让婴幼儿太过兴奋。因此,不宜拿出新玩具吸引他们,不宜逗引婴幼儿,不宜玩令人兴奋的游戏等。这些都会使婴幼儿精神兴奋,难以入睡。

过渡活动和过渡物品有助于孩子稳定情绪,在睡前安静下来。睡前半个小时,可以给孩子洗个温水澡,说些温柔的话让孩子安静下来。放松后,把孩子放到床上。过渡物品在夜间可陪伴孩子,给孩子安全感,例如,玩具熊、被单等。当孩子长大后,有了足够的安全感时,就不再需要这些过渡物品了。

5. 建立睡眠反射

可以在孩子入睡前给其固定的睡眠信号,建立睡眠反射,即每天差不多到了睡眠时间,就用同样的态度做相同的事情。例如,哼唱或者播放相同的歌曲;拿出故事书准备讲故事,这些都能够帮助婴幼儿建立音乐——入睡或者讲故事——入睡的条件反射。父母为孩子讲故事时,可以选一把舒服的椅子,搬走一切可能转移注意力的东西,尤其要关闭电视等。

6. 加强锻炼,提高睡眠质量

孩子有时睡得很早,但是睡得不踏实,总是处于较浅的睡眠状态,并不利于生长激素的分泌。因此,让孩子白天加强锻炼,有助于夜晚睡眠更沉,提高睡眠质量。

(四)睡眠时的保育

1. 睡姿

由于婴幼儿骨骼的骨化尚未完成,因此,固定一种睡姿,易造成颅骨、胸廓、脊柱的变形,适宜的做法是各种睡姿交替变化,而非固定一种睡姿。

需要根据婴幼儿的具体情况为其选择睡姿。3 个月以内的婴儿,不宜采取俯卧位;3 个月后,即便婴幼儿短暂地俯卧,也需要有人在旁观察,以防发生窒息。除此之外,还可两侧侧卧相互交替。

2. 注意睡眠中的动态变化

(1)尽量不要惊醒婴幼儿。

睡眠是一个由浅睡眠和深睡眠交替的过程。浅睡眠时,婴幼儿容易被惊醒。因此,夜里起床查看时,尽量要小心,以免惊醒孩子;开夜灯时也要注意灯光柔和,以减少对婴幼儿的影响和刺激。

(2)及时发现婴幼儿睡眠时哭闹的原因。

若婴幼儿在夜里哭闹,应该及时寻找原因,并作出合适的处理。婴幼儿会因为声音、房间温度、饥饿、大小便等原因哭闹,此时就需要采取相应的措施,以便让孩子尽快安心睡觉。可以稍微拍拍或者搂抱孩子,使其产生安全感;可以根据需要更换纸尿裤或者喂奶。在采取相关措施后,不要过多和婴幼儿说话,以免影响其再次入睡。

(3)训练婴幼儿夜间自然入睡。

母体内,胎儿是不分昼夜的。刚出生时因尚未适应周围环境,睡眠节律尚未形成,可能出现昼夜颠倒的睡眠现象。通过保育环境的创设和有意识的训练,能够逐渐培养规律的睡眠习惯。

第一,创设昼夜有别的环境有利于婴幼儿的生长发育。白天,房间里的光线要尽量明亮一些,经常有一些悦耳的声音。婴幼儿醒来时,一定要多逗引、多玩,尽量延长其在白天兴奋的时间。天气很好时,可以在白天多进行户外活动,呼吸清新空气,当孩子有倦意时,将其喂饱后再睡觉。醒来后可再次进行户外活动。晚上8点时,可进行晚间清洗、喂奶等活动,让其尽快入睡。

第二,坚持固定的作息时间,如在固定时间喂奶,尽量让婴幼儿吃饱些,并让其在固定时间入睡,不轻易更换床上的被单或其他安慰物。

第三,尽量让孩子夜间独立睡眠。有研究发现,蹒跚学步的孩子的睡眠问题,大多可以从他们1岁左右夜里醒来时父母的行为中发现问题。那些需要在夜里父母抱着、喂奶或者采取其他安抚方式来帮助入睡的孩子,有可能出现睡眠不良问题。因此,父母应该让孩子在儿童床上独自入睡,夜醒时轻轻安抚孩子即可,而不可过度回应。尤其要注意,婴儿大脑发育未完全,用力摇晃使其入睡可能会致使脑组织损伤。

(4)养成只有睡觉才到床上的习惯。

帮助婴幼儿养成良好的生活起居习惯,即床是用来睡觉的,而不是做活动的。只有当婴幼儿睡觉时,才把他们放到床上。如果他们醒着,就应该把他们抱起来,可以放到椅子上、柔软干净的毯子上等地方玩耍。

(5)不要让孩子养成抱着入睡的习惯。

新生儿刚出生时,不适应外界环境,需要父母的爱抚,在父母的怀中会感到温暖安定,这是孩子正常的心理需求,父母应尽量满足。但是,仍需要培养婴幼儿良好的睡眠习惯,让其学会独自入睡。

三、如厕

如厕训练是婴幼儿期的一个重要训练,但并非开始得越早就越有效果,而是必须在孩子身体做好充分准备的基础上进行。在孩子没有做好准备的时候进行训练，不仅会耗费更多时间，而且也不利于孩子身体的健康发育。2 岁以前，肠道和膀胱肌尚未发育完善，膀胱容量小，加上神经系统尚未发育完善，孩子无法控制排泄，也不能建立自主排尿的习惯，建议 2 岁以后再开始训练。

（一）小便训练

1. 判断孩子的身体是否做好了准备

当婴幼儿的神经系统和泌尿系统的生理结构发育到相关水平后，可开始进行训练。说明孩子已经做好了身体准备，如孩子懂得了什么是尿意，小便前后会出现扭扭捏捏、把两腿分开显示出不舒服的表情等，从无意识排尿变为有意识排尿。泌尿系统的发育即膀胱容量的增大，使小便间隔时间增加。当然，神经系统和泌尿系统的发育具有个体差异性，有的孩子早一些，有的孩子晚一些，因此，应该根据具体情况作出判断，不宜过早训练，更不能采取强制态度，否则难以获得有效的成果，而且会使婴幼儿的心理受到不良刺激。

2. 建立条件反射

当开始如厕训练时，需识别孩子小便前出现的各种各样不自在的表现，例如，突然出现坐立不安、用力哼哼等。此时，需要立刻引导孩子上厕所、坐便盆时，由于膀胱里的尿比较多，孩子一般愿意配合，即使孩子不愿意坐便盆，或者在便盆里尿不出来，偶尔尿在地板上或者床上，也不要训斥他，而要以此为机会，告诉孩子这就是"尿尿"，结合孩子自己看到的小便，帮助孩子将尿意、尿（看到）和"尿尿"（听到）三者结合起来，让孩子知道学会自己小便很重要。若孩子偶尔在厕所、便盆上小便，就应该给予孩子鼓励，使这一事件成为愉快的事情。随着孩子小便间隔时间的延长，更容易掌握孩子小便的规律，从而可在固定的时间尝试让孩子小便，帮助自主如厕习惯的形成。

3. 及时提醒孩子

提高每次小便训练的成功率有助于条件反射的建立，因此需要掌握孩子的小便规律，及时提醒孩子小便，如在集体活动和睡眠前可提醒孩子。不可憋尿时间过长，膀胱过分膨胀会导致膀胱壁过度伸张而失去收缩能力，从而发生排尿困难。训练小便最好选在温暖的季节开始，此时婴幼儿出汗多，尿量较少，排尿间隔时间较长，有助于判断排尿时间。要为婴幼儿选择合适的便盆，如果担心晚上训练小便会影响孩子的睡眠质量，可以在晚上使用纸尿裤，白天坚持训练。

4. 让孩子懂得表达小便的意愿

当孩子反复体验了膀胱有无积尿的过程后，会逐渐明白自己是否想小便。此时，要鼓励孩子将自己的想法表达出来，与小便之间建立联系。

表6-9　不同年龄婴幼儿的发育特点和如厕训练要点

年龄	发育特点	如厕训练要点
21个月	开始有小便的感觉,但不能不自主控制。	询问孩子是否需要小便,让孩子在语言和行为间建立联系。
24个月	神经系统和膀胱达到一定发育水平,开始训练。	掌握婴幼儿的小便规律,让其尝试坐便盆,鼓励其表达小便的意愿。即使有时小便在裤子上,也不应斥责。
30个月	婴幼儿已经懂得使用便盆排尿了,并且为此感到自豪,他会要求保育者离开,独立一个人在便盆上排尿。	孩子排尿时,可以在不远的地方观察,以便孩子需要时及时提供帮助;允许孩子犯错误,有助于培养自尊心和独立性,继而养成自主小便的习惯。

(二) 大便训练

和小便训练一样,大便训练同样要在孩子的身体做好准备的基础上进行,通过建立条件反射,帮助孩子将便意、大便(看到)和大便(听到)三者结合起来。

1. 让孩子建立便意, 理解"排大便"

由于大便有气味、形状,尤其是2岁以后大便变硬,需要用力才能排出,因此,孩子比较容易理解排便的含义。

2. 提醒孩子大便

由于孩子大便次数较少且时间相对固定,因此更容易掌握孩子大便的规律,进行及时的提醒。一般来说,饭后肠道蠕动很活跃,大便容易排出来,因此很容易感到有便意,尤其是早餐后,肠道的蠕动最为活跃,因此是提醒孩子、引导孩子坐便盆排便的最好时机。但提醒孩子大便时需要根据孩子的实际情况,不要强迫孩子,否则容易造成其惊吓、退缩。

3. 反复坚持, 建立条件反射

反复坚持,建立每天早晨排便的条件反射,即每天早晨第一次喂奶后,在固定的地方,让孩子尝试学习自主大便。

此外,由于大便是判断婴幼儿健康状况的参考,故需要随时观察,如有问题,应该及时就医。

表6-10　大便类型及其对应的健康状况

大便类型	健康状况
胎便	出生后两天内的大便,呈墨绿色
正常大便	金黄色呈软膏样,带有酸臭味但并无恶臭味

大便类型	健康状况
青便	青绿色，偶然呈淡绿色；若颜色很深，且臭味较浓时，可能是发酵的结果
不消化便	水分多且带有颗粒状，色黄且带有一点草绿色，有黏液，如果婴幼儿精神状态正常，偶尔有此现象，并无关系
饥饿便	吃得太少，因而大便量少水分多，带有咖啡色
赤痢便	大便中带有血液，是严重的疾病指征

婴幼儿如厕训练需要较长的一段时间。掌握并运用以下原则有助于如厕训练：要等孩子真正做好准备后再进行如厕训练，需要遵循孩子身心发展的基本规律，切忌拔苗助长；孩子有个体差异，如厕训练时不要与他人相比，要根据自己孩子的情况进行训练；不要拘泥于场所，而应让他先学会找到感觉和表达意愿；在家中和幼儿园中同时进行如厕训练，更有利于训练的成功；为了提高建立条件反射的有效性，应善于观察，有规律地提醒孩子，但要温柔，如果孩子成功，应该及时鼓励孩子；如果孩子退步或者出现意外情况，例如天气转冷、患病、过于兴奋、环境变化，应该根据具体情况进行处理，必要时可以换回纸尿裤，切不可为此训斥孩子；如厕训练是一个漫长的过程，需要多一些耐心，少一些埋怨，让孩子自信成长，因为任何的学习都不是一帆风顺的，孩子成长中的进三退二现象是非常自然的，况且，如厕训练只是孩子生活中的一小部分。

四、个人清洁卫生

做好婴幼儿的个人清洁卫生，可以有效预防口腔、皮肤疾病的发生，也有利于培养婴幼儿良好的生活方式。

（一）口腔清洁

牙齿的发育除了受遗传因素及母亲孕期的营养摄入等的影响外，出生后的口腔环境也会影响其口腔健康，因此，婴幼儿口腔保健必须从孕期开始即注重营养摄入，出生后在注重婴幼儿营养的同时采取有针对性的清洁方式。

1. 婴幼儿口腔保健，必须从孕期开始

孩子的牙齿发育早在母亲怀孕六周左右就已经开始，也就是说牙齿的数目、大小及形成，早在胚胎时期就已决定。乳牙的钙化期是从母亲怀孕 4 个月到婴儿出生后第一年，这一期间，母亲要注意补钙，防止缺钙；孕期主动吸烟或者被动吸烟，会导致胎儿颌面部或口腔发育畸形，因此，应该远离香烟。婴幼儿出生后，同样要注重维生素 D 的补充，以利于乳牙的萌发。

2. 乳牙未萌出前：漱口最关键

乳牙尚未萌出前，就可以开始漱口了。如喂完辅食或喂奶后加喂1—2勺清水，即相当于漱口，可有效地清除舌面残留物。这样可以防止婴幼儿发生奶瓶性蛀牙，奶瓶性蛀牙可能会深入影响齿根，不仅会影响乳牙，而且会影响恒牙。

3. 乳牙萌出期间：及时开始护齿

乳牙萌出期间，孩子会出现经常性流口水、牙肉痒、抓什么咬什么等现象。此时可以用饼干等稍有硬度的辅食，帮助孩子锻炼嚼、咬的动作，提高牙齿的坚固性，同时还能减轻出牙时的不舒服感觉。

孩子从第一颗牙齿萌出起就应该开始刷牙，长一颗牙刷一颗牙，可以在餐后、睡前给孩子刷牙，培养孩子的刷牙习惯。刚开始时，可以将纱布绕在手指上，为孩子清洁牙龈和齿根。应用特制牙刷给1岁前的孩子清洁牙齿。而后可选择刷头大小适合孩子口腔大小、刷毛柔软的牙刷，配合牙膏为孩子刷牙。

同时，可以帮助孩子养成饭后主动漱口的习惯。为了激发孩子主动漱口的兴趣，可以带孩子到商店挑选自己喜欢的杯子、牙刷和牙膏等用品。抓住这个阶段孩子好模仿的特点，引导孩子和家长一起漱口，并模仿家长的漱口动作。漱口前先引导孩子张开嘴巴照镜子，或者与家长相互观察，让孩子看到牙缝、口腔中的食物残渣。这时，家长喝一口水后吐出来，孩子模仿。等孩子熟悉后，再教孩子把水含在口中，闭住嘴，鼓动腮帮，咕噜咕噜地漱洗，然后再吐出口中的水，重复这组动作3—4次。漱口后，用毛巾或手帕拭去嘴边的水。让孩子再次张开嘴照镜子，可以发现口腔中没有食物残渣了。

4. 乳牙全部萌出后：训练孩子尝试自己刷牙

2岁半时，乳牙基本已全部萌出，孩子的接受能力和模仿能力也有了进一步发展，因此可以开始尝试让孩子学着自己刷牙，但这一阶段仍以习惯培养为主，由于孩子的手部精细动作能力等仍有欠缺，故应以家长为其刷牙为主。刷牙习惯的培养要点如下。

（1）每天坚持、循序渐进。

刚开始，可以先让孩子持牙刷练习"转动手腕"的动作，模仿刷牙的动作，让孩子对刷牙感兴趣。几周后，让孩子逐渐掌握上下转动刷牙的动作要领，并尝试用牙膏刷牙。在孩子学刷牙时，可以让孩子配合儿歌进行练习，以提高学习的兴趣，注意应该经常给予鼓励和表扬。

在孩子开始刷牙后，可以在孩子一天的作息时间表中安排上刷牙这一项，坚持早晚各一遍。因为是刚开始，时间可以给孩子留得充裕一些。

（2）鼓励为主、乐趣导向。

任何生活习惯的培养，都应以正面引导的方式来进行，如果一味苛求，使刷牙变成很枯燥的任务,反而会使孩子非常排斥。家长应尊重孩子爱玩、好模仿的特点,通过游戏、儿歌等方式,帮助孩子自觉养成刷牙的习惯。

(二) 皮肤清洁

婴幼儿皮肤薄嫩,通透性强,涂抹于皮肤上的物质也较易被吸收,所以,当皮肤与刺激物接触时,会更快更易产生过敏反应。婴幼儿的免疫系统尚未发育完善,较难抵抗细菌的入侵,故容易出现红疹、水疱。婴幼儿的毛细血管丰富,皮肤内油脂腺尚未发育成熟,抵抗外部感染的能力差,容易发生受伤、感染,进而易产生各种皮肤疾病。因此,加强婴幼儿的皮肤清洁十分重要。皮肤清洁主要包括洗澡、洗头、洗脸、清洗臀部、清理鼻腔、清洗眼部和洗手等几个方面。

1. 洗澡

婴幼儿洗澡不仅要让孩子的身体得到清洁,同时还应该帮助孩子养成勤洗澡的良好卫生习惯。许多家长在给孩子洗澡时,常常手忙脚乱。孩子全身软绵绵的,家长手脚重一点怕弄伤,手脚太轻又怕洗不干净,每次洗澡非常紧张。但其实,只要掌握了一定的方法,不仅能够从容完成,而且可以将洗澡时间变成亲子互动的美好时刻。

(1)基本要求。

出生后便可每天洗澡,一般洗澡可在喂奶前30分钟进行,洗澡之前最好先行排便,并在清理好后再洗。

洗澡前需要做好一定的准备工作。首先需要准备浴盆、温度计、浴巾、小毛巾、棉签、婴儿浴液、润肤露、替换的干净衣物等。其次,需要调节好室内温度和水温:可以紧闭浴室门窗(打开排气扇),保持室温26℃左右;水温38—40℃,先放冷水再放热水。如果没有水温计,可以用手肘和腕部试温。浴盆里的水不要太多。把宝宝放在浴巾上,先脱去宝宝外面的衣服,检查宝宝全身的健康状况,然后轻轻放入水中。

上身的洗澡顺序:脸—眼—耳—颈下—前胸—后背—手臂—手;下身(上身包裹,头靠在家长左肘窝,家长左手握左大腿)的清洗顺序:臀部—腿—脚。洗完后用浴巾擦干并涂润肤露。全部完成后可穿上衣物。

洗脸:将洗脸的小毛巾对折再对折,用折好的小毛巾的一角,轻轻擦拭宝宝的眼睛,从眼角由内向外擦。然后换用另一只角轻轻地擦拭另一只眼睛。再用同样的方法清洁宝宝的鼻子、嘴巴以及整个脸。原则是由鼻部中央向两侧轻轻擦拭。

洗头:用左臂夹住宝宝的身体,并用左手掌托稳头部,宝宝脸向上,用拇指及食指将宝宝耳朵向内盖住耳孔,防止水流入。右手抹上婴儿浴液,柔和地按摩头部,洗头时不要按压宝宝头部中央柔软的部位,洗完后冲洗抹干。

洗身体:小年龄宝宝在浴盆中的姿势是半躺半坐,年龄稍大后采取坐姿即可。当宝宝全身放松后，按照上述上身及下身的洗澡顺序清洗全身，并要注意皮肤褶皱处的清洗。

脐部护理：对于刚出生的宝宝，要注意脐部护理，可用碘伏从脐部中间向外轻轻擦拭，然后重复一次，保持脐部干燥。

3岁以下的婴幼儿不会自行控制水温，为了防止婴幼儿因水温调节不当而受到伤害，可在水中放置水温计以控制水温。

洗澡最好在10分钟内完成，防止由于水温降低而导致孩子着凉，或者孩子因体力消耗而感到疲倦。此外，要防止混有浴液的水入眼、入耳。

（2）基本原则。

安全性：洗澡过程中，对于小年龄的婴幼儿来说，应始终注意用手掌托住其头部，防止颈椎发生意外。不要让婴幼儿单独留在浴盆里，以免孩子独自玩水而发生溺水、跌伤或者烫伤等意外。即使孩子已经可以坐得很稳，仍要准备好一只手，若其滑倒则能够随时扶住他。如果需要在浴盆中加水，应该先在小盆里把冷水与热水混合成温水，然后再倒入浴盆里。

乐趣性：可以将洗澡和孩子喜欢的抚触等活动连在一起，建立洗完澡——抚触的习惯，能够将抚触的乐趣延伸到洗澡中来。若孩子害怕水，可以建立某种特定的信号——例如在浴盆里放上孩子喜欢的某一个特定的塑料玩具，增加孩子洗澡的兴趣。可以和孩子一起选择浴液，让孩子更愿洗澡。

2. 洗头

对于小年龄的孩子，可把他的头用一只手环抱，让其背部靠在家长的前臂上。另一只手做成环状，轻轻将浴盆的水淋在孩子头上，把他的头弄湿。孩子头顶上的污垢，可以先用将适量的润肤油轻轻涂于其上，待软化后，用浴液抹于其上再进行清洗，最后，用温水把头发冲洗干净。

洗头时要注意情感安慰，让孩子减少害怕的情绪。

3. 洗脸

用清水清洗，或用湿巾给抹净。洗净后注意涂抹润肤露。

4. 清洗臀部

婴幼儿的臀部皮肤也很娇嫩，被大小便刺激后容易引起红臀，如果大便污染尿道口还会发生尿路感染。因此，婴幼儿大小便后要及时清洁臀部，更换纸尿裤。

清洁方法：选一只专用的盆，水温要适宜，一般在36—37℃左右。用质地柔软的小毛巾清洗臀部，如果臀部有粪渍，应先用湿纸巾擦干净，再用小毛巾从上向下洗。先洗尿道处再洗肛门周围，防止肛门部位的细菌污染尿道口。这对女童尤为重要，因为女性的尿道口离肛门较近，更容易感染。每次洗完臀部后，要注意检查尿道口、会阴部和肛门周围。之后再薄薄地涂上一层婴儿护臀油。

4. 清理鼻腔

婴幼儿鼻腔内常有分泌物,清洁时不要用夹子或牙签挖取,以免损伤鼻黏膜,应先用清水使其湿润后再尝试取出。

5. 清洗眼部

婴幼儿的泪腺发育不完善,较难分泌泪水保护眼睛,亦不懂灵活眨眼,眼部对外界刺激的抵抗能力低下。应用干净温湿的棉纱球或小毛巾,轻轻擦拭宝宝的眼睛,从眼角由内向外擦,然后换另外的干净的棉纱球或小毛巾,擦拭另一只眼睛。如果眼睛分泌物多,眼角发红,在清洁眼睛之后,应选用适合宝宝的眼药水或眼药膏。

6. 洗手

养成孩子这一习惯的基本方法是:

建立"回到家、餐前(无论吃什么食物)、如厕后都要洗手"的意识。一开始,成人可以在回到家、餐前、如厕后告诉孩子,我们要洗手。后来可以逐步发展,回到家、餐前、如厕后向孩子提问,我们现在应该做什么?当孩子回答正确时,应该及时表扬。

培养正确的洗手方法。针对孩子喜爱模仿的特点,家长应该树立榜样,以身作则。可以示范给孩子看如何洗手,如何正确使用洗手液,让孩子进行模仿。为了增加洗手的乐趣,家长可以和孩子一起挑选洗手液,也可以为孩子准备一些洗手儿歌和故事,洗完手闻一闻香味、亲一亲小手,让孩子喜欢上洗手。

在培养孩子洗手等清洁卫生习惯时,切不可矫枉过正,过度清洁。若随时随地地清洁、孩子身上一脏就清洁,甚至因为防止孩子弄脏而过分束缚孩子,并不利于孩子的成长。例如,在孩子学习吃饭的阶段,由于手眼协调能力、精细动作等尚未发育成熟,往往到处都是饭菜,但是也正是在这样的练习过程中,孩子学会了吃饭,并且发展了独立意识。如果由于担心弄脏而不给孩子独立吃饭的练习机会,实际上是耽误了孩子的发展。

五、服装卫生

婴幼儿服装要根据其生理特点选择,确保服装的舒适性和安全性。

(一)衣服

(1)衣服面料要有良好的吸湿性、透气性和保暖性,如棉织物等,用以帮助婴幼儿调节体温,适应气候环境的变化;面料要柔软,有一定弹性,尤其是内衣的面料;面料要求轻,避免由于衣服太重而影响舒适性;面料一般选择浅色的面料。

(2)设计简洁的衣服更加安全。衣服上的装饰物要少,以简洁为主,防止装饰性设计给活动中的孩子造成伤害。如有纽扣,要检查是否牢固。此外,需要检查内衣、袜子上是否有长长的细线,避免细线对婴幼儿造成伤害。

(3)衣服款式要求宽松和舒适,不仅应方便穿脱、换洗,而且要使四肢有足够的活动空间,有效防止束胸、束腰等对婴幼儿骨骼发育的损害,促进婴幼儿身体的生长发育。婴幼儿身体比例与成人不同,头部较大,因此,开衫较套头衫更具有舒适感。

(4)衣服款式需要根据婴幼儿的生长发育特点、生活方式等进行适当的变化。

表6-11　0—3岁婴幼儿衣服的特点

年龄	发育特点	衣　服
0—6个月	颈部很短	选择无领子、斜襟的"和尚服",前面长后面短的设计有利于避免大小便沾染在衣服上
7—12个月	学习爬行、扶站和独立行走	选择连体、宽松的"爬行服"、开襟的按扣衫或者背带较粗的背带裤。裤子内裆线可以是门襟式,门襟上有安全按扣
1—2岁	独立活动能力增强,活动范围扩大,户外活动也增多	穿满裆裤,防止孩子受凉生病以及臀部被感染
2—3岁	自主如厕能力增强	不宜选择连体衣裤,不便于孩子自己如厕;应该穿内裤,防止细菌侵入,并从小培养孩子自我保护的意识

(二) 鞋子

鞋子的功能不仅是保暖,更是为婴幼儿运动提供重要的支撑和防滑作用。因此,婴幼儿的鞋子不仅要求美观,更需要舒适、合脚,并且能够适合不同阶段婴幼儿生长发育的需要,促进其健康成长。

脚部有丰富的神经和血管,柔软且透气性良好的鞋面、宽松肥大的鞋头、结实的鞋腰、富有弹性的鞋底,不仅能够提高舒适感,而且可以防止鞋子压迫局部神经血管,影响脚趾和足弓的生长发育。不合适的鞋可能导致扁平足等脚部畸形。

稍高的鞋口能够完全包住脚,起到稳定脚踝关节、减少受伤的作用;鞋腰结实的鞋才真正合脚;舒适、透气性强的鞋有利于婴幼儿活动和脚部发育;平跟鞋跟有利于维持正常足弓,不致引起肌肉和韧带受损;婴幼儿肌肉和脚骨都很嫩软,鞋子窄小会影响脚部肌肉和韧带的发育,而太大则影响行走和活动,因此,鞋的宽松度应该适宜,其宽松度以鞋穿在脚上能插进一小指为宜。此外,鞋子需要根据婴幼儿的生长发育特点、生活方式进行适当的变化。

表6-12　0—3岁婴幼儿鞋子的特点

年龄	发育特点	鞋　子
0—6个月	尚未开始爬行	可穿袜子,无须穿鞋
7—12个月	爬行	鞋帮较高、鞋面柔软的鞋比较包脚,不容易掉下来,这样爬行时也会比较舒服。中筒设计有助于稳定脚踝关节,减少受伤;坚硬的后跟能够控制后足外翻,减少疲劳感;薄及有曲线弯槽设计的鞋底具有弹性,有助于起步
1—2岁	初学走路阶段:孩子的协调性和稳定性都很差,脚尖着地居多,易磕绊	鞋帮较高、鞋面柔软的鞋; 鞋底应该有一定硬度,但不能太薄,要让孩子的脚有蹬地的感觉; 鞋底的前部要上翘一定角度,这样走路的时候会比较舒服
2—3岁	活动能力增强,跑、跳的机会较多	鞋子以完全包住脚为优,最好包到脚踝;同时须考虑支撑性及防滑性,比婴儿鞋略硬一些的鞋面有利于护脚;鞋前端宽度要足够

六、运动

运动是神经系统、机体的其他系统、后天的环境及进行不同任务所获得的经验综合作用的结果。科学地利用环境、有针对性地设计任务能够最大限度地促进运动能力发育。

1. 婴儿抚触

婴儿抚触是一项历史悠久的医疗护理技术,是通过医护人员或者父母对非特定部位肌肤施以轻柔的爱抚,以促进生长发育的活动。

(1)婴儿抚触的生理学基础。

触觉是原始的感觉反应,皮肤是面积最大的体表感觉器官,是神经系统的外在感受器。新生儿出生时已经具有视、听、嗅等各种生理功能,并能对照顾他的方式、环境的种种刺激作出应答。温和的抚触可以刺激其最大感觉器官——皮肤,增加迷走神经活力,伴随胃肠道的胃泌素、胰岛素的分泌,使食欲增加。同时,抚触可以减少婴儿的焦虑和不安,增加睡眠时间,有利于生长发育。抚触也能促进婴儿肾上腺皮质激素等的分泌,从而增强免疫功能。

(2)抚触的方法。

抚触的方法很多,目前有系统规范的主要有3种:①全身按摩法。婴儿全身裸露,在安静、舒适、温馨的环境下,对其头、胸、腹、四肢、手、足、背部、臀部等进行按摩。②改良简易法。对其头、腹、手腕和脚踝等进行按摩。③改良简易加经络按摩法。即在改良简易法的基础上增加了中医经络按摩。以下将介绍目前运用得最为普及的全身按摩法。

头部：用两手拇指指腹从眉间向两侧滑动；用两手拇指从下颌中央向外侧、上方滑动；让上下唇形成微笑状；一只手托头，另一只手的指腹从前额发际向上、后滑动，至后下发际，并停止于两耳后，轻轻按压。

胸部：两手分别从胸部的外下方（两侧肋下缘）向对侧上方交叉推进，至两侧肩部，在胸部画一个大的叉，避开乳头。

腹部：食、中指依次从右下腹至上腹向左下腹移动，呈顺时针方向画半圆，避开脐部。

四肢：两手交替抓住婴儿的一侧上肢从腋窝至手腕轻轻滑行，然后在滑行的过程中从近端向远端分段挤捏。

手和足：用拇指指腹从婴儿手掌面或脚跟开始，向手指或脚趾方向推进，并抚触每个手指或脚趾。

背、臀部：以脊椎为中分线，双手分别放在脊椎两侧，从背部上端开始逐步向下渐至臀部。

（3）抚触的注意事项。

一般选择在婴幼儿沐浴后、午睡及晚上睡觉前、两次喂奶中间。进食后 1 小时内不宜进行抚触。每天 2 次，每次 15 分钟。

房间应该保持空气清新、安静，可以播放一些柔和的音乐。

抚触前，抚触者应将双手指甲修平，并将首饰摘掉，先温暖双手，将婴幼儿抚触油倒在掌心，先轻轻抚触，随后逐渐增加压力，以便婴幼儿适应。

抚触者应该面带微笑，加强抚触者与婴幼儿之间的眼神、语言等情感交流。

抚触过程中应该密切观察婴幼儿的反应，出现哭闹、肌张力增高、肤色发生变化时应暂停。

不要强迫婴幼儿保持固定姿势。婴幼儿情绪反应激烈时，须立即停止抚触按摩。

婴幼儿的脐痂未脱落时，腹部不要进行按摩，等脐痂脱落后再按摩。

在抚触中，抚触者可以更改抚触的顺序，也可以选择几个部位对宝宝进行抚触按摩。

2. 地板活动

婴儿的肌肉和骨骼还未发育成熟，无法支撑自己的身体，也无法站立和行走，所以，小年龄的婴儿只能在水平的世界里活动。随着身体的不断生长发育，婴幼儿才会逐渐脱离"水平的世界"，进入成人的垂直世界。充分的地板活动有助于婴儿在"水平的世界"中自由探索、运动，从而帮助婴儿发展动作，也可以刺激婴儿的大脑发育。

① 地板活动和婴儿的生长发育。

地板活动有助于婴儿独立性的发展：在安全的地板上自由地玩耍，活动的区域相对家庭其他地方，更加宽敞，受到的限制也比较小，有助于婴幼儿充分感受到自主和自我支配的快乐，让独立性更好地滋长。地板活动有助于婴儿大脑的发育：婴儿能四肢着地、移动身体，学会了去拿自己想要的东西,移动自己的身体去自己想去的地方,当他爬行中有大的障碍物,就会学着绕开,甚至会爬到另外一间房间去探索。

② 地板活动的方法和注意事项。

首先,布置一个安全、有趣的地板活动空间。

为了让宝宝在空间宽敞的房间里活动,可移走茶几矮桌,搬走轻薄易倒的家具和用品,铺上软垫。橱柜的门要关闭并加上插销,以免宝宝爬入柜内,或误夹到宝宝的身体。所有的桌角和柜角都套上护垫。插座要使用防护盖,或是使用安全插座。注意关闭厨房和卫生间的门,这两处地方对宝宝充满着诱惑,同时也充满着危险。收起桌布,藏起易碎物品,把盆栽植物移到宝宝碰不到的地方。茶几上的烟灰缸,低柜上的摆设、化妆品、玻璃相框都要收起来。楼梯口要装栅栏,窗前不要摆放宝宝可能攀爬上去的家具。

试着以宝宝的眼光来审视环境布置,趴在宝宝活动的地方仔细观察:沙发垫和地毯下是否有小物品,宝宝找到的话,放入嘴里可能会发生危险。地板上是否有破口、沙发底下是否有冒出的小钉子,如有应仔细处理。

其次,把好玩有趣的东西放在各个他能到达的角落。

宝宝很喜欢到处找自己感兴趣的东西——如皮球或者小汽车。可将各种玩具放在地板上,供宝宝探索。

最后,要给予适当的帮助。

一开始,宝宝坐在地板上,可能不会自己玩,需要一些帮助。例如,可以给他小鼓、废鞋盒和饼干罐,让他尽情地敲打;可以给他一个皮球和废纸篓,教他抛皮球。当然,更要鼓励和肯定宝宝自己的探索。

3. 户外活动

无论春夏秋冬,都要让婴幼儿多享受阳光。进行户外活动不仅对防止缺钙很有益处,而且是0—3岁婴幼儿重要的学习方式,丰富的户外活动能够为婴幼儿的游戏行为提供多样的机会。

外出前应该做好充分的准备工作。首先检查手推车是否安全,准备玩具、毛巾、小毛毯、遮阳帽、具有除菌效果的湿纸巾、纸尿裤以及垃圾袋。长距离散步和在公园游玩的时候,需要随时补给水分,出门时预先准备好白开水,还需要准备一些小点心。在幼儿园,外出时的保教人员人数应该足够。若要乘车时,应该为每个婴幼儿配置安全座椅。

户外环境需要考虑安全性、乐趣性和促进性等原则。从安全性出发,草地、沙地等比较合适,既有婴幼儿活动的安全性,又可以促进婴幼儿活动的创造性。从乐趣性出发,3岁以下婴幼儿的活动范围还有限,但他们乐于在户外环境中享受观赏外部世界的乐趣。为此,在环境的选择上应该注意减少视线遮挡,为婴幼儿提供观察的机会,使他们能够享受观察他人活动的乐趣。从促进性出发,由于身体发育的需要,婴幼儿需要在户外的日光浴中促进钙的吸收,因此,应该选择阳光明媚的空间作为活动区域。随着年龄的增长,可以适当增加一些富有变化、有挑战的活动空间以提高孩子户外活动的乐趣。婴幼儿对于空间中的小变化非常敏感,同时由于他们刚刚掌握行走等技能,所以他们对于有高度差的地面、台阶、坡道等特别感兴趣。可以增加此类户外环境。

户外活动中携带合适的玩具有助于提高乐趣性。由于0—3岁婴幼儿进行户外活动的范围十分有限,但对世界充满好奇心和新鲜感,需要不断的刺激产生,因此,在环境设计时,可以考虑提供婴幼儿在户外能够自己动手操作的玩具,如可以玩耍的球类玩具,可以搭建改变的小构件,可以移动的小推车,可以涂画的沙地或者硬地等。

散步是孩子户外活动的最好方式。在婴幼儿还不会爬行时,可以由家长抱着在户外散步,呼吸新鲜空气。待长大后,可以尝试多样的户外活动,但应注意其安全。

第三节　幼儿园一日活动各环节的保育

科学合理地安排幼儿园一日活动的各环节能让学前儿童在不同的活动中、从不同的角度得到全面和谐的发展。学前儿童一日活动各环节主要包括入园、离园、盥洗、饮水、如厕、餐点、午睡、整理、户外自主活动、活动区游戏、集体教学活动。

一、入园、离园安排中的保育

(一) 入园

入园指早晨家长将孩子送到幼儿园。学前儿童入园时的主要活动有晨检、插晨检牌、洗手、摆放自己从家里带来的物品、参加值日生工作、点名等。

入园活动是家长、安保人员、保健教师、门卫、教师、保育员共同参与,帮助学前儿童完成入园的活动。各部门人员要齐心协力一起创设干净、温馨、舒适、整洁、安全的环境,确保入园通道的畅通和安全,并通过履行各自的职责,做好学前儿童的保育与教育工作。

(1) 家长应做好以下工作:指导学前儿童带好随身衣物及用品,按时送孩子入园,并配合幼儿园做好学前儿童入园签到、晨检等工作,告诉孩子入园后要马上到自己的班级,不能擅自离开幼儿园。家长应主动向教师等人问好,通过自己的行为影响孩子,让孩子在耳濡目染中逐渐形成向他人问好的习惯。

(2) 安保人员应做好以下工作:穿好制服、手持安保器械准时到岗,站在园门口迎接家长和学前儿童,主动向家长和学前儿童问好,并时刻观察周围的情况。

（3）保健教师应做好以下工作：穿好工作服、准备好晨检需要的物品(体温计、压舌板、手电筒、晨检牌、晨检本、棉签、纱布、免洗洗手液等),面带笑容迎接学前儿童。若晨检的对象是小班的学前儿童,保健教师可以主动向其问好,若是中大班的学前儿童,保健教师可以积极回应学前儿童的问好。保健教师通过"一问、二看、三摸、四查"了解学前儿童的健康状况。"一问"主要是问学前儿童在家睡眠、饮食、大小便等情况;"二看"有两种情况,一种是一般情况,主要看精神状态、面色、情绪等,另一种是针对传染病的早期发现,重点看皮肤、眼、耳、鼻、咽喉等是否有异常;"三摸"主要是摸额头、额下、颈部淋巴结及以耳垂为中心的腮部是否有异常;"四查"主要是检查学前儿童是否携带了不安全的物品、饰品、食品,检查学前儿童的指甲是否需要修剪、指甲中是否有脏的东西。根据学前儿童的体征发放不同颜色的晨检牌。例如:绿色晨检牌表示学前儿童健康,红色晨检牌暗示学前儿童应多饮水,黄色晨检牌暗示学前儿童要剪指甲。晨检中发现可疑情况应及时处理。

（4）门卫应做好以下工作：学前儿童来园时站在园门口,提醒家长出示接送卡,细心观察周边环境,看到学前儿童独自出门要拦截,并仔细询问原因,以防学前儿童走失。晨检结束后,把大门锁上。有人员进出要依照外来人员到访制度登记。

（5）保教人员(教师和保育员)应做好以下工作。

首先,创设舒适的物质环境。在学前儿童来园之前打开活动室、盥洗室、寝室等场所的窗户,尽量把窗户开大,保持空气流通。根据季节和气候的变化,调整开窗通风的时间。清洁消毒教室,打扫地面,擦拭桌椅、柜子、栏杆、毛巾架等。准备好学前儿童入园活动需要的物品,如学前儿童洗手用的洗手液(肥皂)、擦手用的毛巾。准备好温度适宜的饮用水;准备好学前儿童插晨检牌的袋子、学前儿童摆放书包的柜子及学前儿童参与值日生工作所需的用具等。

其次,创造良好的精神氛围。保教人员要做好自身的卫生保健工作。穿着要大方得体、舒适、轻便,便于参与活动。不宜佩戴戒指、发簪等容易伤害到学前儿童的首饰。保教人员的一举一动都会引起学前儿童的模仿。因此,保教人员不要穿奇装异服,不穿高跟鞋,不穿过短的裙子,不染夸张颜色的头发,不做指甲。保教人员的情绪会直接影响学前儿童的情绪。因此,保教人员要保持良好的情绪。要以微笑、爱护、拥抱迎接每一个学前儿童的到来,要用学前儿童能够接受的语言、语气、语调、语速和学前儿童进行交流,主动跟学前儿童问好,让学前儿童感到亲切。晨间与家长的交流宜简短,家长的要求要一一记录,不能忽视任何一个学前儿童。

最后,指导学前儿童做好入园活动。保教人员站在班级门口迎接学前儿童,观察学前儿童的情绪、穿着,是否携带了不安全的物品等。指导学前儿童插晨检牌、摆放书包、洗手,指导值日生摆放杯子、毛巾等。做好点名工作,及时了解学前儿童的出勤情况,对于没有入园的学前儿童要及时与其家长联系，了解没有入园的原因。对于情绪不稳定的学前儿童要及时安慰，引导学前儿童开开心心入园。若家长没有送孩子到班级，要做好防走失安全教育工作。对于有健康状况异常的学前儿童，要及时与保健教师、园领导及家长联系，做好预防保健工作。

（二）离园

离园指幼儿在园一日活动即将结束，家长到幼儿园接孩子回家。学前儿童要做好离园前与离园的工作。

离园前，学前儿童收拾好自己的衣物、玩具及其他随身物品，清理好要带回家的物品，整理好着装，在指定区域等候家长来接。

离园时，学前儿童有礼貌地与保教人员、同伴道别，跟随家人离园。不跟随陌生人走，不独自离开保教人员、家长。

离园也是家长、安保人员、门卫、保教人员共同参与帮助学前儿童完成的活动。

（1）家长应做好以下工作：家长按时到幼儿园，按幼儿园规定的"家长入园制度"入园。家长主动向保教人员了解孩子在园的情况及需要配合的事宜，积极配合保教人员做好家园共育工作。

（2）安保人员应做好以下工作：离园前，穿好制服、手持安保器械准时到岗，站在门口迎接家长，并欢送家长和学前儿童离园。离园时，安保人员可以主动向家长和学前儿童问好，还应时刻观察周围的情况。要特别留心学前儿童是否跟随家长一起出园门，如果学前儿童一人外出，要及时拦截。离园后，应将安保器械收拾整理好，脱下制服，协助门卫做好清洁消杀工作。

（3）门卫应做好以下工作：离园时站在园门口，提醒家长出示接送卡有序排队入园。提醒家长牵住孩子的手离园。看到学前儿童独自出门要拦截并仔细询问原因，以防学前儿童走失。离园结束，把大门锁上，进行清洁消杀。

（4）保教人员（教师和保育员）应做好以下工作。

离园前，保教人员针对不同年龄段学前儿童的学习与发展目标指导学前儿童自我整理，通过"看、摸、查"指导学前儿童做好整理工作。"看"是看学前儿童衣着是否整齐，鞋子有没有穿反，年龄越小的学前儿童，越要仔细看其穿着。天气较冷时，在学前儿童穿得较厚的情况下，保教人员要从内到外查看其衣服是否穿拉到位；还要看学前儿童个人卫生是否良好，嘴角有没有饭渍，衣服有没有明显的油污。"摸"是摸一摸学前儿童的手、额头，看看温度是否正常，摸一摸学前儿童的衣领、袖口、前胸、内裤有没有湿，有没有遗尿，如果有，及时指导学前儿童更换。"查"是查看学前儿童脸上、身上有没有磕碰过的伤痕，如果有，及时带学前儿童前往医务室并问清楚原因，在接待家长时要和家长沟通清楚；还要查看学前儿童口袋中有没有携带园中的玩具，如果有，引导学前儿童将玩具送回玩具柜；查看学前儿童是否带好自己的随身物品，如果没有，要提醒学前儿童带好。

离园时，保教人员应微笑迎接家长、与家长简短交流学前儿童在园一天的关键事件，与学前儿童、家长说再见。要严格执行幼儿园的接送制度，确保学前儿童安全跟随家长回家。年龄越小的学前儿童，越要关注其安全接送。中大班的学前儿童有转交书面通知、便签的任务，保教人员要特别关注学前儿童是否能独立完成此任务，并针对个体差异进行指导。

离园后，保教人员要按卫生要求全面清洁班级。保教人员应对寝室、地面、毛巾、杯子等进行消杀，整理好物品关好窗，为第二天的活动做好准备。学前儿童离园后，保教人员可以一起回顾一天的工作，相互了解各自发现的问题，研讨第二天的活动方案。

二、盥洗、饮水、如厕、餐点、午睡、整理等生活活动安排中的保育

（一）盥洗

盥洗是学前儿童一日活动中的重要内容，主要有洗手、擦嘴、漱口等。学前儿童知道饭前、便后、手脏时要主动洗手，逐步学会用七步洗手法洗净双手。养成餐点后漱口、擦嘴等行为习惯。良好的盥洗习惯可以帮助学前儿童保持身体健康，提高抵抗能力，防止病从口入。保教人员应做好准备和指导工作。

1. 做好盥洗的物质准备工作

洗手台的高度与学前儿童的身高相适宜，水龙头的数量充足，避免学前儿童消极等待；水温适宜，避免因水太烫而烫伤学前儿童；出水量适宜，避免因出水量过大而溅湿衣服。保教人员准备好洗手的洗涤用品、擦手的毛巾等，这些物品的摆放位置要适宜学前儿童取放。有供学前儿童自取的饮用水，及其专用的杯子。盥洗室应整洁通风，定时打扫并消毒。

2. 针对不同盥洗项目进行指导

（1）洗手。保教人员指导学前儿童将袖子卷起，站在洗手台前适宜的位置，腹部不倚靠洗手台，按照七步洗手法洗净双手。保教人员可通过图示指导学前儿童，例如，可以在墙上张贴七步洗手法步骤图，学前儿童边洗手边看图，轻松掌握正确洗手的方法。学前儿童洗净双手后，要拿自己的毛巾，将毛巾打开擦干双手，再将袖子放下。可利用儿歌帮助学前儿童学习并熟练掌握洗手的整个程序。

（2）漱口。保教人员指导学前儿童餐点后拿自己的杯子接适量的饮用水漱口，可通过儿歌帮学前儿童掌握漱口的方法。要告知学前儿童漱口后将杯子放到指定的地方，用自己的毛巾擦干嘴巴。

（3）擦嘴。保教人员指导学前儿童餐点后用专用毛巾擦嘴。盥洗室可挂镜子，学前儿童擦嘴时可通过照镜子的方法查看嘴巴是否擦干净。保教人员可通过儿歌帮学前儿童掌握擦

嘴的方法。

3. 指导幼儿有序排队盥洗

保教人员可创设相应的环境,通过环境的暗示指导学前儿童自理自立,如在盥洗室的地上贴控制点,学前儿童站在控制点上排队,避免拥挤;可在墙面上张贴不玩水的图示,通过图示教育学前儿童不玩水;可亲身示范,教给学前儿童不将水弄到台面、地面上的方法。保教人员教育学前儿童不在盥洗室逗留。盥洗结束后,保教人员随时清理地面、洗手台台面、镜面水渍,保持盥洗室清洁干燥。

(二) 饮水

水是人体不可缺少的重要物质,饮水是生活需要。学前儿童新陈代谢旺盛,每天更需要保证一定的饮水量。要培养学前儿童口渴了会自觉主动饮用适量白开水的习惯。

(1) 创设良好的饮水环境。提供饮水的设备,如水桶、水杯等。放水桶及水杯的地方应比较宽敞,适合学前儿童的身高,便于学前儿童取放。保教人员可以根据不同季节、不同天气掌控好饮用水的温度。在水龙头的下方放个空桶,避免学前儿童接水时水流到地上。创设饮水区和等候区,避免拥挤和消极等待。

(2) 指导学前儿童饮水。学前儿童要学会拿自己的水杯接水,掌握正确的接水方法(先拿水杯—排队—打开水龙头接水—接适量的水—关掉水龙头—到旁边喝水—放杯子)。环境中有引导学前儿童排队的标识,指导学前儿童有序接水,不相互拥挤。指导学前儿童接适量的水时,最好能告诉学前儿童接至杯子的什么位置为适量的水。指导学前儿童将喝不完的水倒到水池中。饮水时不说话、不打闹、不到处乱走,以防呛水、洒水。

(3) 指导学前儿童把握饮水的次数及饮水量。一天中有自由与定时喝水的时间。要创设自由饮水的环境,学前儿童口渴了要会自主饮水。中大班时可通过与学前儿童互动(如询问学前儿童今天喝了几次水;学前儿童每喝完一次水,就给其贴一颗星等),引导学前儿童自主喝水。同时,鼓励学前儿童乐意饮用白开水。对于有特殊需求的学前儿童,保教人员要予以特别关注。

案例分享

保障学前儿童一日饮适量的水

早晨入园时,总有个别家长来到老师面前说:"老师,麻烦你让我的孩子多喝点儿水,他最近有些不舒服。"下午离园时,有些家长一接到孩子,就拿出事先准备好的白开水或各种饮料让孩子喝。出现以上现象，无疑是因为家长觉得孩子在园饮水量不足。

针对此现象，教师召开家长会。家长会开始时，教师抛出问题，学前儿童每天需要喝多少白开水？喝白开水对他们有什么好处？果汁、饮料是否可以替代白开水？经过一番讨论后，教师将学前儿童在园一日基本的饮水量与饮水时间告诉家长。学前儿童在园每日上午、下午各有 1—2 次集中饮水的时间，每次饮水量 100—150 毫升。幼儿园会根据季节变化酌情调整饮水量。针对个别的幼儿，教师会提醒其饮水。教师还通过创设环境（如询问学前儿童是否喝水，喝了几次等）的方式提醒幼儿喝适量的水。家长听后，放心多了。

（三）如厕

如厕指学前儿童在园大小便。保教人员要培养学前儿童在幼儿园如厕的习惯，使其逐步学会按需如厕并尝试自理。

（1）创设良好的如厕环境。尽量营造"家"的氛围，设施安全、美观，便池尺寸适合不同年龄段的学前儿童使用，有扶手、有间隔。学前儿童的厕所需要男女分厕并有标识，使学前儿童能根据标识选择。学前儿童便后要及时冲洗。厕所一天定时消毒两次，一次是幼儿午睡的时候，一次是幼儿离园后，做到干净、整洁、无异味、舒适、防滑，尤其是遇到雨雪天气，要做好防滑措施。勤擦扶手、挡板，定时用消毒水擦拭消毒，放置厕纸的袋子也要定期清洁、消毒。准备学前儿童厕纸，厕纸的长度为 20 厘米左右，放在学前儿童随手可取到的地方。

（2）营造自主如厕的氛围。保教人员提醒学前儿童如厕时，语气要亲切、柔和、不强制其大小便，允许学前儿童根据需要随时大小便，并在每个活动过渡环节提醒学前儿童，教育学前儿童不憋尿。对个别小班刚入园、大小便有困难或不会蹲、不适应在幼儿园如厕的学前儿童，保教人员要给予帮助，如教给方法、陪伴，同时联系家长，取得家长配合，家园教育一致，尽快消除学前儿童的心理紧张感和恐惧感，使学前儿童逐步学会在幼儿园大小便。有些学前儿童将大小便拉、尿在身上，保教人员要及时处理，态度和善，多宽容、不指责。

（3）指导学前儿童正确如厕。保教人员应告知刚入园的学前儿童正确的蹲的方法、蹲的位置，以及蹲在哪里不容易把大小便弄到便池外；指导幼儿正确脱裤子，如裤子脱到什么位置既不会将大小便弄到身上，又不会受凉；指导幼儿整理衣裤。小班的学前儿童可以在保教人员的指导下进行，中大班的学前儿童应学会自己穿脱裤子。尤其是冬天，保教人员要指导幼儿一层一层地将裤子往上拉，将上衣塞进裤子里；指导中大班的学前儿童正确使用厕纸、便后清洁（如冲便物、便后及时洗手）；指导学前儿童安静有序如厕，不在厕所逗留、玩耍、打闹。保教人员可以通过儿歌或图示指导学前儿童如厕。

（4）关注个体差异。有的学前儿童一日中需要如厕的次数比较多，保教人员要提醒其按需如厕。对于如厕有困难的学前儿童，保教人员要给予个别照顾。入园前，有些学前儿童习惯用纸尿裤；入园后，保教人员要及时与家长联系，帮助学前儿童逐步适应，不用纸尿裤。若幼儿园中为蹲厕，对于在家习惯用马桶的学前儿童，保教人员要教学前儿童蹲着如厕的方法，逐步习惯在园蹲着如厕。有的学前儿童有遗尿的现象，或常常要到很急才去厕所，保教人员要特别关注，及时提醒学前儿童如厕。

（四）餐点

学前儿童在园的餐点可包括早餐、午餐、晚餐、上午的点心和下午的点心。幼儿园应根据学前儿童在园的时间及一日活动制度，制定具体的餐点次数和餐点时间。学前儿童的餐点工作需要后勤人员和保教人员的密切配合。

后勤人员主要有分管后勤的副园长、保健教师、总务、厨师等。后勤人员要精心、科学地准备学前儿童的食品，保健教师根据学前儿童营养状况提供食品的方案，总务负责采买新鲜食材，厨师烹饪适宜学前儿童吃的食品，给有特殊需要的学前儿童准备适宜的食品。

保教人员主要负责学前儿童在用餐方面的工作。

（1）布置用餐环境及准备用具。学前儿童有固定的用餐地点，用餐环境应干净、整洁，有餐厅的氛围。进餐前，保教人员戴好帽子、口罩、围兜，保持餐桌的整洁。餐桌要做到"三清"，以保证桌面清洁干净。保教人员应提供干净的、尺寸适宜学前儿童使用的碗、勺、筷子等餐具。

（2）保证进餐时间。学前儿童有充足的进餐时间，进餐时间一般控制在 30—45 分钟。时间太短，学前儿童可能无法充分咀嚼，不利于消化；时间太长，学前儿童边玩边吃，不利于良好饮食习惯的养成。

（3）保教人员有序组织进餐活动。进餐前，保教人员将餐具、毛巾等用品摆放在学前儿童可以自取的地方。幼儿餐前不进行剧烈运动。保教人员可组织安静的活动，如开展食谱播报活动，以激起学前儿童的食欲。同时，保教人员可以组织学前儿童有序排队，指导学前儿童用七步洗手法正确洗手，鼓励并指导中大班的学前儿童正确用勺、夹子自取餐点，按自己的食量取适量的食物。

进餐时，要创设和谐的进餐环境。保教人员可播放轻音乐以调整学前儿童用餐的情绪，不处理问题，不引起学前儿童哭泣，允许学前儿童之间对饭菜等问题进行小声交流。针对不同年龄的学前儿童，保教人员可运用不同的方法指导学前儿童进餐。例如，可通过儿歌、故事指导学前儿童正确地使用筷子、勺子，采取正确的坐姿等，培养学前儿童的进餐能力，使其养成良好的进餐习惯，并鼓励中大班的学前儿童自己添菜、添饭。对挑食的学前儿童，保教人员要多些耐心,根据学前儿童的进餐心理特点,提高其进餐兴趣。对于体质瘦弱的学前儿童,保教人员要仔细观察,针对学前儿童的用餐速度、进食量及对于食物的喜好,指导学前儿童专心用餐,以增加食量;对于体质肥胖的学前儿童,鼓励其细嚼慢咽,控制吃饭速度,同时要指导其多吃蔬菜、少吃主食。要保证学前儿童的进餐时间,不要过分催促学前儿童。

进餐后,可以开展整理与安静活动。保教人员指导学前儿童餐后整理食物残渣和桌子,将餐具放到指定地方;指导学前儿童餐后洗手、漱口、擦嘴;指导中大班学前儿童参与值日生工作,学习餐后收拾餐具和桌子。餐后不宜马上午睡,保教人员可以组织学前儿童开展散步、看书、玩玩具等安静活动。

(4)及时向家长反馈学前儿童在园食量、食欲、挑食情况。针对挑食及进餐习惯不良的学前儿童,保教人员应指导家长科学喂养,家园共育形成合力。

(五)午睡

全日制幼儿园有午睡的环节,半托的学前儿童中午在家午睡。学前儿童午睡的习惯能保障其身体的正常发育和心理的健康发展。为让学前儿童有良好的午睡习惯,保教人员需要做好以下几点。

(1)创设良好的午睡环境。学前儿童就寝前半小时要开窗通风,室内温度要适宜(15—24℃),睡眠环境安静、舒适、整洁,阳光不宜太强,也不宜太黑。学前儿童有自己的床铺、被褥。学前儿童床铺、被褥的长度和宽度适宜。

(2)做好午睡前的保教。午睡前,保教人员组织学前儿童如厕,更换拖鞋、睡衣,整理脱下的衣服,指导学前儿童入睡时盖好被子,避免着凉。保教人员可帮助整理被褥,指导学前儿童保持正确的睡姿安静入睡(右侧卧或仰卧),及时纠正有不良睡姿的学前儿童;指导学前儿童安静入睡,入睡前不说话,不与同伴嬉戏玩耍,不影响同伴入睡,不带玩具到床上玩;教育学前儿童不在被窝里玩衣物,不吮吸手指、嘴唇等。

(3)做好午睡中的保教。保教人员要轻声说话,语气柔和,随时巡视学前儿童午睡的情况,如盖被子、脸色、呼吸等情况,并要关注个体差异,关注如入睡慢的学前儿童、不睡觉的学前儿童、睡眠中会遗尿的学前儿童、睡眠时间短的学前儿童,针对个体差异采取适宜的保教策略。例如,对于会遗尿的学前儿童,保教人员要时刻关注他,掌握其遗尿的规律,轻声提醒他如厕。保教人员要随时检查学前儿童的睡姿,避免不良睡姿影响学前儿童的血液循环及呼吸等。

(4)做好起床的保教。保教人员提醒学前儿童按时起床时,可轻声叫醒仍在睡眠中的学前儿童,指导学前儿童按顺序穿衣、裤、袜、鞋,指导其先坐在床上穿上衣,然后再坐在床沿,上铺的学前儿童下来坐到下铺床沿依次穿裤、袜、鞋。自理能力差的学前儿童,保教人员单独指导其穿脱衣服、整理物品,提醒穿脱衣服动作慢的学前儿童要按时起床,教育学前儿童不边玩边穿衣服。

（5）指导学前儿童整理衣物、床铺。寝室内应安装适合学前儿童照的镜子。保教人员指导学前儿童到镜子前观察自己的穿着是否整齐，鼓励并指导中班的学前儿童学习整理床铺，指导大班学前儿童自己整理床铺。女孩应主动地拿自己梳子找保教人员梳头。

（6）指导学前儿童自主盥洗。学前儿童离开寝室后，保教人员组织学前儿童有序进行如厕、盥洗、喝水等活动。

（7）及时向家长反馈学前儿童的入睡情况。有些学前儿童入睡慢或没有午睡习惯，保教人员应指导家长调整其生活作息，让学前儿童早睡早起，周末的作息尽量与幼儿园保持一致。

（六）整理

整理是学前儿童自我服务及为集体服务的重要的内容，是学前儿童重要的生活能力。学前儿童在园一日活动的整理有穿脱衣服，整理个人物品，整理用具、玩具。为培养学前儿童良好的整理习惯，保教人员要注意以下几方面。

（1）创设自理的环境，如要有摆放玩具、材料、图书、活动器材、学前儿童书包的柜子或场地，并要有明显的标识。

（2）学前儿童的衣服、鞋子等要简单实用，便于自己穿脱。

（3）通过游戏、儿歌、故事等方式让学前儿童知道整理物品、穿脱衣服的正确方法，并指导学前儿童逐步掌握。

（4）学前儿童自己能整理的让学前儿童自己整理，学前儿童不会整理的保教人员要耐心指导，避免过度保护和包办代替，要鼓励并指导学前儿童自理、自立地尝试。

（5）家园联系。让家长明确不同年龄段学前儿童整理的学习与发展目标，保教人员指导家长根据学前儿童的能力创设能让学前儿童参与整理的环境与机会，告知家长要让学前儿童参与力所能及的家务劳动，如整理自己的衣物、餐前参与摆放餐具、学习摘菜、帮助扔垃圾等。

三、户外自主活动安排中的保育

学前儿童新陈代谢旺盛，耗氧量大，多在户外新鲜空气中活动，可以保证氧气的供应，减少呼吸道感染的风险，促进大脑的血液循环和供氧，提高大脑对机体的控制能力及反应的灵敏度、准确度。同时，可以使不同性质的区域交替兴奋和抑制，避免疲劳。学前儿童年龄越小，越需要在户外活动，空气和阳光是保障学前儿童健康的自然条件。《幼儿园工作规程》指出，在正常情况下，幼儿户外活动时间（包括户外体育活动时间）每天不得少于2小时，寄宿制幼儿园不得少于3小时；高寒、高温地区可酌情增减。《3—6岁儿童学习与发展指南》指出，幼儿每天的户外活动时间一般不少于2小时，其中体育活动时间不少于1小时，季节交替时要坚持;气温过热或过冷的季节或地区应因地制宜,选择温度适当的时间段开展户外活动,也可根据气温的变化和幼儿的个体差异,适当减少活动的时间。大自然是活教材,蕴含丰富的教育契机,应尽量让幼儿在户外活动。保教人员应做好组织工作。

活动前,首先,保教人员应观察户外环境状况,如观察户外天气、温度状况。其次,保教人员应与学前儿童建立户外活动的基本规则,如不随便离开指定地方,不破坏户外环境、设施、花草树木,遇到困难及时告知保教人员等。最后,保教人员应了解学前儿童的身体状况,对于行动不方便或不舒服的学前儿童,要为其准备相应的物品。

活动中,保教人员应观察学前儿童的活动状况,及时了解学前儿童的出汗情况,调整学前儿童的穿衣。引导学前儿童口渴了要及时补充水分,指导学前儿童少量多次饮水,避免因为一次喝下大量的水而增加心脏的负荷,造成胃肠的不适应。培养学前儿童的自我保护意识,提醒学前儿童注意安全,不离开集体或到隐蔽处玩耍,不玩危险的游戏。

活动后,组织学前儿童清洁手、脸和脏衣服。引导学前儿童正确使用毛巾,将额头、身上的汗擦干。对于出汗较多的学前儿童,保教人员应及时指导其换下湿内衣。当学前儿童情绪平稳、不再出汗时,保教人员提醒学前儿童及时穿上衣服,以免着凉。

四、活动区游戏安排中的保育

活动区是根据活动内容的类别对空间进行划分后的区域,是一个空间划分的概念。活动区一般有表现性活动区(装扮区、表演区、建构区、美工区)、探索性活动区(益智区、科学区、沙水区、种植饲养区)、运动性活动区(固定运动器械区、可移动运动器械区、自然游戏区)和欣赏性活动区(阅读区、展示区),这四大类型的活动区覆盖了学前儿童发展的五大领域。幼儿园要创设多元的活动区,让学前儿童有更多的机会、充足的时间在不同的环境中玩耍。要建立活动区游戏的常规,让学前儿童在多元的环境中通过游戏进行自主学习。

游戏前,保教人员应注意以下几方面内容:根据各游戏区的性质和功能,科学合理地规划活动区,围绕目标提供适宜的操作材料;注意材料的安全性、操作性、层次性、趣味性等。

游戏中,保教人员应注意以下几方面内容:鼓励学前儿童自主选择活动内容,引导学前儿童专注、持续地活动,与学前儿童共同制定活动区游戏规则,督促学前儿童自觉遵守;保证活动区游戏时间,观察了解学前儿童游戏情况,及时进行有针对性的指导;根据学前儿童的游戏情况及时调整和更换游戏材料。

游戏后,保教人员应注意以下几方面内容:引导学前儿童有序取放和整理活动材料;根据需要组织学前儿童交流分享,通过交流分享提升学前儿童的经验。

幼儿园有四大不同功能活动区,每一类型又有多种。不同的活动区,性质功能不同,保教内容也应有针对性。下面主要介绍运动性活动区、美工区、阅读区。

（一）运动性活动区

运动性活动区是以粗大动作练习为主要内容的活动区域。但是，运动性活动区不只是孤立地用来发展粗大动作，而是通过粗大动作的自发练习促进学前儿童全面和谐发展。在组织该活动区的游戏时要特别关注运动安全与运动卫生。

1. 运动前

（1）注意运动场地安全。运动场地要干净、整洁。运动场地要多元化，兼有草地、塑胶地、硬质地、沙地等各种质地的场地。地貌丰富，凹凸不平，兼有小土坡、斜坡、沟壑等。

（2）注意运动设施安全。运动设施应该是牢固、安全、无毒、无气味的，符合卫生要求。运动设施符合学前儿童的年龄特点。幼儿园要建立起有专门负责运动场所和运动器械的安全责任工作小组，定时对各场地和各种固定器械进行检查，如器械的绳索破旧了应及时更换、螺丝松了及时旋紧，对木制的器械及时进行维修和处理。保教人员应在运动前、运动后应对设施进行仔细检查，发现安全隐患及时上报。

（3）检查学前儿童着装。应检查学前儿童活动时的服装是否宽松、合体、不妨碍学前儿童运动；检查衣服上是否有链子或圆环等金属硬质的饰物；检查鞋子是否适合运动，鞋带或黏扣是否系牢，防止学前儿童在游戏中摔倒，发生安全事故。提醒学前儿童穿适量的衣服。与家长联系，尽量给学前儿童穿运动服、运动鞋。

（4）检查学前儿童人数。外出运动前进行点名，并告知学前儿童进行运动的场地，以及在场地上应注意的安全规则。

（5）准备户外饮用水装备。每个学前儿童应有户外水壶，保教人员协助学前儿童接适量适温的饮用水，方便学前儿童户外活动时随时喝水，补充水分。

（6）提醒学前儿童如厕。运动前，询问学前儿童是否需要如厕，让其尽量不在锻炼时大小便，尽量不憋尿。

（7）有序到达运动场地。组织学前儿童排队有序到达运动场地，提醒学前儿童行走时不推不挤，不嬉戏打闹。

（8）充分热身。运动前组织学前儿童充分热身，因为热身可以适当提升心跳速度，增加体内血液的流量，快速激活呼吸，使心肺可以适应接下来的运动，避免在运动开始后因为热身不充分而导致心肺的不适。热身后，大脑会进行各种复杂的调节，使机体处于一种兴奋的运动状态，使学前儿童能愉悦地参与运动。热身既有全身性热身，也有针对运动内容进行的针对性的热身。学前儿童通过热身可拉伸筋骨，使身体各关节、各部位得到充分活动。

2. 运动中

（1）关注运动安全。学前儿童的运动项目要科学，不安排可能引起结构性运动伤害的项目，如拔河、倒立、掰手腕等。关注运动中的环境，确保学前儿童运动中的安全，做好运动项目的保护工作。例如,攀爬架比较高,保教人员要站在旁边保护。运动线路要科学,避免相互碰撞。

(2)关注运动量与运动强度。要遵循人体机能变化规律安排运动内容。控制运动负荷、运动强度、运动密度。体弱多病的学前儿童要控制运动量。可通过面色、出汗量、呼吸、动作、注意力、情绪判断学前儿童的生理负荷。学前儿童体育活动运动负荷参考数据如表 6 - 13 所示。学前儿童体育活动生理负荷一览表如表 6 - 14 所示。

表 6 - 13　学前儿童体育活动运动负荷参考数据[①]

项　　目	指　　标		
	小　班	中　班	大　班
体育活动时间	15—20 分钟	20—25 分钟	25—30 分钟
体育活动的平均心率	130—160 次/分		
运动密度	30%—60%		

表 6 - 14　学前儿童体育活动生理负荷一览表[②]

项目 \ 生理表现		轻度疲劳	中度疲劳	非常疲劳
运动中	面色	稍红	相当红	十分红或苍白
	出汗	比平时较多	较多	大量出汗
	呼吸	比平时稍快	显著加快加深	呼吸急促、表浅、节律紊乱
	动作	动作协调,步态轻稳	协调性、准确性和速度降低	动作失调,步态不稳,用力颤抖
	注意力反应力	注意力集中,反应正常	能集中注意力,但不够稳定,反应力减弱	注意力分散,反应迟钝
	情绪	情绪愉快	略有倦意,但不够稳定,情绪一般	厌倦运动,精神恍惚,疲惫
运动后	食欲	饮食较好,食欲有所增加	食欲一般,有时略有降低	食欲降低,进食量减少甚至出现呕吐现象
	睡眠	入睡较快,睡眠质量良好	入睡较慢或一般,睡眠一般	很难入睡,睡眠质量差
	精神	精神振奋、情绪愉悦、注意稳定	精神略有不振,情绪一般	精神萎靡、疲倦无力

---

① 王占春.幼儿体育教学法(全一册)[M].北京:人民教育出版社,1986:114. 引用时有改动。
② 王占春.幼儿体育教学法(全一册)[M].北京:人民教育出版社,1986:117. 引用时有改动。

（3）关注个体。针对不同能力和健康状况的学前儿童提出不同的要求。例如，对于身体不舒服的学前儿童，其运动量可以相对减少；对于习惯性脱臼的学前儿童，可引导他尽量不参加悬垂、拖拉的运动。

3. 运动后

（1）充分放松。运动结束后要带领学前儿童做 3—5 分钟的放松运动，调整学前儿童的情绪及身体机能，减轻运动疲劳，减少运动伤害。运动后做放松，会让肌体各个部位逐渐适应从运动到停止运动的变化，保护身体健康。运动时能量的消耗会让肌肉中聚集许多代谢物，如乳酸，如果不进行放松，会产生乳酸堆积。

（2）整理运动器械。运动后，应指导学前儿童收拾、整理运动器械，将运动器械归位，摆放整齐。

（3）运动后盥洗、如厕、饮水。运动后，应组织学前儿童盥洗、如厕、有序饮水，提醒学前儿童一次不能喝下大量的水，要少量多次地饮水。

（4）运动后的衣物整理。运动后，要引导学前儿童正确使用毛巾将额头、身上的汗擦干，对于出汗较多的学前儿童，要引导其换下湿衣服。如果天气比较冷，要提醒学前儿童及时穿上外套，避免着凉。

（二）美工区

美工区是学前儿童自主地进行绘画和手工制作的场所，既为学前儿童提供练习精细动作的机会，也为学前儿童审美表征创造条件，更是创造性教育的重要场所。美工区的保教要关注以下几方面。

活动前，要根据学前儿童的年龄特点和经验创设美工区的环境。有条件的幼儿园可创设专用的美工区，也可以在活动室创设美工区。美工区的环境应比较宽敞、安静、明亮，最好靠近水池。美工区应具备以下条件：有供摆放材料的柜子，柜子高度适宜，方便学前儿童自主取放材料；有学前儿童从事操作活动的桌面；有可挂放工作服、展示作品、放置未完成作品的地方。美工区应提供丰富的材料，如绘画活动材料（绘画纸、水彩笔、蜡笔、油画棒、粉笔、颜料、画笔等）、纸工活动材料（如各色彩纸、剪刀、胶水、抹布、双面胶、透明胶、小箩筐等）、泥工活动材料（如各种彩色泥、配套用具、抹布、辅助工具等）。这些材料要符合国家卫生、安全标准，并分类装在各容器内，容器要有标识，便于学前儿童收拾整理。

活动中，要创设良好的活动氛围，鼓励学前儿童大胆想象与创作，肯定学前儿童的想法与表达方式，给予学前儿童积极的创作体验，指导学前儿童尽量保持良好的坐姿。根据学前儿童的年龄特点与经验，指导学前儿童正确、安全地使用剪刀和胶水等工具，告诫学前儿童在活动中不做危险的动作，如笔尖不对着同伴，递剪刀给同伴时要把剪刀柄朝着对方等。培养学前儿童良好的卫生习惯，如画画时不把画笔弄到衣裤上、颜料不到处洒、剪下的纸屑放到垃圾桶里。指导学前儿童及时用抹布擦桌面、地面的污渍。

活动后，应引导学前儿童收拾整理材料，让其将没有用完的材料归位。将创作好的作品进行展示，没有创作完的作品放置在专门柜子里，以便下次继续创作。

（三）阅读区

阅读区是学前儿童安静阅读图书的场所，建议每个班级活动室内都要设置阅读区，让学前儿童有机会在各种不同的活动中随时进行阅读。有条件的幼儿园可设置专门的图书室。阅读区的保教要关注以下几方面。

阅读前，要创设适宜学前儿童阅读的环境。阅读区应设置在亮度适宜、采光良好的位置，保证充足的光照。光照不足时，可通过台灯辅助照明。要为学前儿童设计各种各样的座位，如沙发、垫子、地毯，让学前儿童感受到温馨、舒适。阅读区的空间可以是半开放的，因此，可以在阅读区放置一些小帐篷、纸箱子，创造有趣、独立、私密的阅读空间及分享空间。需要注意的是，学前儿童所在的位置，一定是保教人员视线所能看到的地方，避免因保教人员看不到而发生安全事故。阅读区相对比较安静，最好不要和装扮区、表演区、建构区这样的区角相邻。这些区角相对比较"热闹"，容易分散学前儿童的注意力，不利于专注阅读。

准备稳固的、圆角的书架，书架高度应与学前儿童的身高相匹配，让学前儿童可以看得到，也可以拿得到。书架高度能满足学前儿童随意拿取图书的要求，图书的封面向外，这样除方便找书以外，还能够在视觉上激发学前儿童的阅读欲望。

图书数量要充足。一般情况下，图书数量按照进入阅读区学前儿童数量的2—3倍投放，定期进行更换，以保持学前儿童的新鲜感和兴趣。班级间轮换和让学前儿童从家里带来喜欢的书籍，都是充分优化图书使用效率的方式。

图书的质量、图书的材料要符合相关卫生要求标准，不反光，字体大小适宜。图书内容健康，适合学前儿童阅读。图书的情节要出乎意料、引人入胜、想象力丰富。图书的语言文字基于口语经验，与学前儿童的语言发展水平相适应。好的图书具有图的故事、文的故事和图文的故事。要根据学前儿童的年龄选择尺寸大小适宜的图书。对于有护封和腰封的图书，建议把护封和腰封拿掉，这样既方便学前儿童阅读，也避免了纸张划伤学前儿童。

阅读区还可以投放一些可供学前儿童修补图书的材料，如儿童剪刀、胶条、胶棒，以便学前儿童随时修补图书。

阅读中，保教人员可以创设有利于学前儿童端正坐姿的环境，预防脊柱弯曲异常，例如在地毯、沙发、靠垫等环境中，学前儿童容易出现"舒服"的不良坐姿，保教人员应该提供阅读书架、书桌，引导学前儿童阅读时采用正确的坐姿。不在光线太强的地方阅读，也不在光线弱的地方阅读，光线弱时要提醒学前儿童开灯阅读。在阅读区还可播放轻音乐，帮助学前儿童静心阅读。

案例分享

在阅读区阅读

　　阅读区铺有地毯,地毯上有沙发、靠垫、小桌子等,小陈老师试图创设像家一样的阅读氛围,可是有的学前儿童将靠垫放在地上趴着看书,有的靠在沙发上看书,看上去很"惬意"。小陈老师看到后,将学前儿童看书的不同姿势拍下。活动区游戏结束后,小陈老师播放坐姿端正看书的视频。学前儿童明白了什么是正确的看书姿势(胸口离桌子一拳远,肩平、背直,书本可以放在桌上,也可以立起,立起后书本要往外斜)。接着,小陈老师展示了几张不同姿势的照片,让学前儿童找一找哪些看书姿势不对,怎样纠正错误的看书姿势。

　　阅读后,保教人员应指导幼儿收拾整理图书,让其将书翻到封面,摆放整齐。

五、集体教学活动中的保育

　　集体教学活动是教师有目的、有计划地组织班级所有学前儿童参加的教育活动。学前儿童年龄越小,注意力越不容易集中,也越容易产生疲劳。因此,不同年龄段幼儿集体活动的时长应根据其特点而有所不同:小班一般为 15 分钟,中班一般为 25 分钟,大班一般为 30 分钟。同时,集体教学活动还要安排在学前儿童精力充沛、身体机能活动旺盛的时段。

　　集体教学活动基本是由教师完成,教师是组织集体教学活动的主体,保育员协助教师完成集体教学活动。教师和保育员的职责侧重点不同。

1. 教师的职责

　　教师根据学前儿童的年龄特点、学习与发展目标安排集体教学活动的时间和活动内容,确保小班在 15 分钟左右完成教学内容,中班在 25 分钟左右完成教学内容,大班在 30 分钟左右完成教学内容。

　　活动前,教师根据教学计划做好活动准备(经验准备、活动材料、情境创设、座位调整等)。教师须特别关注学前儿童用眼卫生,教学活动场所光线适宜,学前儿童的座位要利于学前儿童直视教师及教师演示的玩具、教具。

　　活动中,教师应培养学前儿童良好的学习品质。学习态度上,应让学前儿童做到以下几方面:①有好奇心和学习兴趣;②做事积极主动;③乐于想象和创造。学习行为与习惯上,应让学前儿童做到以下几方面:①做事专注;②有一定的坚持性和责任感;③有一定的计划性;

④能思考自己做过的事并从经验中学习。教师运用适宜的组织形式和多样的教学手段组织教学活动,营造平等、融洽的氛围,鼓励学前儿童积极参加学习活动,启发、支持学前儿童主动学习,促进学前儿童与教师、同伴、材料有效互动。教师要培养学前儿童良好的坐姿,注意保护学前儿童视力,严格控制其看屏幕的时间及眼睛与屏幕的距离。

活动后,教师指导学前儿童整理玩教具,并适时反思,可以根据学前儿童的情况随机调整教学行为和活动方案。

2. 保育员的职责

活动前,保育员向教师了解集体教学活动的目标、内容、时间、地点、需准备的玩具及教具。活动场地如果在室内,保育员应调节室内光线,若室内照明度不够,需要开灯,若光线太强,应适当拉上窗帘,并摆放好桌椅,准备玩具、教具。保育员主动询问教师是否需要协助制作玩具、教具,帮助教师准备并摆放好所需的教具和材料,协助教师摆放学前儿童的学具和学习材料,保证数量充足。对于中大班的学前儿童,保育员可指导值日生一起摆放。

活动中,保育员随时关注教师的教学行为与动态,根据需要及时给予教师必要的支持与帮助,如帮助教师出示、操作、演示教学用品和用具。保育员应随时关注学前儿童的行为,及时给予适宜的支持,如当学前儿童注意力不集中时,提醒学前儿童安静、认真倾听;当学前儿童坐姿不正确时,及时纠正;当学前儿童需要如厕时,给予支持。

活动后,保育员协助教师收拾整理活动中使用的玩具、教具和材料,并检查是否有缺损,组织学前儿童及时盥洗、如厕、饮水,向教师反馈自己看到学前儿童活动的状况,同时商量后续可开展的活动等。

 问题与思考

1. 观察一所幼儿园的离园活动,结合离园安排的卫生情况,对该园的离园活动进行评价,并尝试提出优化建议。

2. 观察与记录一所幼儿园的美工区,结合美工区的保教要求,对该美工区进行评价,并尝试提出优化建议。

3. 记录一位幼儿在家的一日作息,结合大脑皮层机能特点和生物节律的要求,对其作息进行评价,并尝试提出优化建议。

4. 观察一组幼儿的运动,结合运动中对疲劳的评价指标,对其疲劳水平进行评价。

第七章 学前儿童伤害的预防和处理

 本章提要

伤害已经成为影响学前儿童健康的重要问题。传统观念中伤害的发生具有不可预知性,故伤害通常被称作"意外伤害"。近年来的大量研究证明,伤害的发生、分布及危险因素具有一定的规律性,这为判断和预防伤害提供了重要的理论基础。本章内容包含有关伤害的基本概念、学前儿童主要伤害类型和原因、学前儿童伤害的预防、学前儿童伤害发生后的处理措施。

第一节 有关伤害的基本概念

分析伤害的概念、类型、性质、危险因素,是预防和控制伤害的前提。随着伤害预防的需要和研究工作的进展,伤害已经形成了一个重要的流行病学分支——伤害流行病学。在开展学前儿童伤害预防保育之前,首先需要回答的是"安全、风险、伤害"等概念。

一、安全、风险、伤害

(一) 安全

安全是指没有受到威胁,没有危害、损失。安全具有客观性,没有危害的状态是安全,而且这种状态是不依人的主观意志为转移的,因而是客观的。无论是安全主体自身,还是安全主体的旁观者,都不可能仅仅因为对于安全主体的感觉或认识不同而真正改变主体的安全状态。例如,一个在河边玩耍的幼儿,不会由于他自我感觉良好而真正安全;一个拉着母亲的手在公园散步而且确实没有任何危险的幼儿,也不会因认为自己危在旦夕就真的面临危险。

（二）风险

有人将风险等同于危害，但实际上两者需要加以区分。

风险是指遭遇伤害或损失的可能性，它可以通过计划和监督加以管控，风险评估处于统一的连续体上，它可以是积极的，也可以是消极的。而危害则是指危险或灾祸，是必须通过计划和监督予以避免的。

例如，让蹒跚学步儿自己在房间里走路是有风险的——他可能会跌倒并撞到头，但家长可以跟随孩子一起走，以便随时能扶住他，以此来控制风险。然而，让幼儿在父母打电话时独自过马路，或让幼儿在繁忙的马路上骑车却是危险的，其中包含的风险就难以控制了。

风险可以被分为积极的风险和消极的风险。例如，儿童爬绳梯可能存在着坠落的风险。如果绳梯有 3 米高，绳梯下的地面是光秃秃的，就很可能会摔伤。如果此时让儿童爬绳梯，其潜在的消极风险就会大于积极风险。然而，如果绳梯只有 1.5 米高，且地上铺着一层很厚的减震材料，那么这个风险就转化成积极的了——它降低了发生伤害的可能性，提高了儿童在攀爬中提高身体素质、在努力和成功中收获积极情感体验的概率。

对风险和危害进行区别是非常重要的，尤其是具有风险的活动对于儿童早期发展有价值时。如果没有这种区别，就容易把任何可能会伤害到孩子的活动都看作是危险的，从而禁止挑战性活动和游戏的开展；如果将风险等同于危害，那么在缺乏适当监管的情况下，哪怕是常见的活动和材料也可能会对儿童构成危害。例如，木工活动有助于发展学前儿童的精细动作、空间概念、规划能力等，但是当儿童用木工工具（例如锯子）攻击另一个儿童时，其锋利性足以造成严重伤害。自行车给儿童提供了发展平衡能力和踩踏技能的机会，但在骑车时，儿童可能会摔下来，造成身体伤害。

风险在生活中无处不在。对于风险的态度，不是杜绝风险，而是控制风险，学会在一定的风险中成长。一方面可以通过计划和成人监督对风险加以控制，另一方面可通过安全教育使学前儿童学习在风险控制的情况下，进行学习和发展。

（三）伤害

伤害是突然间或短暂地遭受到不可耐受的能量作用而导致的人体损伤。

可能导致伤害的能量有：(1)机械能（如与固定的或者移动的物体碰撞，如刀具、交通工具）。(2)辐射能（如爆炸产生的耀眼的光亮或冲击波）。(3)热能（如太热或太冷的空气或水）。(4)电能。(5)化学能（毒物、兴奋剂或精神类物质，如酒精或毒品）。世界卫生组织将伤害分为溺水、跌落、烧烫伤、交通相关损伤、中毒和窒息、其他伤害（锐器伤、火器伤、机器伤、自然和环境伤害、挤压伤等）。

我国学前儿童的前五类伤害：跌落/坠落、道路交通伤害、钝器伤、动物伤、刀/锐器伤，其流行状况见表7-1。

表7-1 我国学前儿童常见伤害

跌落/坠落	1—4岁是跌落/坠落的高发年龄,占33.47%;头部是跌落/坠落发生后最常见的受伤部位,占46.99%;家中是跌落/坠落发生的主要场所,占40.18%。
道路交通伤害	0—1岁占0.38%、1—4岁占21.45%、5—9岁占25.98%;头部和下肢是道路交通伤害最常见的受伤部位,占34.52和26.44%;7月和8月是道路交通伤害发生最多的季节。
钝器伤	0—1岁、1—4岁、5—8岁的发生率分别是19.31%、23.41%、21.37%,家中和学校为钝器伤的前2位发生场所;头部是钝器伤伤害的首要部位。
动物伤	1—4岁、5—9岁的发生率分别是30.15%、34.19%;家中是最常见的发生场所,占63.88%;头部是钝器伤伤害的首要部位;7月和8月是伤害发生最多的季节。
刀/锐器伤	0—1岁、1—4岁、5—9岁的发生率分别是19.66%、19.97%、21.92%;家中是最常见的发生场所,占46.68%。

在0—18岁儿童青少年中,1—4岁为伤害致死亡的发生率最高的人群,每10人死亡中,就有3.3人为1—4岁儿童;5—9岁为16%,10—14岁为15%,15—19岁为28%。

在儿童青少年身上发生的伤害还有如下特点。各年龄段发生伤害的比例如下:伤害病例中1—4岁占比最高(32.28%),其次为15—18岁(25.73%),5—9岁(23.25%),10—14岁(17.76%)和0—1岁(0.98%)。伤害发生场所:前三名依次是家中(46.34%)、公共场合(15.01%)、学校(10.72%)。伤害发生季节:7月和8月是多发月份,占全年的19.67%。伤害部位:上肢和头部伤害为伤害损伤最易发生的部位。

学前儿童伤害有明显的季节性和地区差异:南方儿童伤害的前三位死因是溺水、窒息和车祸,而北方儿童更多地死于窒息、中毒和车祸;城市儿童的首位伤害死因是车祸,农村则为溺水。由于学前儿童容易在家中、学校、游乐和体育场所,以及在路途中等发生伤害,因此,伤害已经成为家庭、幼儿园、社会重点关注的健康问题之一,应通过为儿童创设一个安全的环境,尽可能地减少伤害发生的频率和严重性。

二、伤害造成的影响

伤害威胁儿童的生命质量和生存质量,给家庭及社会带来极大的精神打击和经济打击。伤害由于其高发生率和高致残率消耗着大量的卫生资源,给国家、社会、家庭和个人带来了沉重的负担:不仅给儿童和家庭带来身心痛苦和重大损伤,也造成严重的社会经济负担。伤害造成的影响的主要评价方式是伤害负担。伤害负担是指对因伤害所造成的损失和危害进行的综合评价,主要指伤害死亡导致的寿命损失、因伤就医造成的经济负担、早死/致残引发的劳动力损失以及伤害发生造成的对家庭和社会等的影响。伤害负担通常使用发生率、死亡率、残疾率、潜在寿命损失年（YPLL）、医疗费用、休息/缺课/住院天数等指标来评估其严重程度。

伤害一直是我国0—18岁儿童青少年的首要死亡原因，农村的发生率高于城市。儿童伤害负担中的经济损失巨大。我国每年因儿童伤害所造成的社会各类损失总计达453.3亿元，其中医疗费用32.6亿元。

三、伤害预防理论

一直以来，伤害问题被忽视，主要是由于伤害一直被视作一种随机的和意外的事件，人们往往认为伤害是偶然的、不可避免的。近十年的研究成果已经改变了这种观点，伤害的发生不完全是偶然的和意外的，而是具有可预防性。

伤害的预防研究源于医学领域流行病学的研究。医学领域的伤害研究经历了从流行病学一般性描述的初级阶段到多学科领域合作研究的较成熟阶段的发展。研究从对伤害发生部位的统计到对伤害发生因果关系中的儿童特征、性别、性格等生理机制的讨论，再到对伤害发生的生态环境因素的讨论，例如家庭因素、社会因素（如地理位置、种族、文化背景、社会制度）等，形成了一系列不断深入、覆盖多学科的研究。

医学领域的讨论都基于流行病学的统计数据，数据获得主要依靠医院以及其他具有医学性质的机构展开的各方面研究，获得数据的主要方法一是对现有的居民死亡登记、医院住院或门诊病历、疾病监测年报表等资料进行回顾性调查；二是采用普查或抽查的方式对学前儿童进行现状调查。

（一）三级预防手段

世界卫生组织提出，伤害是可以预防的，伤害预防的核心目标是防止伤害因子的量或速度超过人体承受的限值、减轻伤害造成的后果。国际上伤害预防策略的制定，都需要遵循公共卫生原则，采取三级预防手段，将伤害对人们造成的不良影响降至最低，甚至使影响消失。

1. 一级预防

一级预防是预防事件的发生及其导致的伤害，是指在伤害发生之前采取措施，使伤害不发生或少发生。主动的一级预防是通过信息传递和行为干预，帮助人们提高安全意识、伤害防治尝试和自我保护能力，被动的一级预防是从工程和产品的设计阶段起，便充分考虑伤害与安全问题。

2. 二级预防

二级预防是诊断伤害和正确的伤害处理，具体是指在伤害发生后的自救互救、院前医护、院内抢救和治疗，旨在降低伤害的死亡率和致残率。

3. 三级预防

三级预防是康复以及预防各种更加严重的伤害、残疾或者以死亡为表现形式的并发症，具体是指使受伤者恢复正常身体功能，使残疾人得到良好的照顾和医治。

(二) 伤害模型

围绕着实现三级预防目标，人们提出了不同的预防措施和模型。

1. 流行病学模型

宿主(儿童)——介质(机械力或机械能)——施加者(自行车)——环境(打滑的路面)

图 6-1　自行车碰撞导致伤害的流行病学模型

这一模型也可以用于人与人之间的暴力事件，如一个儿童打同伴。在这个事件中，宿主是被打的人，介质是机械力或者机械能(拳头)，施加者就是打人的儿童，而环境包括儿童在内的能够接受这种行为的社会标准或价值观。

使用这种模型有助于确定伤害中的各种因素，另外，能够帮助人们思考如何预防这些伤害的发生，进而确定一旦发生后如何降低危害。例如，在自行车碰撞模型中，骑自行车的人、自行车和路面在本事件中都存在问题，或许在这些方面进行改变，就能够预防类似事件的发生。

表 7-2　伤害发生的因素和干预措施

因素	可能的干预措施
宿主	戴头盔以保护骑自行车的人
	提供更好的治疗以帮助受伤者更加快速和充分地恢复
介质	降低速度来减少碰撞中的能量
施加者	改进自行车的设计，指使自行车不容易失控滑倒
环境	降低路面的光滑程度、使用道路标志或降低车辆的速度

2. 伤害谱模型

伤害谱是用以描述宿主从暴露于有害物质，继而发生事件直至产生伤害以及可能的失能和/或死亡的全过程的模型。伤害谱也是一种分析伤害的工具，能够帮助人们分析在一个特定的事件中都发生了什么，即暴露——事件——伤害——失能——死亡，以及该采取哪些措施。

3. 哈登矩阵理论

1970 年，哈登设计了一个分析伤害事件的工具，是一个结合流行病学模型和伤害谱模型的矩阵。这一矩阵能够同时考虑到各种因素(宿主、介质、施加者、环境)以及事件发生的不同阶段,能用来分析各种伤害事件,确定干预策略以及预防类似事件的再次发生或将危害降低。

表7-3　哈登矩阵理论

	人(或宿主)	媒介因子	物理环境	社会环境
伤害发生前	宿主是否过度暴露于危险中	施加者是否有危害	环境是否是有危险的;危险是否可以降低	环境是否支持危险行为
伤害发生时	宿主是否能够承受这种能量或力的传递	施加者是否提供了保护措施	环境是否在本次伤害事件中起作用	环境是否在本次伤害事件中起作用
伤害发生后	发生创伤后如何处理	施加者是否与创伤有关	在伤害事件后,环境是否会加剧创伤	环境是否有助于康复

这一理论同样认为伤害是可以被预防的,且已经成为伤害的研究工具。

哈登从两个维度来解释伤害事件发生的阶段和原因,认为伤害事件的发生是三阶段——三因素综合作用的结果。第一维度,即伤害发生的三阶段,是指伤害发生前、发生时、发生后。第二维度,即伤害发生的三因素,是指宿主、媒介因子和环境。其中,媒介因子是可通过无生命物质或传染源(人/动物/有机物)转移给宿主的一种能量;环境又被分为物理环境和社会环境,物理环境是指伤害事件发生的实际环境,社会环境是指社会、文化及相关法律法规等。

表7-4　应用于儿童道路交通伤害的哈登矩阵理论

	儿童	车辆和安全设施	物理环境	社会环境
伤害发生前	年龄、性别、缺乏照料、冒险行为、冲动行为	车辆性能差、照明差、刹车性能差、超速、超载	道路设计缺陷、公共交通匮乏、无强制限速、无安全护栏、缺乏针对步行者安全的基础设施	贫穷、单亲家庭、家庭规模大、父母受教育程度低、看护者或教师缺乏危险意识
伤害发生时	儿童的身高和体重发育情况、缺乏保护安全的设施或设施使用不当、儿童患有疾病	未正确使用或安装儿童安全座椅和安全带、未使用自行车和摩托车头盔、车辆的碰撞保护设计有缺陷、无翻车保护	路旁有物体(如柱子)	缺乏车内和道路上的安全氛围
伤害发生后	儿童恢复能力差、儿童的整体状况、缺乏适当的卫生保健、创伤后并发症	到达受伤者处有困难、缺乏训练有素的卫生保健和急救人员	缺乏有效的院前、急救现场救护和康复治疗	缺乏对受伤者救治的知识、缺少急救知识

哈登的理论基础是能量转移理论,侧重于分析伤害发生前后的短暂时间段内的危险因素。他认为人体事故实质上是能量的不正常转移,并基于该理论提出了10项伤害预防策略:

(1) 预防危险因素产生,如禁止0—7岁儿童乘坐副驾驶;

(2) 减少危险因素所蕴含的能量,如降低儿童药物用量;

(3) 控制或减少已有危险因素的释放,如使用儿童安全药瓶,预防儿童误食药物;

(4) 从源头上减少危险能量释放的可能性,改变伤害事件的发生率,如使用儿童安全座椅;

(5) 从时间和空间上将危险因素与受保护方分开,如设立人行道和机动车道;

(6) 通过设置障碍物将危险因素与受保护者隔开,如在水塘边安装栏杆;

(7) 改变危险因素的基本性质,如去除儿童玩具上的尖锐棱角;

(8) 加强集体对危险因素的抵抗能力,如加强儿童身体锻炼;

(9) 降低已造成的伤害损失,加强快速反应能力,如路边设立报警电话指示牌;

(10) 加强有效急救治疗和康复治疗的能力,如康复治疗、心理干预等。

根据能量转移理论,危险因素形成前的伤害预防策略为(1)、(2)、(8);危险因素形成后的伤害预防策略是(3)、(4)、(5)、(6)、(7);危险因素造成伤害后的策略为(9)、(10)。

哈登的理论与社会生态模型具有一致性,在分析环境因素时,也提出了物理环境和社会环境,提示应该将环境干预策略丰富化。但是对于环境因素的解释不够具体,从而缺乏操作性。为此,有学者将此模型进行了发展,提出干预措施遴选标准、使用步骤,使这一理论更具有可操作性。具体如下:

第一,干预措施遴选标准。

这些标准根据所解决的问题让信息进行不同的组合,解决原理论中众多干预措施无法落实的操作性问题。

表7-5　干预措施遴选标准

标准	含　义
效应性	通过描述干预措施所包含的干预信息,如在受控条件下的功效或者在其他地区的应用效果等,来了解干预措施的效果
费用	实施干预措施所产生的费用,包括执行干预方案和补偿潜在受损方的费用等
自由度	在实施干预措施时,为达到预期的目标,某些群体可能不得不妥协,失去某些自由
公平性	干预措施应注重横向公平和纵向公平
歧视性	干预措施实施时应该避免侮辱某人或某个群体
受影响社区或个人的偏好	干预措施应考虑伤害事件的社会文化背景
可行性	可行性包括技术可行性、政治可行性和经济可行性。在考虑可行性的同时,还需要慎重决定何时考虑可行性

第二，使用的具体步骤。

（1）采用社区需要评估数据确定需要干预问题。

（2）确定模型的列，即维度一：观察目标（宿主、媒介因子、物理环境、社会环境）的变化。

（3）确定模型的行，即维度二：伤害的发生阶段（伤害发生前、伤害发生时、伤害发生后）。

（4）确定模型的深度，即维度三：确定评价标准，明确在分析中需要考虑哪些值。

（5）对可能的干预措施展开头脑风暴，并填写行和列。

（6）组织收集数据，评估每个评价标准的价值。

（7）根据干预的属性，参考评价标准，评估干预措施。

（8）根据干预措施和评价标准，对每个评价标准赋予整体评估的权重值。

（9）作出最佳选择。

（10）解释作出的选择。

（11）记录整个评估过程，以便未来分析。

4. 镜头—望远镜模型

2011年，霍斯金提出伤害的形成和影响具有长期性，将生命历程理论与哈登矩阵理论进行了综合，提出了镜头—望远镜模型。

生命历程理论包括两个概念：（1）延伸的时间维度。伤害暴露和结果的联系可以跨越多年，甚至发生代际传递。（2）生态视角。人们的生活背景很关键，生活背景会随着时间而改变。镜头—望远镜模型更强调广泛的社会生态影响、生命历程以及伤害的代际因素，如儿童伤害虽通常归于离散事件，但其与社会对预防儿童伤害的意识（生命历程）密切相关，也与儿童早期培养预防意识（生命历程）密切相关。一些伤害风险因素（如酒精、暴力等）均可发生代际传递。该模型以镜头—望远镜模型代表其延伸的时间维度、社会生态影响和代际传递。镜头包括宿主、媒介因子，其位于镜头内部，并受到社会环境和物理环境的影响，其范围涵盖家庭、社区和全球，在镜头的所有组成部分的动态相互识别中，用虚线来代表这些生态层的界限。通过在望远镜末端的安全镜头来将生命历程维度添加到模型中，当人们通过生命历程的不同阶段时，其个人属性也随之发生变化，所处的社会环境和物理环境也相应地发生了变化。而这些因素会影响个人、家庭和后代累积的伤害风险。

5. 因果连锁理论及轨迹交叉理论

海因里希于1976年以从事保险工作43年的经历提出了事故发生的骨牌理论，又被称为因果连锁理论。该理论认为事故伤害的发生好像多米诺骨牌的倾倒一样，是由一连串紧接着的事件造成的，这些事件分别由五个因素导致。

遗传和社会环境、人为过失、不安全的行为与不安全的环境、意外事故、伤害这五个因素互为因果，只要前一因素倾倒，后者随之依序倒下，如果抽出一张"骨牌"，中断颠倒序列，就能阻止伤害发生。海因里希还发现,造成儿童意外伤害的原因有很多,但只要抓住了关键的几点,就可以大范围地避免或减轻伤害。他认为伤害事故的发生原因有 98% 来自不安全的行为与不安全的环境,这即为关键点。

约翰逊与斯奇巴提出了轨迹交叉理论,其基本思想是:伤害事故是许多相互联系的事件依序发展的结果,这些事件概括起来,不外乎人和物(包括环境)两大发展序列。当人的不安全行为和物的不安全状态在各自的发展过程(轨迹)中、在一定的时间及空间里发生了接触(交叉),能量转移到人体时,伤害事故就会发生。而人的不安全行为和物的不安全状态之所以产生与发展,又是多种因素作用的结果。

这两个理论一致认同环境是伤害因果链中极其重要的一环,但也同时指出人和环境两大因素是相互关联、相互转化的;有时人的不安全行为促进了环境的不安全状态的发展,或导致新的不安全状态的出现,而环境的不安全状态可以诱发人的不安全行为。

第二节 学前儿童主要伤害类型和原因

学前儿童伤害发生的范围、种类是极其复杂的,与其行为特征、环境因素等有关。只有了解发生的主要伤害类型、原因,方能采取有针对性的安全防护措施。

学前儿童伤害发生的相关因素非常多,大致可以归为生源性因素、家庭因素、社会因素、幼儿园因素。

一、生源性因素

1. 年龄和性别

学前儿童的身心发展尚未成熟,好动、好奇心强、理解力和判断力尚待完善,缺乏生活经验,对周围环境缺乏正确的认识,危险意识薄弱,防范能力较差,容易暴露在有危险因素的环境中,再加上认知能力低、自我保护能力和技巧也相对较差,因此容易遭受伤害。

学前儿童身体尚未发育成熟,骨骼、肌肉和关节正处于逐渐发育的过程之中,参加超负荷的运动,容易发生运动伤害;持续长时间的运动,会造成儿童身心疲惫,也可能发生伤害。以自我为中心的特点往往使孩子忽视了周围环境的危险性:孩子总是喜欢攀爬,而如阳台、门窗、楼梯等处却缺少齐全的保护装置,易导致孩子从高空跌落。玩水、游泳给学前儿童带来乐趣,但也潜藏着风险:年纪较小的儿童在水边玩耍时因失足落水而溺水,而年龄较大的孩子因为游泳时误入深水区或腿部抽筋导致溺水甚至死亡。学前儿童的注意力容易分散,对交通标志辨别不清,对交通状况缺乏判断力,加上有些成人没有在遵守交通法规方面树立良好榜样,使学前儿童成为交通事故的易发人群。以触摸或者嘴尝的方式来认识世界的特点,使气管异物、鼻腔异物、眼内异物、夹伤、触电、误服甚至烫伤成为学前儿童伤害的主要类型。

表7-6　学前儿童的发展特点和伤害类型

年龄	发展特点和易发生的伤害
0—6个月	生长发育最为迅速的时期。家长喂养不当或者乳头堵塞婴儿气管是导致其窒息的原因。在进食后采取仰卧位极易造成婴儿的呛咳,甚至发生窒息。婴儿不会拿掉盖在口鼻上的东西,也会因此发生窒息。在水中不能保护自己,易溺水。会舔吃手指、伸出手拿眼前的东西,然后放在嘴巴里,易误食或窒息。前囟门未闭合,头重身体轻,易跌倒,发生头部伤害。
7—12个月	能进行身体移动,但是不知道躲避周围的危险,易发生跌倒。会拨弄花生、葡萄等放入嘴里,易发生窒息。自己会在水里玩,但是身体滑入水中时不会站起来,易发生溺水。
1—2岁	体格发育逐渐减慢,智能发育突出,活动范围增大。好奇心强,不知道危险,到处走、跑,并伸手拿所能够到的东西,可能比成人快一步,易发生误食、烫伤或跌倒。头重、平衡能力差,易跌倒。
3—4岁	活动范围扩大。可以跑得很快并喜欢独立地去发现更多的新鲜事。可能在成人想象不到的地方独自玩耍,不知道危险。喜欢走楼梯,从楼梯上蹦下来。学骑车,可还完全不懂得道路上的各种危险。仍在学习平衡和攀爬,常跌倒。喜欢玩发亮的东西,如火柴和打火机,但不了解火可能带来的伤害。会到处翻东西,能旋转瓶盖,易误食。
5—6岁	喜欢户外活动,但不具备预测障碍和及时躲避危险的能力。不完全了解过马路、骑车等活动中的交通危险,不善于判断车辆的声响,对速度和方向的判断能力尚未成熟,对距离和速度没有概念,难以主动躲避一些障碍。游泳时仍然时刻需要成人看护。身体姿势控制与平衡能力尚未发育成熟,运动时仍需要指导和练习。因喜欢模仿成人而在厨房帮忙,易被烫伤。

2. 性别

学前儿童伤害具有性别差异。男孩是意外伤害发生的高危人群,其死亡率要高于女孩,且随着年龄增长,比例加大。男孩容易发生如跌落、中毒、溺水等伤害,伤害多为主动性;女孩易发生车祸等伤害,伤害多是被动的。

男孩比女孩更容易发生意外事故原因可能是,男孩更加好动,其游戏类型以身体接触为主,女孩相对比较文静。另外,成人对于性别仍有刻板概念,因此对男孩和女孩保护与教育的方式不尽相同,由此可能造成男孩受伤害的机会多于女孩。这也提示我们在采取措施防止儿童受伤害时,应该有针对性。

3. 心理特征

事故倾向性理论认为,部分儿童的心理特征,使其在一定时期内的特定环境下比另外一些人更容易受到伤害。这种心理特征既有稳定性,又有可变性,对它进行了解和辨别有助于采取相应的预防措施。

个体自身的心理特征,如冲动性、注意力易分散、活动较多、多动等对伤害的发生有显著影响。邹会庆等人在安徽选择部分非致死性事故多发儿童进行了病例对照研究,发现对伤害的发生有显著性影响的心理特征有喜发脾气、爱与其他孩子打闹等。儿童意外伤害认知水平和事故倾向性行为与儿童的年龄、是否经历过伤害有显著关系;事故倾向性行为发生较多的儿童,其意外伤害认知水平较低。注意水平是其事故倾向性的危险因素。

另外,意外伤害的发生还与先天气质有关,包括:活动水平、节律性、趋避性、适应性、反应阈限、反应强度、情绪本质、分心程度、注意广度和持久性等。伤害的不等倾向性与儿童气质特征密切相关,其中难养型和中间近难养型的气质类型有事故倾向性,而易养型气质和中间近易养型的事故倾向性风险减少,启动缓慢型气质与事故倾向性无显著关系。这一发现为伤害的高危人群的筛查提供了方法,在气质类型和气质管理中可增加对伤害的预防。

作为心理活动的一个重要方面,情绪稳定对个体的感知觉、注意、思维、行为灵敏性导向有重要影响。具有明显伤害倾向的儿童,多表现为情绪不稳、粗暴易冲动、大胆冒失、遇事有强烈的情绪反应。情绪冲动、不稳定时易做出一些鲁莽、自我伤害的动作,从而发生意外。例如,由于天气恶劣,孩子无法从事户外活动而心情烦躁时;当儿童面对不合作的儿童时;当师幼人际关系紧张时,均易发生伤害。

儿童问题行为是儿童伤害易感性的预测因子,尤其对有反社会、攻击性和注意缺陷多动障碍等问题行为的儿童来说,伤害易发生。焦虑/抑郁等行为因子对儿童伤害也有预测作用。这提示我们,应关注此类儿童,提前采取控制和干预措施,防止伤害的发生,或降低其影响。

二、家庭因素

保护儿童免受伤害,从根本上说,与成人的态度和行为有关。有研究估计,约90%的学前儿童伤害发生在家庭周围,在监护人的看护之下。合格的监护已经被广泛认为是保护儿童免于受伤的重要因素。

1. 家庭经济状况

家庭经济状况是儿童伤害的最强危险因子。社会经济因素是导致儿童伤害易感的最主要因素。

伤害最易感的人群是长期贫穷人口,通常也是生活在农村地区或有战争冲突的地区的人群。这些家庭的家长可能不能为孩子提供合适的看护和监督,不能支付安全设施的费用。可能使儿童暴露在更多的危险环境中,如车流量大且车速很快的环境中。也可能使儿童接触不安全的设施设备,如没有保护设备的窗户、无扶手装置的楼梯等。

另外,保护不足是造成儿童伤害发生的原因,弱势儿童行为、父母风险感知等危险因素以及家长监督、家长急救知识—态度—技能、家庭环境等保护因素对伤害发生的严重程度都会产生影响。家庭环境、家长监督保护越好及具有越好的伤害救护知识和技能，儿童伤害发生得就越少。家庭物理环境有时甚至可以预测儿童伤害的发生。

2. 家庭社会环境

紧张的家庭关系、迁居等是造成儿童伤害的重要因素。有慢性病、经常搬家、经常来客人、有祖父母去世和经常吵架的家庭，其儿童易发生伤害。这些事件一方面使父母对儿童的监护时间减少，另一方面影响了儿童的情绪行为，从而使儿童发生伤害的机会和危险性增大。此外，母亲的抑郁、家庭关系的紧张和不稳定、父母受教育水平低，都使子女受伤害的可能性增大。

三、社会因素

社会因素对儿童伤害的影响主要集中在对儿童伤害的重视程度及生活环境的影响等方面，具体表现在以下内容上。

1. 政策法规

通过政策法规，能够强有力地提高全社会对儿童伤害的关注和强制实施。

以儿童安全法令和规范为例。儿童骑自行车必须戴头盔的法令，使儿童因骑自行车而发生碰撞的致死率大大降低。

2. 公共设施的安全

研究表明，完善公共设施的安全管理能够减少伤害的发生。如加强危险水域的安全设施配置能减少溺水。道路基础建设水平的改善能够降低由交通意外导致的死亡和伤害。城市儿童的伤害和操场设施有关，操场的设计和建造必须符合安全标准。

3. 学前儿童玩具的安全

玩具的安全一直是社会关注的热点，关系儿童的健康成长。玩具召回制度的建立和实施就是其中重要举措。2019年，对国外玩具召回案例的统计分析发现，误吞风险占比最高（32.7%），且误吞伤害本身具有突发性强、隐蔽性高等特点，因此该风险已成为目前玩具安全方面的最大隐患之一。我国于2007年建立国家产品伤害信息监测系统，用于收集因产品导致消费者伤害的相关信息，以加强对产品风险的发现与研究。根据产品监测数据中致伤产品信息的分析，误吞伤害涉及玩具大致可以被分成四类：一是例如弹珠、小球等尺寸较小、可被儿童直接吞入的小玩具；二是例如积木、拼图等含有可被儿童直接吞入的小零件的玩具；三是例如玩具车的车轮、毛绒玩具等，本身不含小零件，但经儿童外力拆卸或破坏后，产生可被儿童直接吞入的小零件、小部件；四是例如泡泡棒、牙咬玩具等内含玩具填充液的液体填充玩具。从环境因素的特征上来看，一是伤害的发生地点集中在家里，占93.63%；二是伤害发生时的活动主要为休闲活动,占 75％。综合以上两点,玩具误吞伤害的主要环境背景是儿童在家中的休闲玩耍活动中,占 71.08％。

四、幼儿园因素

随着我国学前教育全面普及时代的来临,幼儿园是儿童群体聚集的地方,对于儿童成长的各个方面均起到关键作用。幼儿园的安全措施、保教人员的安全防范意识对儿童伤害的发生有重要的意义。伤害发生集中在以下几个方面:安全管理不当、运动设施不安全和餐饮不卫生等。在园幼儿伤害以跌伤、碰撞伤、烫伤多见,幼儿园的安全问题是伤害预防的重要关注点。对幼儿园中伤害发生的原因进行分析,有助于建立科学的预防机制。

1. 各种客观环境因素中的潜在危险

各种客观环境因素常会导致儿童伤害事故的发生,例如幼儿园的用房过分拥挤、活动场地狭小、地面不平整、家具和玩具的边角太过锐利、玩具颗粒过于细小、游戏设备器具陈旧及老化、操作的工具不适合学前儿童等,都可能成为学前儿童发生伤害的潜在原因。

幼儿园空间环境设计和装修设计缺少安全性,成为儿童发生伤害的隐患。首先是在颜色方面,视觉上的误差影响可能对儿童造成伤害,这是影响空间安全的重要因素。儿童空间设计中过度强调色彩整体性,造成图底关系发生模糊,如地面以及台阶采用同样的色彩,使儿童由于受到色彩的视差影响出现摔跤的事故,就是因空间设计而带来的安全问题。其次,幼儿园的装修设计的细节可能导致幼儿出现磕碰,例如室内的柱子等相应的建筑构件上缺少软包等材料,难以保障安全;缺少从防滑以及防摔的安全设计角度进行考虑,预防儿童滑倒以及摔跤;安全空间的设计中缺少防夹伤的设计,容易出现夹伤的部位未采用保护装置进行防护,导致发生夹伤。

良好的安全措施,能够减少事故发生的频率和严重性。保教人员应了解儿童能力发展的程度与能参与的活动,组织计划儿童活动,选择合适的游戏器材、建立游戏规则、指导他们的游戏活动。学前儿童的身心发展特点限制了他们对环境中各项压力的反应能力及速度,因此幼儿伤害的防范与安全的维护,大部分或完全需要保教人员的努力。

幼儿园伤害主要发生在户外活动中,在伤害中,以缝针、骨折(裂)等一般性伤害为主。

表7-7　幼儿园常见户外伤害因素

类型	危险因素	易见伤害
水池	观水、涉水、游水时,易跌入水池中	溺水,跌落/坠落
山石	攀爬石块或在石缝中躲藏,易被石块绊倒跌落或夹在石缝中挤压致伤	跌落/坠落,挤压伤,碰/击伤

类型	危险因素	易见伤害
滑行式,如滑梯	儿童从爬梯处登高,靠身体重力从坡道上滑下,易在最高处因拥挤而摔下,或在坡道逆行向上爬时跌倒,或滑至地面处崴脚	跌落/坠落,挤压伤,扭伤
攀登式,如攀登架	儿童可攀登上下,并在攀登架上做各种动作,易在攀登、嬉戏时跌落,或撞击攀登架	跌落/坠落,碰/击伤
悬吊式,如水平爬梯	上肢攀抓住比自己高的器械顶部栏杆或吊环以锻炼上肢力量,易因抓不稳器械而跌落,发生脱臼	跌落/坠落,挤压伤
起落式,如跷跷板	一块长板中心位置支撑在支架上,两侧乘坐儿童,轮流蹬地使之上下起落,跷跷板的两块板的连接处易夹住儿童身体,或易在起落时因没坐稳而摔伤	跌落/坠落,挤压伤
回旋式,如转椅	以转盘中心为轴,转盘边缘设座椅,在外力推动下旋转,旋转器械的曲轮的轴承易牵绊脚踝	跌落/坠落,挤压伤,碰/击伤
沙坑	玩沙时,沙子易进入耳、鼻、嘴内,或施工工地上的未经过净化的沙子易被儿童玩耍	异物卡或噎进身体开放部位

2. 安全管理制度不健全

幼儿园应该建立健全的安全管理制度,做到有章可循,同时加大执行力度。

幼儿园的安全管理制度,不仅包括伤害发生前的预防制度,还应该包括伤害发生后的急救措施处理制度。预防制度包括门卫制度、饮食卫生制度、交接班制度、活动安全制度等。急救措施处理制度指伤害发生后的处理预案,预案包括:保教人员都接受过急救训练、专门人员来协调和指导伤害发生后的处理、建立紧急联络的电话号码簿(家长、医院、消防队、救护车和警察局)、输送路线的安排和班级急救物品的配备。

安全管理制度制定的健全性并不等同于执行的健全性。管理不善、制度不严、监督不力往往是幼儿园事故发生的主要原因。有的幼儿园虽然有较完备的规章制度,但未能严格执行,例如,如果没有事前的训练和经常性的练习,保教人员难有熟练的技能和信心面对意外事故,那么,再精密的处理预案也是不够的。有的幼儿园不能根据具体情况的变化动态地调整、建立相关的规章制度;有的幼儿园简单模仿他园的规章制度,缺乏伤害事故预防的针对性。

当幼儿园增添新的器械时,保教人员应该慎重地考虑活动及器械可能存在的危险。因此,需要制定和执行相应的活动安全计划,这样既能够激发儿童的好奇心、探索精神、独立性,同时又能保证活动的安全性。保教人员在制定计划时,通常可以思考几个问题:活动方式是否适合学前儿童？对于体弱、残障儿童是否适合？活动过程中可能涉及哪些危险？需要什么特殊的预防、保护措施？在回答上述问题的过程中，过去伤害事故记录、新器械的安全使用说明，都能够帮助保教人员更加全面合理地制定活动安全计划。例如，体育活动中，高强度、高密度、难度过大以及较长时间的活动，易导致伤害事故的发生率提高，故应根据器械情况及常见伤害事故来制定活动安全计划。作为保教人员，首先必须明确的是，制定规则的目的是帮助孩子适当、安全、有效地使用游戏设备、建立互动，而不是约束孩子的活动，要避免因过多的限制而约束了孩子对环境的探索。当孩子渐渐了解危险并建立自我保护意识时，规则就可以减少。

不同的活动区域、年龄段、活动内容和活动方式都应该有一套适合的、有针对性的活动安全规则。在建立规则时，保教人员通常应该考虑以下因素：儿童年龄、儿童总数、器械和设备、场地、保教人员的人数、活动类型。一般来说，年龄越小，制定的规则应该越细致；活动越激烈或者难度越大，制定的规则应该越严格。当然，规则制定后，保教人员必须严格监督活动过程中儿童遵守规则的情况。保教人员用鼓励的方法引导儿童遵守规则，而不是用威胁的方法。活动开始前，应提示孩子需要遵守的规则。一旦活动开始，孩子依然很容易忘记规则，此时保教人员的监督显得特别重要，否则规则也就失去了意义。当孩子偶尔不遵从规则时，保教人员应该适时提示，如果提示无效，可以使用暂时离开法隔离孩子，同时简单告诉他规则及请他离开的原因，让孩子了解他的行为是不被接受的，一旦孩子的行为有适当改善，仍然请他回到原来的活动中。

活动开始前，保教人员还应该及时检查物品的摆放、活动安排和儿童的身心准备是否完成；活动开始后，孩子容易将注意力集中在活动中，保育者也应该对儿童的状态、物理环境、活动强度、密度等因素进行检查，这样才能有效避免伤害的发生。

表 7-8　运动前、中的检查

运动前检查要点	运动中检查要点
服装是够便于运动	运动时间是否过长
鞋是否跟脚	是否有适当的休息
是否已补充水分	运动姿势是否正确
是否吃过早餐	体力、运动能力与运动内容、难度是否相符
前一天晚上是否休息得好	是否边说笑边运动
是否饥饿	是否遵守安全规则
是否已去过厕所	是否持续做同一动作、同一活动
是否有充沛的精力进行运动	是否大量出汗

续　表

运动前检查要点	运动中检查要点
脸色是否正常	是否已补充水分
以前受伤的部位是否痊愈	是否饥饿
是否做了活动全身的热身体操	脸色是否正常
是否已做过容易受伤部位的热身体操	身体的活动是否正常
做热身体操时身体活动是否正常	呼吸是否困难
天气、气温、湿度是否适合运动	是否疲劳过度
户外场地是否存在危险	是否在强忍疼痛
是否已检查过运动时要使用的器械	衣物是否合适
是否已准备好运动时需要补充的水	户外场地是否有突发危险
是否已准备好应急使用的急救箱与冰袋	气温或者湿度是否过高

第三节　学前儿童伤害的预防

大多数伤害是可以预防的,伤害的预防是首要的。

20世纪80年代至90年代,一些国家从学前儿童生活、学习等各个方面考虑,制定了各种学前儿童伤害综合预防措施,努力降低伤害对于学前儿童造成的不良影响。近年来,各国对于儿童伤害的预防措施趋于整合化、本土化,同时考虑了学前儿童伤害预防不能照搬成人的预防模式,而是更要结合儿童的特点。

一、采用整合的综合干预措施

学前儿童伤害预防若仅仅局限在某个伤害类型发生的单个原因上,其效果并不太理想。伤害预防需要在社区、学校、家庭、卫生机构之间建立合作关系,采取将健康教育、环境改善、推广安全用具、院前急救、制定规章制度等整合在一起的综合干预措施,才能有效降低儿童伤害的发生率和死亡率。

(一)流行病学模型及危险因素理论

持流行病学模型的学者认为,传染病中作用物—宿主—环境的流行病学模型也适用于分析儿童伤害。与宿主相关的因素是儿童的年龄、性别和生长发育水平,作用物是损害机体组织的能量形式,环境因素包括物体的状况和社会心理状态。另外还存在一个施加者,只有这些相互作用时才会发生伤害。因此,如对儿童伤害发生的内在规律进行一定的了解,就能制定出预防措施。有人据此提出了预防的几项原则:预防危险因素的形成、减少危险因素的量、防止/减少危险因素的释放、减少危险因素释放率及空间分布、分离危险因素与宿主(从时间/空间等方面)、利用屏障分离对危险因素的抵抗能力、加强处理伤害的快速反应能力、加强有效的急救治疗和康复治疗的能力。

持儿童伤害的危险因素理论的学者指出,儿童伤害的关键在于了解周围环境可能对人体造成的伤害、危险性大小及影响伤害发生的因素。儿童伤害的一些危险因素是不能改变的,如年龄、性别、种族、经济状况等,另一些因素即环境和行为因素则能够进行有效干预。因此,针对不同伤害类型以及存在的不同的危险因素制定相应的措施,能够获得有效的预防效果。

(二) 4E 策略

有人将儿童伤害的综合干预策略概括为 4E,即教育干预(Educational Intervention)、工程干预(Engineering Intervention)、强制干预(Enforcement Intervention)、经济干预(Economic Intervention)。教育干预是指通过健康教育增强人们对伤害危险的认识,改变不良行为;通过对儿童及其父母的教育,提高儿童的安全意识、避免伤害的发生。工程干预是指通过对包含可能导致伤害的危险因素的各种器械进行控制,如改变环境、设备、家庭、玩具和衣服等的结构。例如婴儿床制造时必须减少床挡间距,以防止婴儿窒息;汽车安全座椅、学步车的规格等应针对学前儿童生长发育的特点进行设计,从而减少因器械设计上的失误导致伤害的发生。强制干预指国家通过制定相关的法律法规来对儿童伤害的某种危险因素进行干预。例如,美国、瑞典颁布法令规定,儿童骑自行车必须佩戴头盔,这一法令颁布后,相关伤害的死亡率减少了 40%,受伤的严重程度降低了 70%。经济干预指通过经济手段来减少和消除伤害发生的危险。如在开展儿童家庭安全环境建设的项目时,以较低折扣向家庭提供安全门等安全设施。个体的行为改变是伤害预防的重要因素。不论是何种干预,最终目的都是改变个体的行为。

(三) 主动预防和被动预防策略

在伤害预防措施中,根据宿主的行为,可以分为主动干预和被动干预。主动干预是指通过宿主主动采取措施使干预奏效,它要求人们每次暴露于危险环境中时,都要主动重复某种安全行为,如使用安全带;被动干预是指不需要宿主采取措施,而通过媒介因子或环境实现干预,是一种自发性的干预,如在车辆设计时安装安全气囊、安全带、汽车安全座椅,这些方法都已经被证明是可有效预防伤害的方法。

哈登认为，被动干预的效果优于主动干预。主动干预在促进宿主采取措施时，需要花费大量时间和成本，如需要对宿主进行交通安全教育，同时每次乘车时必须要使用安全带，而提高道路和车辆的安全性、不佩戴安全带会有提醒声音（被动干预）则更有效。因此，在实施时，应将主动干预和被动干预相结合，进行伤害的预防工作。

二、国家层面制定的预防政策体系

预防和控制儿童青少年伤害，首先是一种政府行为。

一些国家的经验显示，社会经济、环境改造都是有效的措施。具体来说，可构建完善的伤害预防和监测体系、建立以社区为基础的学前儿童伤害预防模式。

（一）构建完善的伤害预防和监测体系

预防政策中的核心要素之一是伤害的监测和统计。建立儿童伤害的监测平台有利于调查统计有价值的数据信息，全面监测和分析儿童伤害以及诱发的原因等，再有目的性地出台一系列的干预政策和措施。1989 年第一届世界伤害预防与控制大会中，国际社会商讨通过国际合作来探索预防伤害，减少伤害导致的危害，开展伤害治疗与康复工作，并使受伤的人们重返社区。由此，完善伤害监测成为合作解决伤害这一全球公共卫生问题的重要手段。

1. 开展监测的目的

我国伤害预防控制工作的开展起步较晚，目前来说，伤害基础性信息的收集工作尤为重要。通过持续、系统地收集、分析、解释和发布伤害相关的信息，能够实现对伤害流行情况和伤害负担的详细、全面描述，从而为制定伤害干预措施、评价干预效果、制定伤害预防与控制策略、合理配置卫生资源提供可靠的依据。

伤害基础性信息有不同的来源，其中包括社区调查、家庭医生记录、急诊室记录、住院病历记录、重症监护病房记录以及死亡登记等。其中，社区调查覆盖的信息量最大，包括所调查的居民从无伤害到因伤害死亡的各种类型；而以急诊室为基础的伤害监测，主要记录了医疗单位诊治的所有伤害。从伤害监测的可行性和可操作性的角度出发，大多数国家使用的是以急诊室为基础的伤害监测，并根据需要结合其他形式，如以网络为基础的病例报告系统为伤害监测提供了有利条件。

目前，我国已经建立了比较完善的死因监测系统，同时，国家相关部门也开展了不同类型伤害的信息收集工作，如道路交通伤害、职业伤害等。但是，从伤害发生的角度出发，全面收集伤害基础性信息的工作尚不完善。为探索以急诊室为基础而建立伤害监测系统在我国的可行性，中国疾病预防控制中心慢性非传染性疾病预防控制中心开展了全国伤害监测试点工作，发现我国的医疗机构的管理模式不同于其他国家，包含所有相关科室的急诊室并不普遍，因此，单纯以急诊室为基础开展伤害监测会导致大量的漏报，造成监测信息不准确。

为此,应调整监测方式,监测对象应更改为因伤害到医院所有相关科室就诊的患者。

2. 设计和建立伤害监测系统

为通过充分利用现有资源来描述伤害问题的严重性,从而健全卫生保健系统管理,制定计划者通常要问自己几个问题:

问题是什么(什么人、以何种方式受到伤害)?

原因是什么(主要危险是什么)?

有哪些起作用(怎样开展干预;哪些干预措施能够最好地降低风险减少危害)?

如何做(如何充分利用现有资源使儿童免受伤害或减少伤害;如果资源不足,如何解决)?

(二) 建立以社区为基础的学前儿童伤害预防模式

很多国家纷纷提出新的儿童伤害预防观点——以社区为基础的预防模式,即通过主动干预结合被动干预达到控制儿童伤害发生的目的,并对其预防结果进行了评估。

1989 年第一届世界伤害预防与控制大会正式提出了安全社区的概念,并且提出安全社区的标准,瑞典的一个社区通过了世界卫生组织的评审,成为全球第一个被认可的安全社区。2006 年 3 月 1 日,世界卫生组织授予山东省济南市槐荫区青年公园街道"安全社区"称号。2007 年,上海市静安区成为世界卫生组织安全社区网络中的行政建制区。另外,还陆续有其他社区获得该称号。当前,我国儿童伤害的预防已经成为社会的、综合的系统工程,形成了全社会关注和居民参与的局面。

在安全社区的标准中,与儿童安全有关的指标如下:(1)需成立一个由社区管理者、儿童及其父母、志愿者组织代表、有关技术人员以及安全专家组成的跨界组织,以伙伴合作模式,负责儿童安全促进事宜,由一名社区行政管理代表和一名志愿者代表共同担任负责人;(2)有儿童安全规章制度,这些制度由社区内的跨界组织制定。(3)长期、持续地开展儿童安全促进工作,并覆盖不同的性别、所有年龄阶段的儿童以及各种环境和状况。(4)有针对高风险人群、高风险环境以及脆弱群体的安全措施。(5)有记录伤害发展的频率及其原因的制度。(6)有评估规章制度、项目或措施、工作过程、变化效果的评价方法。(7)积极参与本地及国际儿童安全的相关活动。

安全社区计划在全球已经得到了广泛的认同和快速发展。安全学校是在安全社区的基础上发展而来的,考虑到儿童的发育特点,一些致力于安全社区工作的研究人员在意识到预防儿童伤害不能简单照搬成人的伤害预防策略和措施之后,于 2001 年在第十届国际安全社区会议上,探讨了实施安全学校模式以预防儿童伤害的可行性。与会者讨论并通过了一个合格安全学校的认证标准:(1)基于伙伴关系和协作关系的基础建设,成立一个由儿童、儿童监护人、教师和有关技术人员组成的跨界团体,以伙伴合作的方式,负责安全促进工作。(2)制定安全学校的规章制度。(3)制定长期的、可持续操作的安全学校促进项目,该项目涵盖不同性别和所有适龄儿童,并能适应各种环境与状况。(4)安全计划必须能够针对高危人群和高危环境,并且能够促进弱势群体安全。(5)安全计划能够描述伤害发生的频率和有关因素。(6)安全计划中应包含各种措施,这些措施是为了评估各项政策、项目、实施过程和变化效果的影响。(7)参与社区、国内和国际水平的安全学校网络活动。

三、学前儿童常见伤害的预防措施

针对学前儿童常见伤害的危险因素,应该熟知儿童伤害发生的主要原因,有针对性地开展相应的预防措施,减少儿童伤害的发生。

(一) 窒息

窒息是指人体的呼吸过程由于某种原因受阻或异常,所造成的全身各器官组织缺氧,引起组织细胞代谢障碍、功能紊乱和形态结构损伤。当人体内严重缺氧时,器官和组织,尤其是大脑会因为缺氧而广泛损伤、坏死。呼吸道完全阻塞造成不能呼吸只要 1 分钟,心跳就会停止。但只要抢救及时,解除呼吸道阻塞,呼吸恢复,心跳就会随之恢复。但是,窒息是危重症最重要的死亡原因之一。窒息分为机械性窒息、中毒性窒息、病理性窒息。机械性窒息是由机械作用引起的呼吸障碍,如缢、绞、扼颈项部,用物堵塞呼吸孔道,压迫胸腹部以及患急性喉头水肿或食物吸入气管等造成的窒息;中毒性窒息,如一氧化碳中毒,大量的一氧化碳由呼吸道进入呼吸道中,与血红蛋白结合成碳氧血红蛋白,阻碍了氧与血红蛋白的结合和解离,导致组织缺氧而造成窒息;病理性窒息,如溺水和肺炎等引起的呼吸面积的丧失。

窒息是 5 岁以下儿童伤害致死的第一位死因,低龄儿童是窒息预防的重点人群。如吃奶呛塞、吃奶时乳头堵住呼吸、气管异物、睡眠中被衣被堵塞口鼻等,都可造成窒息。

消除儿童睡眠环境中的潜在危险是防止儿童窒息的重要内容。防止婴幼儿被枕头、被子等闷住而窒息,松软的枕头、床上放置的布娃娃等都是潜在危险物品;另外,睡觉时不要盖过厚被子,更不要把被子、床单等蒙在孩子头上。

避免由于母乳喂养姿势不当而导致的窒息,母亲在躺着喂奶的过程中,由于很舒服就睡着了,这样乳房若压住孩子鼻孔,容易使孩子窒息。

防止儿童因进食或者误食造成气管内异物阻塞。小塑料球、玻璃球、硬币和纽扣等杂物很容易被儿童误食而引起窒息,保教人员应该严格保管此类零碎杂物,确保孩子的活动范围内不出现这些危险物品。花生、豆类、硬的糖果等东西容易滑入气管导致窒息,故不要让 3 岁以内的孩子吃这些食物,部分食物可以切碎或者榨汁后食用。不适当的玩具也可能是窒息的元凶,应该选择适合儿童年龄、能力、行为特点的玩具,避免选择以下玩具和设备:细小易吞食的玩具、不易清洗而易燃烧的玩具、有毒材料制作的玩具、没有获得合格证和安全标志的玩具、在激烈作用下易损坏的玩具、有锐角或尖锐物的玩具、小配件容易脱落或松动的玩具、构架或者底座不稳以及活动部位容易夹到手的玩具。

（二）中毒

中毒是指机体过量或大量接触化学毒物，引发组织结构和功能损害、代谢障碍，发生疾病或死亡。中毒的严重程度与计量有关，一次接触大量毒物所致的中毒，为急性中毒；多次或长期接触少量毒物，经一定潜伏期而发生的中毒，称慢性中毒；介于两者之间的，为亚急性中毒。

中毒主要发生在5岁以下儿童的身上。引起中毒的物质包含潜在的有毒物质和毒物，常见的有药品、洗涤剂、汽油、杀虫剂等。中毒主要发生在低收入和中低收入国家，家庭是最重要的发生的地点，缺乏成人看护易导致中毒的发生。

国务院妇女儿童工作委员会提出以下预防策略：加强儿童监护、识别常见的有毒物质、妥善保存和管理家中有毒物质、慎用高毒农药和消毒剂、注意合理通风、正确服用药物、使用儿童安全包装及非致死剂量包装、减少公共场所的中毒风险。

家庭内毒物或者潜在毒物的正确储藏是预防的重要环节。毒物或潜在毒物应有明确标签，放在橱柜中并加锁，放在儿童不能拿到的地方，从而成功地减少中毒的发生。药物一定要放在柜子里收好，或放到比较高的地方，尽量远离孩子的视线，对洗洁精、消毒水、卫生间清洁剂、杀虫剂等物品，也应收好。可以通过游戏的方法让儿童明白中毒的危害，知道应远离毒物或潜在毒物。

（三）跌坠

跌坠是指突发、不自主、非故意的体位改变，倒在地上或更低的平面上。世界卫生组织认为跌坠包括以下两类：（1）从一个平面到另一个平面的跌落；（2）同一平面的跌倒。

国务院妇女儿童工作委员会提出以下预防策略：加强儿童监护，安装护栏，设计、制造和使用安全的儿童娱乐设施，消除家中容易导致儿童跌坠的环境危险因素，设计和使用安全的儿童产品，运动时使用护具，做好热身运动，制定、完善和宣传儿童跌坠相关法律、法规，完善儿童跌坠医疗康复。

跌坠事故很容易导致儿童死亡，而建筑物的安全设计能有效地减少伤害。家庭和幼儿园的建筑应该符合安全标准，如窗户安装栏杆能够有效地减少因跌坠而造成的伤害和死亡；楼梯的设计在减少跌坠伤害方面有重要影响，台阶的高度和楼梯的倾斜度应该符合人体的生理特点，楼梯要装扶手；在阳台门口加上围栏，使孩子无法单独通过，不可在阳台上堆放可以垫脚的东西；可以在家具的边缘、柜子的凸出部分、有尖角的窗户上加装防护设施，或圆弧角的防护棉垫；给桌椅板凳的脚装上柔软材质的安全护角；尽量将孩子活动的空间布置得空旷些；在洗脸盆、浴缸附近，铺上橡胶地垫，防止滑倒；在地上贴止滑条和为孩子选防滑的鞋。

不要将儿童单独置于餐桌、床、椅子等高处，清除地上的电线绳索等杂物，保证室内和走廊有充足的照明,检查住房周围有无深坑、沟渠、开放的下水道等危险环境,从而更有效地预防儿童跌坠伤害。如果将儿童放在大床上玩,床的四周最好有护栏,或者一边靠墙,没有遮挡的地方用被子、枕头遮挡,但一定要放稳,以免压住孩子。应让儿童远离窗、灯具、加热器以及能爬上去的家具。3 岁以内的孩子的跌坠主要是由于成人照看不周,如从楼道滚落,甚至甩抛孩子失手所致,坐婴儿车时没有系好安全带也可能出现跌坠。

另外,儿童户外活动场地需要用有一定弹性、防滑性、行走舒适的地面铺装,减少坚硬、无弹性的混凝土铺装和雨雪天气易湿滑的硬质铺装。儿童户外活动的地面铺装材料选择应结合器械安全高度综合考虑,可用以下步骤进行评量:第一步,测定某个器械或整个活动场的最大下落高度;第二步,根据最大下落高度推算各种地面铺装材料所需要的铺设厚度,这个厚度所提供的安全下落高度应该等于或大于场内的最大下落高度;第三步,综合分析各类铺设材料的优缺点,决定何种铺装材料是合适的。

表 7-9   下落高度测量方法[①]

器械类型	下落高度	器械类型	下落高度
攀登式和悬吊式:下落高度为结构的最大高度;		起落式:任何部分能达到的最高点	
滑行式:下落高度为平台的高度			
回旋式:器械边缘儿童能坐或能站上部分的高度		摇荡式:悬挂点的高度	

表 7-10   不同铺装材料的安全下落高度[②]

材料	未压缩时的厚度			压缩时的厚度
	15 厘米	23 厘米	30.5 厘米	23 厘米
木屑	2.1 米	3 米	3.4 米	3 米
碎树皮	1.8 米	3 米	3.4 米	2.1 米

① (美)琳达·凯恩·鲁思.简捷图示儿童建筑环境设计手册[M].程瑾,译.北京:中国建筑工业出版社,2003:79—85.
② (美)琳达·凯恩·鲁思.简捷图示儿童建筑环境设计手册[M].程瑾,译.北京:中国建筑工业出版社,2003:79—85.

材料	未压缩时的厚度			压缩时的厚度
	15 厘米	23 厘米	30.5 厘米	23 厘米
工程木纤维	1.8 米	2.1 米	3.6 米	1.8 米
细砂	1.5 米	1.5 米	2.3 米	1.5 米
粗砂	1.5 米	1.5 米	1.8 米	1.2 米
细砂砾	1.8 米	2.1 米	3 米	1.8 米
中等砂砾	1.5 米	1.5 米	1.8 米	1.5 米
碎轮胎	3—3.6 米	参考供货商数据	参考供货商数据	参考供货商数据

（四）交通碰撞

交通碰撞是指碰撞导致伤害的事件，发生在道路上且至少包括一辆移动的车辆。道路交通伤害是指由道路交通碰撞导致的致命或非致命的伤害。

道路交通伤害的地区差异很大，最高值的地区是最低值地区的三倍，来自贫困家庭的儿童面临更大的风险，尤其是行人和骑自行车的儿童，因为他们暴露在不安全的环境中。不安全的道路设计、速度、过量饮酒和未能使用安全设备是主要的因素。

预防道路交通伤害需要不同行为者采取行动，并在更广泛的交通和城市发展政策中整合安全措施。例如，设计更安全的自行车道和行人专用区，为儿童提供安全的环境。

国务院妇女儿童工作委员会提出以下预防策略：加强儿童监护、提高儿童的醒目性、增强儿童危险识别能力、使用儿童安全座椅/安全带、佩戴头盔、减少骑乘非机动车时的违规行为、控制速度、杜绝酒驾、加强交通基础建设、调整车辆设计、完善道路交通伤害救护。另外，交通安全意识的健康教育是预防儿童交通事故伤害的重要环节。

为了减少儿童交通意外的发生，有关部门要加大交通法规的宣传力度，对司机进行定期教育，普及交通安全知识。儿童出门须有成人跟随。教育儿童不要在马路上追逐、打闹。

另外，用自行车带孩子时，要防止孩子在自行车行驶途中将小脚伸进轮子里。家长带领孩子外出乘坐汽车时，应该让孩子坐在儿童安全座椅里，装置儿童安全座椅时需要做好安全检查，确保不存在任何零件的松脱，以免影响保护效果。家长应该随着孩子的成长适时更换安全座椅。对稍大一些的孩子来说，他们会学着自己解开座椅的安全带，因此家长一定要随时检查安全带是否系好。

现在儿童离园回家的交通方式发生变化。幼儿园入口空间的交通可被分为动态交通、静态交通。动态交通又分为人行交通、非机动车交通和机动车交通，只有三者比例与儿童来园离园的交通特点相适应时才能形成交通通畅。部分居住区的部分道路等级只适合非机动车行驶和人行,或机动车单行,此时若来园离园时门口及其周边形成的强大车流、人流,必然给交通造成沉重压力。解决方法有:静态交通的因地制宜,建立健全交通督导员制度,鼓励公共交通。

(五) 触电

如果孩子把手指或物品插入插座中,就有触电的危险。家里最好使用安全插座,即有安全盖板或其他防护措施,尽量不使用能随处移动的接线板。装修时,应将插座安装在比较高的位置,至少在 1 米,让小年龄的孩子摸不到。不让孩子玩电灯开关和拧灯泡,也不要让孩子拆弄家用电器。不要将电线随意散落在房间里,电线如果有破损的地方,应马上换掉。

(六) 溺水

溺水是指呼吸道淹没或浸泡在液体中,产生呼吸道等损伤的过程。溺水 2 分钟后,人便失去意识,4—6 分钟后神经系统遭受不可逆的损伤。根据国际疾病的分类法,溺水分为故意性、非故意性和意图不确定三类。

溺水可能导致死亡,还可能造成持续性残疾,包括脑部损伤和终身健康护理支持。

国务院妇女儿童工作委员会提出以下预防策略:加强儿童监护、隔离儿童和危险水体、教授儿童游泳和水上安全技巧、培训公共安全救援知识和心肺复苏技巧、设立醒目警示牌并提供安全救援装置、提供安全游泳场所、划船时须配备漂浮设备、规范客运轮渡和小型船只管理、制定国家和地方级防洪预案。此外,国际同行提出的有效措施还有:清除水障碍物、安装四边泳池围栏、实施立即复苏。

加强对儿童的照看和对周围环境中的危险水源的防护装置,是减少儿童溺水的有效措施。儿童由于认知水平有限,对环境中危险的识别能力有限,即使是很浅的水也可能造成伤害。家庭中的浴缸、马桶等水源,城市中的喷泉、公园里的小河,水深虽然有限,但也足以使儿童溺毙。因此,在不洗澡的时候,一定要保证浴缸里没有水,最好随手关上浴室的门。郊区及农村中常有的水井、江河湖泊等,当儿童疏于看护时,很容易发生溺水。低龄儿童应该专人看护,远离水源。

(七) 烧(烫)伤

烧伤是指高温物质、电流物质、化学物质、放射线物质对人造成的伤害。烫伤是指热液、蒸汽、热水等高温物质接触皮肤造成的伤害。两者被统称为热伤害。

热伤害可以通过各种措施预防或控制,包括立法、改善环境、教育人们提高认识。加强安装烟雾报警器等对预防热伤害都是有效的,需要广泛实施。另外,援助倡议和提供高质量的烧伤护理对确保身心健康是有效的,需要得到广泛支持。

国务院妇女儿童工作委员会提出以下预防策略:加强儿童监护,远离火源;分隔人员,排查用电隐患；正确购买、使用爆竹烟花；设计、制造和使用安全的电子电器产品；配备和使用各类消防设施。

烫伤多发生在尚未明确形成安全概念的 5 岁以下儿童的身上，尤其集中在 2—3 岁幼童的身上。厨房是儿童烫伤发生的高危场所。儿童多由于抓翻盛有热油、热汤的铁锅或碗等容器而造成烫伤。

烫伤预防的重点是加强幼童看护，不要使他们暴露在有火源和烫源的环境中。教育孩子不玩火，加强对火、电、开水和蒸气等危险源的管理；热水瓶应放在孩子够不到的地方，如厨房里的桌子或高台上，煮熟的热粥、热汤也要放在高处，将厨房里的物品摆放整齐，不要随手乱扔，以免孩子不慎滑倒而造成身体摔伤或烫伤。吃饭时，把热汤放在孩子够不到的地方，等温度适宜后，再放到孩子跟前。儿童自取饮水宜备用温水；给孩子洗澡时养成先放冷水，后加热水的习惯。

（八）锐器伤

锐器是指具有锐利刃口或锐利的间断的物体，如剪刀、斧头、铁钉、玻璃片、铁锥等。锐器伤是指锐器破坏皮肤圈的完整性，使之分离形成创面。锐器伤可分为切、砍、刺、剪四种创伤。

第四节　学前儿童伤害发生后的处理措施

学前儿童伤害发生后需要实施一系列处理措施。

一、急救原则

保教人员的首要责任是给予受伤或者生病的孩子必要的紧急处理、减轻痛苦和预防残疾的发生，并向家长说明进一步的医护和照料责任。

1. 抢救生命

呼吸和脉搏是最重要的生命活动。在常温下，呼吸、心跳若完全停止 4 分钟以上，生命就有危险；超过 10 分钟，很难起死回生。若患儿呼吸、心跳已很不规律，快要停止或刚刚停止，还迟迟等待保健教师或者送医院急救，往往会造成不可挽回的后果。因此，一旦患儿的呼吸、心跳发生严重障碍时，应该立刻采取人工呼吸、胸外按压等急救措施，帮助患儿从被动呼吸、心跳转为主动呼吸和心跳，以维持其血液循环。

2. 防止残疾

发生意外后，在实施急救措施抢救生命时，还要尽量防止患儿日后留下残疾。例如，发生腰椎、颈椎骨折后,患儿不能移动身体,如果采用帆布等担架或者背抱以抬动患儿送院,那么可能虽挽救了患儿的生命,但是却因损伤脊髓而造成终身残疾;出现强酸或者强碱中毒时,如果采用呕吐法来挽救患儿生命,那么可能因进一步灼伤患儿的食道而造成残疾。

3. 减少痛苦

意外伤害往往会造成患儿身心极大的痛苦,因此,在急救时,保教人员应该保持镇静地陪在患儿身边,在搬动、处理时动作轻柔、语言温和。

二、病情评估

意外伤害发生得突然,儿童的病情变化比成人快,因此,保教人员必须在第一现场迅速、冷静地判断、评估病情的原因和轻重,以便决定采取何种措施进行急救。

判断病情轻重的重要指标是人体的基本生命体征:呼吸、脉搏、瞳孔,出血情况也应仔细查看,保教人员可以根据这些指标评估意外伤害的危险程度和类型,以便及时采取正确的措施。

1. 呼吸

检查患儿胸廓是否有起伏,鼻翼有否扇动,感受是否有气流由患儿鼻部呼出以及呼吸道是否通畅。如果患儿的呼吸频率时快时慢,时深时浅,呼吸不均匀,说明呼吸困难;如果呼吸已经停止,那么应该立即做人工呼吸。

2. 脉搏

检查脉搏是否跳动,婴儿脉搏可以由手臂上方内侧感觉出来;儿童的脉搏可以沿头旁的大动脉感觉到。如果脉搏跳动节律不齐,说明心脏功能和血液循环出现了严重障碍;如果心脏跳动停止,应该立刻做心脏胸外按压。

3. 瞳孔

瞳孔的直径一般为 3 毫米,遇到光线后能迅速收缩。如果患儿眼睛无神,瞳孔不会随着光线的增强而迅速缩小,甚至瞳孔会逐渐散大,对光线失去反应能力,那么,说明患儿生命垂危,必须立即急救。

4. 出血情况

一般来说,出血可以分为动脉出血、静脉出血和毛细血管出血三种类型,其中动脉和静脉出血比较严重,必须采取急救措施。动脉出血时有节律地喷射,血为鲜红色,出血量大,容易导致死亡,必须立刻采取止血急救措施;静脉出血呈流水般,血为暗红色。一般情况下,静脉出血较易自动凝固,但是如果不能凝固,也会由于失血过多而出现生命危险,因此必须采取止血急救措施。

以对患儿的病情评估为标准,可以将意外伤害分为有生命危险和不易出现生命危险的两大类别,并且采取不同的急救措施。一般来说,有生命危险的意外伤害包括溺水、触电、外伤大出血、气管异物、中毒、休克、气喘、头部伤害等意外伤害,必须在现场争分夺秒地进行正确而有效的救生措施。不易出现生命危险的意外伤害包括擦伤、割伤、其他小部位的皮肤外伤、动物咬伤、瘀伤、烫伤、眼伤、骨折、冻伤、中暑、流鼻血、刺伤、抽筋、扭伤等紧急问题。对于这类意外伤害,仍需做暂时性的急救,以减少二次伤害。

学前儿童伤害主要是后一种类型,保教人员必须掌握运用必要的急救技能,进行暂时性的急救。当然,保教人员也应该掌握必要的医疗救生技巧,以应对偶发的具有生命危险的意外事故。

三、重症伤害的急救措施

1. 人工呼吸

当儿童遭遇溺水、触电、中毒、痉挛、严重外伤时,常常伴有呼吸停止。可以将耳朵靠近儿童的嘴,倾听到其有无呼吸;或者大声呼叫孩子的名字,如果均无应答,那么,说明生命处于危险状态,必须立刻进行肺部复苏救生。

目前,国内外学者一致推荐的肺部复苏救生方式是口对口人工呼吸法,即通过口对口吹气,将一部分氧气吹入处于严重缺氧状态的患儿体内,使其胸廓有节律地扩张和收缩,以维持肺部的通气功能,进而转为自主呼吸。

口对口人工呼吸的操作方法如下:

(1)使患儿仰卧在坚硬的平面上,将手指伸入患儿的嘴内,迅速清除其口中的黏液和呕吐物;同时清洁自己的呼吸道。

(2)解开患儿上衣,一手掌压其额头,垫高颈部,使头部充分后仰,保持呼吸道通畅,另一手指捏紧患儿鼻子,深吸一口气,以口罩住儿童张开的口并且吹气(对于婴儿吹气时应该轻轻地,防止吹入气体过多导致肺破裂),吹气后抬头侧听,并观察患儿胸廓或腹部是否隆起,以确定空气是否进入肺部以及吹气力量是否合适。如果未见隆起,则应该检查呼吸道中是否有异物和急救方法是否有误;如果见隆起,继续人工呼吸,直到患儿建立自主呼吸或者医疗救援到达为止。

(3)人工呼吸的频率应该与患儿的自主呼吸频率一致,儿童人工呼吸时的吹气频率是每5秒一次,婴儿的吹气频率是每3秒一次。

(4)进行人工呼吸时,如果患儿开始呼吸,应该让他平躺,将脚抬高,并盖衣物以保温;如果患儿出现呕吐,可以将其颈部侧向一边。

2. 胸外按压

当患儿出现心脏跳动停止时,应该通过胸外按压的方法维持其血液循环,使心脏复苏。

胸外按压方法的工作原理和人工呼吸一样,都是通过人工方式建立自主心跳和血液循环。具体地说,即通过给不工作的心脏施加压力,使其收缩排出血液,压力解除,处于舒张状态,使心室又充满了血液,通过这一人工方法,使心脏从停止工作转变为自主工作。

胸外按压的操作方法如下:

(1) 让患儿仰卧在坚硬的平面上,这样有利于按压的效果。

(2) 站于患儿一侧,手平放在患儿胸部,掌根处于胸骨下 1/2 处,进行按压时垂直用力向下,使胸骨下陷 2—3 厘米,按压后立即放松。按压过程中,检查患儿有无反应,并且继续按压,直到患儿建立自主心跳或者医疗救援到达为止。

(3) 不同年龄婴幼儿的按压方式和频率应该是有差异的,否则反而会造成损害。对于较小的幼儿,只可以用单手掌根按压,每分钟按压 80 次;对于婴儿来说,可以将单手拇指并放于胸部第四肋间水平位置,其余四指托在背部进行,每分钟按压 120 次。

(4) 进行胸外按压时,如果患儿开始出现心跳,应该让他平躺,将脚抬高,保持血液循环;如果患儿出现呕吐,可以将其颈部侧向一边。

(5) 有的意外伤害会造成患儿的呼吸和心跳同时停止,此时必须同时做人工呼吸和胸外按压。

3. 呼吸道阻塞

造成 5 岁以下儿童死亡的原因中,很多是由于异物卡在喉咙处导致窒息而亡。一般情况下,只要孩子能够说话、呼吸,都能够通过强有力的咳嗽将这些异物咳出,但是,如果孩子无法自己咳出异物,并且出现了嘴唇和指甲呈青紫色、脸色苍白、说话无力、咳嗽无力、呼吸困难甚至呼吸停止的情况,说明异物并未咳出,患儿处于呼吸道阻塞状态,必须采取救生措施。

(1) 婴儿呼吸道阻塞的救生方法如下:

- 用手撑住患儿的颈部和脖子,让患儿面朝下卧于手臂上,使其颈部低于其胸;或者让患儿面朝下且颈低于胸,俯伏在救生者的大腿上。
- 用手掌根快击患儿背部两肩胛间四次。
- 将患儿转身仰卧,将他放在救生者的大腿或者一个坚硬的表面上,颈部仍低于胸部,用 2—3 根手指快速向上推压患儿胸骨四次,旨在使气管内的气体排出来,使呼吸道通畅。
- 重复进行一系列的上述动作:四次击背、四次推压胸部,使患儿从仰卧再变为俯卧,直到排出异物。
- 如果患儿意识不清,应该立刻停止上述操作而进行人工呼吸。如果患儿胸廓隆起,继续进行人工呼吸;如果胸廓未隆起,应该在人工呼吸后,击背、压胸各四次,并且检查口中是否有异物。

- 即使患儿已经能够开始正常呼吸,还应该继续得到医生的监护。

（2）幼儿呼吸道阻塞的救生方法如下：

- 站在或者跪在孩子身后,用胳膊围住他的腰部。
- 一手握拳,将拇指包在其他手指内,握起拳头。
- 握拳的手快速抵住患儿的上腹部（肚脐上方,靠胸骨下方）。
- 用另一手抓住握拳的手。
- 屈肘在上腹部指定位置上快速挤压、敲打四下。
- 重复上述动作直到异物从喉部或者呼吸道内排出。
- 如果患儿意识不清,应该立刻停止上述操作而进行人工呼吸。如果患儿胸廓隆起,继续进行人工呼吸;如果胸廓未隆起,应该在人工呼吸后,重复上腹部挤压、敲打动作各四次,并且检查口中是否有异物。
- 即使患儿已经能够开始正常呼吸,还应该继续得到医生的监护。

4. 出血情况

婴幼儿意外伤害常常伴有出血。如果动脉或者静脉出血,可能会很严重,应该立刻采取急救措施,可采用指压止血法。

指压止血法操作如下：

（1）找到出血部位,去掉伤口上的碎屑物。

（2）如果无骨折现象,可以抬高患儿的流血部位,使其超过心脏。

（3）如果出血量大、伤口太大无法有效覆盖,可以使用定点按压的方法：即用拇指按压住出血血管的上端（近心端）,压闭血管,阻断血流。按压5—10分钟后再松手。

表 7-11 不同出血部位的按压点

出血部位	指压部位
面部	面部双侧的下颌角
腋窝、肩部	在锁骨上凹处向下、向后摸到跳动的大动脉
手指	将手指屈入掌内,握成拳状
手掌、手背	在腕关节内的跳动处
大腿	屈起大腿,在大腿根腹股沟处的跳动处
脚部	在踝关节下侧、脚的背面可摸到的跳动处
太阳穴	下颌关节

和体外大出血一样,体内大出血也能造成生命危险,尤其是头部伤害造成的内出血。由于内出血是体内血管破裂,体表并无伤口,症状可能在受伤后几小时甚至几天后才出现。因

此,保教人员应该仔细观察头部伤害后患儿是否有如下情况出现:脸色苍白、频繁呕吐或者喷射状呕吐、严重的头痛、昏睡、从鼻子或耳朵中流出透明液体或者出血、协调感或者平衡感下降等。

5. 中毒

发生中毒的途径主要有三条:通过消化道吸收的中毒;通过呼吸道吸收的中毒;通过皮肤、黏膜沾染的中毒。婴幼儿最主要发生的是误食中毒和煤气中毒。儿童中毒后的主要症状有:恶心、呕吐;腹部绞痛或者腹泻;口舌唇发紫;不安;失去方向感和意识模糊。

(1) 误食中毒后的急救措施:为了减轻毒物对人体的损伤,主要采用催吐——洗胃的措施。具体地说:

① 通过查看误食的毒物、口头询问、观察等,判断儿童误食的毒物的性质,从而决定应该采取何种急救措施。如果发现口腔有红色灼烧现象,就可能是误食了强碱、强酸或者石油制品类的毒物。

② 如果确定误食的毒物不是强碱、强酸或者石油制品类,首先应施行催吐,催吐时可以用手指或者汤勺压住孩子的舌根或者喝催吐药进行;其次是洗胃,让儿童喝清水或者洗胃液,然后再催吐、洗胃,如此反复进行。

③ 如果误食毒物是强碱、强酸或者石油制品类,不可催吐,否则会在吐出毒物时造成呼吸道的再次灼伤,但是可以洗胃,应尽快送医院。

④ 如果无法确定是否为强碱等腐蚀性毒物,最好选择清水等进行洗胃,这样既能够达到洗胃排毒的功能,又能够保护胃黏膜。

⑤ 在催吐、洗胃的过程中,仔细观察儿童是否有休克或者呼吸困难现象,让儿童的头部低于胃部,以免再次吸入毒物。

⑥ 急救现场,要收集吃剩的东西和呕吐物,以供医生检验毒物的性质,为进一步治疗提供依据。

⑦ 如果毒物食入已超过 4 小时,则可能已经进入肠道,应该立刻送至医院。

(2) 煤气中毒。

煤气中毒主要是由于空气中一氧化碳过量引起的。过量一氧化碳吸入体内,会引起人体缺氧。轻度中毒者,表现为头晕眼花、恶心乏力、耳鸣等,严重中毒者,会处于呼吸困难、休克的状态。煤气中毒时的急救措施为:

轻度中毒:将患儿抬离中毒现场,到户外等新鲜空气处,通过新鲜空气的吸入,驱散血液中的一氧化碳。

重度中毒:对于处于呼吸困难甚至停止的患儿,必须立刻进行人工呼吸和胸外按压,并且及时送至医院。

6. 触电

如果只是短时间地接触了低电流，电击伤不会很严重，如果接触的是高电流或者雷击，就会导致严重的烧伤、内外部损伤、心跳呼吸障碍、神经系统受损，甚至直接死亡。当遭遇比较严重的触电事故时，应该采取的急救措施是：

（1）尽快切断电源、拔掉插头、关掉电门。

（2）站在干燥处后，检查孩子是否依然与电流相连，如果依然相连，必须采取木棒、干绳等绝缘工具将电线挑开，将孩子拉出。

（3）检查孩子的呼吸、循环系统是否正常工作，一旦发现问题，立刻进行人工呼吸和胸外按压，直到送入医院。

（4）检查有无灼伤和休克症状，进行适当的处理。

7. 烫伤

由于儿童皮肤薄嫩，烫伤很容易对儿童造成很严重的损伤。按照皮肤受伤的深浅程度，可以将皮肤的烫伤分为三度：

一度烫伤，只伤及表皮，皮肤发红、微肿，无水疱，局部疼痛，2—3 天后即可消失；

二度烫伤，伤及真皮，皮肤发红并且起水疱，疼痛剧烈；

三度烫伤，全层皮肤受损，甚至较深的组织也会坏死，皮肤和皮下组织烧焦。

按照皮肤烫伤的部位，可以分为头面部、肢体、躯干、呼吸道等部位的烫伤。一般来说，如果有呼吸道、眼睛、脸部以及生殖器的烧伤，无论病情如何，必须立刻送至医院。

急救措施是：

（1）烫伤发生后，首先必须去除热源，如用水冲掉身上的热粥、热汤，如果是石灰烫伤，则不能用清水，而要先擦去残留的石灰。

（2）除去被高温液体浸透的衣物，必要时可以用剪刀剪开衣物。

（3）对于一度烫伤的急救，应该将烫伤部位浸泡在冷水中，或者用流动的清水冲洗，至少10 分钟以上，然后在局部涂上烫伤膏。

（4）对于二度以上的烫伤，首先检查孩子呼吸和循环的状况是否正常，如果有异常情况，必须立刻进行心肺复苏并且止血。其次进行烧伤创面的处理，将水疱挑开或者剥去痂皮都可能引发并发症，油腻的软膏也容易使灰尘和细菌聚集，导致伤口感染。应该用一层经消毒的纱布贴敷于创面上，上面盖上无菌绷带包扎，并送至医院。

8. 溺水

溺水是儿童常见的意外伤害死因。如果溺水孩子已经停止了呼吸和心跳，应该采取积极的急救措施：

（1）立刻进行人工呼吸和胸外按压。

（2）利用海姆立克急救法，排出肺中的积水。

（3）心肺复苏过程中，孩子一旦出现呕吐现象，应该将其头部侧向一边，以减少窒息的风险，并密切观察是否存在休克现象。

（4）为了预防肺部残留水分引发的肺炎等并发症，即使急救后患儿心肺复苏情况良好，也必须送至医院治疗。

9. 气喘

近年来，由于过敏性反应、感染或者压力，儿童急性气喘的发生率在上升，如果处理不当，气喘发生时往往为了要呼吸而作强烈挣扎，可能有生命危险。

气喘时的急救措施是：

（1）备有急性气喘的药物。

（2）让患儿进行慢而有深度的呼吸，尽量放松自己。

（3）让患儿喝些水或者果汁，以补充由于急性呼吸而失去的水分。

（4）当患儿出现意识模糊、嘴唇青紫时，必须立刻送至医院。

四、常见伤害的急救措施

1. 割伤、擦伤和其他小部位的皮肤外伤

这是儿童伤害中最常见的类型，其急救的目的主要是止血和避免感染。处理方法是：

（1）洗净双手。

（2）用干净的纱布直接盖在伤口上止血。

（3）为伤口消毒，消毒过程必须由伤口中心向外，旨在减少伤口的细菌量。

（4）用消毒绷带包扎伤口。

2. 流鼻血

意外的碰撞、过敏、挖鼻子或者鼻塞充血，都会导致儿童流鼻血。一般的止血法是：

（1）让儿童坐着，不要让头向后仰。

（2）用冰湿布冷敷鼻梁以减缓出血。

（3）紧捏住鼻孔，至少 5 分钟。

（4）如果出血不止，可以放个棉球在鼻孔，捏住鼻孔 10 分钟，当鼻血停止后再慢慢取掉棉球。

（5）在数小时内不要剧烈运动或者擤鼻子。

（6）利用这一方法，能止住大部分的流鼻血现象，如果超过半小时仍不能止血，必须就医。

3. 眼伤

孩子的好动和好奇可能导致各种眼伤。当眼睛受到硬物突然撞击时,必须进行急救:

(1) 让孩子保持安静。

(2) 若出血,可用冰袋敷眼 15 分钟。

(3) 直接加压在眼睛四周以止血,但是不可以压到眼球;洗净伤口并覆盖消毒纱布。

(4) 如果孩子说看不见,或者说看到黑点、亮光,必须立刻送至医院。

当沙、粉末或者灰尘微粒等异物进入孩子眼内时,应该提醒孩子不要用手揉眼睛,以免伤及眼球,一般情况下,自然产生的泪水能够将异物冲出眼外。如果进入眼内的异物是可见的,可以用干净纸巾或者手帕的一角挑出异物或用温水将异物冲出;如果异物不易取出,可以用干净纱布贴住眼睛,送至医院诊治。

当异物刺入眼球时,切勿急于取出,应该先用纸杯、漏斗或者小的硬纸盒将眼睛和异物一块盖住,再用纱布盖住未受伤的眼睛,并用绷带缠住头部以固定纸杯和纱布,提醒孩子闭上双眼以减少受伤眼球的转动,同时送至医院诊治。

当纸张、玩具或者手不小心划过眼睛,也会造成孩子疼痛,并且不断流泪,此时,应该用纱布盖住孩子的双眼,并且带孩子就医。

当化学物品灼伤孩子的眼睛时,应该迅速让孩子的头转向被灼伤的一边,并用大量温水冲洗眼睛,至少冲 15 分钟。同时,送至医院救治。

4. 骨折

骨折主要有两种:一种是骨折部位的皮肤没有破裂的皮下骨折(封闭性骨折),另一种是皮肤破裂出血,甚至有骨骼鼓出的开放性骨折。

如果将骨折误认为是磕碰或者扭伤而未采取急救措施,延误了治疗,可能延长治疗时间或者留下后遗症。因此,当孩子正在运动时感到身体某个部位疼痛,保教人员应该立刻检查疼痛的程度、肿胀情况以及是否能走动,以判断孩子是否骨折。如果保教人员发现受伤孩子有以下症状,那么就能够基本确定为骨折:

受伤部位剧烈、持久疼痛:骨折部位跳疼,活动或者按压该部位时疼痛加剧。敲打附近部位时,也会影响到骨折的部位。

不能活动:手脚骨折时,稍微活动一下都会感到剧痛,也不能完全屈伸。

骨头形状异常或者畸形:骨骼折断,从正常部位鼓出后,皮肤上会出现鼓起或者坑洼,用手触摸时非常明显。手脚骨折时,折断的一侧也可能比正常一侧短。

骨头突出体外:开放性骨折能够看到断骨外露。

肿胀:内出血,并开始肿胀。儿童多发生骨膜不破裂的不完全骨折,肿胀较少。

骨骼活动异常:骨折没有完全折断时,平时不能动的部位可能会错位移动;折断的骨骼会相碰发出"咯吱咯吱"的声音。

全身的休克症状：骨折程度严重时，会发生轻度休克现象，脸色苍白、出冷汗、呼吸和脉搏变弱。

受伤部位周围的肤色异于平时。

一旦确定孩子为骨折后，应该尽快采取以下急救措施后，送医院接受诊治：

（1）不要轻易搬动患儿，尤其是背部或者颈部受伤时更不应随意移动，否则会损伤脊椎。骨折后如果强行脱下衣物，有可能使骨折进一步恶化，必要时要用剪刀剪开衣物。

（2）如果有伤口，应该先做处理。如果骨折部位有伤口流血（开放性骨折），首先要处理伤口，不可以清洗伤口，需要用消毒纱布盖住伤口、敷上纱布，再用毛毯或者坐垫固定，但是不能触及伤口。

（3）选择长短、粗细合适的夹板，缠绕上纱布或者绷带。夹板可以用临时卷起的杂志、毯子、尺、伞、木板或者厚纸板代替，长度应为骨折部位上下关节之间的距离，宽度比骨折处最细的部位宽。如果夹板直接接触皮肤造成疼痛的话，可以先用毛巾或者纱布包好夹板后再使用。

（4）用绷带固定夹板。缠绕绷带时不需重叠。只要使夹板不移动就可。不要绷得太紧，否则会有不良影响。注意绷带结不要打在伤处。膝盖或者踝部可以塞入折叠的毛巾来固定。

（5）让孩子保持温暖，并仔细观察是否有休克现象。

（6）可以将固定夹板的位置用枕头垫高，并且用冰袋敷于患处止痛，同时送至医院就诊。

5. 冻伤

在非常寒冷的日子，如果给婴幼儿穿着衣物过少，容易发生冻伤。冻伤部位多见于鼻、耳、双颊、手指和脚趾。表现为：皮肤如蜡般苍白，也可能出水疱，儿童可能感到极度疼痛，也可能毫无感觉。冻伤的处理方法是：

（1）用毛毯包住儿童以保暖。

（2）用温水浸泡患处使之暖和（水温逐渐上升，不可以用热水）。

（3）不要揉搓或者按摩冻伤部位，以免加重受冻组织的伤害。

（4）用消毒过的纱布包扎患处。

6. 热衰竭和中暑

在夏季或者强烈日照下的剧烈运动，身体里的热量散发不出来，体温就会上升。同时，大量出汗使身体失去水分，血液循环不畅，易引起肌肉、内脏出血以及体温调节机能失调。轻度会发生热衰竭，重度则是中暑。在身体水分不足、缺乏锻炼、不习惯气候、疲劳、睡眠不足、腹泻、发烧、贫血时，都可能引起热衰竭或者中暑。

处理儿童的热衰竭和中暑时，基本原则是最大限度地让孩子凉爽，调节热能消耗。

表 7 - 12 热衰竭和中暑的急救措施

	症状	急救措施
热衰竭(无生命危险,但若不及时处理,可进一步发展成为中暑)	皮肤苍白、冰冷、多汗而潮湿; 虚弱或昏晕; 口渴; 恶心; 头痛; 体温正常	让儿童在阴凉处躺下; 用冷水擦拭或者冲洗儿童全身; 每隔 15 分钟,喂儿童喝水
中暑(有生命危险)	皮肤干燥、泛红; 昏睡无力; 呕吐; 意识不清; 下腹部绞痛; 头痛; 体温高达 38.8—41.1℃	立刻送医院急救; 途中,脱去外衣,用冷水擦拭儿童全身或者冲洗儿童全身,最大限度地让孩子凉爽; 抬高儿童腿部,减少休克的可能性; 假如儿童是清醒的,喂儿童喝些水; 发生痉挛时,让儿童咬住手绢,防止咬到舌头; 恢复知觉后,让儿童喝淡盐水或者水,并且呼唤儿童,按摩全身,防止其再次失去知觉,并且送至医院就医

7. 抽筋

运动过量容易引起婴幼儿的抽筋,为了减少并发症,抽筋后应该采取以下急救措施:

(1)小心地将儿童移在安静处,侧卧在地板上休息,以免窒息,同时仔细观察儿童是否仍在呼吸,如果呼吸停止,应该立刻进行心肺复苏并送至医院;

(2)为了帮助儿童正常呼吸,可以松开其颈部和腰部的束缚物,也不要压住儿童,更不要强塞任何保护物到儿童紧闭着的口中。

8. 刺伤

大部分位于表皮下的刺伤,可以用消毒过的针和镊子取出,取出刺后,消毒患处并用绷带包扎。如果扎得太深,不要强行取出,应就医诊治。

9. 扭伤

扭伤是关节附近肌肉组织受伤。通常采用"RICE"紧急处理方法:

(1)Rest(休息):孩子受伤后,往往会心神不定,但乱动会引起肿胀甚至出血,因此,应该陪同在孩子身边,使其尽量保持安静,不再活动,让伤处好好休息。

(2)Ice(冷敷):冷敷伤处可以达到收缩血管,抑制疼痛、内出血、肿胀的作用。将装入冰的袋子或者专用冰袋敷于伤处,15—30 分钟保持静止不动。如果直接冷敷太凉,可以垫在袜子或运动服上,或包在毛巾里。

(3)Compression(压迫):用绷带或者布带缠绕,压迫伤处,可以抑制内出血和肿胀、减少疼痛。但要注意,避免过紧缠绕,防止血液循环不畅而压迫神经。

(4) Elevation(置于高过心脏处):将伤处置于高过心脏处,可以避免血液大量流向伤处,可抑制疼痛、内出血和肿胀。如果伤到了脚,可平躺并在脚下垫上枕头。

通常情况下,骨折和扭伤往往很难作区别,保教人员可以根据骨折的判断指标加以确定,一旦明确为骨折,不能随意搬动,须固定并送去医院。

五、伤害发生后的转运

学前儿童伤害发生后,病情严重者需要及时转运,快速、正确的转运工作,有助于学前儿童得到及时的救助。

1. 保持镇静,保护好现场,及时拨打急救电话

遇到意外事故时,不要慌张,要保持镇静,保护好现场,及时拨打急救电话120。

简明扼要地介绍患儿的主要病情。要详细告知患儿的姓名、性别、年龄、地址(街道、门牌号码、附近标志)和家长(看护者姓名)。打完电话后,最好有一个人在附近的路口或者路旁等救护车。

当发生意外伤害,而现场没有其他人可以帮忙时,应向周围大声呼救,请求来人帮忙或设法联系有关部门,不要单独留下患儿无人照管。

2. 转运前的注意事项

在周围环境不危及生命时,一般不要随便搬动伤员,暂时不要给患儿喝任何饮料或进食。

转运前要做到固定骨折的肢体、控制出血、包扎好伤口、固定颈部及脊柱。对于呼吸困难、窒息的患儿,置于后仰位,托起下颌,使呼吸道通畅,同时施行人工呼吸、胸外按压等心肺复苏操作。

遇到严重事故、灾害或中毒时,除急救呼叫外,还应立即向有关卫生、防疫、公安部门报告,现场在什么地方,患儿有多少、伤情如何、做过什么处理等。

3. 转运时的注意事项

搬运患儿时,切忌将患儿从地上随意抱起,应尽量使患儿保持平卧位,急救人员位于患儿一侧,双手平铺从患儿身体下方将其托起,平抬平放,尽可能将患儿置于急救担架上,也可用木板替代。最好用救护车转运患儿,用普通车辆转运时应保持患儿途中平卧,避免震荡及颠簸。不要喝水,吃东西,因为外伤后急诊手术需要禁食禁水,尤其因多采用全身麻醉方法,要保证胃处于排空状态。采取仰卧位,头部不垫枕头,昏迷患儿应头偏向一侧,防止呕吐窒息,不要让患儿处于坐位或立位;随时清除患儿口腔、鼻腔内的呕吐物和分泌物,以防误吸。

六、学前儿童创伤后应激障碍的干预

伤害会引起个体一系列的生理、心理的应激反应。尤其是自然灾害发生后,学前儿童的

心理创伤发生率和严重性都超过成人,在遇到重创后的精神影响非常严重,易出现创伤后应激障碍症状,容易产生逃避、自伤、违法等行为,具有较高的焦虑和抑郁倾向,这种伤害具有长期性,甚至是终身的。因此,了解发生伤害后学前儿童心理创伤的症状、心理创伤干预的方法,灾难发生后对学前儿童心理伤害进行及时和有效的救助,显得重要而紧迫。

(一)创伤后应激障碍的内涵

创伤后应激障碍是指突发性、威胁性或灾难性生活导致个体延迟出现或长时期持续存在精神障碍。其临床表现,以再度体验创伤为特征,并伴有情绪上的易激惹和回避行为。其特点是经历严重的灾难,而这种灾难会直接导致障碍者的身体受到损伤、安全受到威胁;或者经历他人死亡,及其他严重的身体安全受到威胁等情况。

创伤后应激障碍的基本症状是:重复体验创伤事件、回避行为和过敏性。反复痛苦地重新体验或者梦到这种痛苦;回避但不能回忆(遗忘)创伤性体验的某一重要方面,避免谈论任何与创伤有关的情感和实践,并且对一般事务麻木,对细小的事情过分敏感;易激惹,注意力不易集中等;对周围事物的安全产生担心和恐惧;产生一系列的退化或社会退缩行为,表现得比实际年龄更为幼稚,如有吮吸手指,尿床等,或过度依恋(黏人)。

部分患儿会随着时间自愈,也有部分患儿会转化为长期的慢性病。

(二)学前儿童创伤后应激障碍的特点

学前儿童在面对伤害带来的破坏时,现有的应对机制无法应对已经发生的伤害时,就会产生创伤心理。具体特点如下:

1. 发病率较高

学前儿童是创伤后应激障碍的高危人群,其发生率约30%—60%,易引发抑郁症、孤独症和焦虑症等多种精神性疾病和行为障碍。

2. 症状表现

学前儿童创伤后应激障碍的表现不会像成人一样明显。由于语言能力的限制,常常是从其行为中发现症状。学前儿童的行为反应往往两级发展,一种是直接和更剧烈的反应,另一种则是麻木和呆滞。症状具有一定的隐蔽性,可能看上去很正常,但是内心非常痛苦。

1—5岁的儿童表现为吮吸手指、尿床、害怕黑暗、黏父母、畏惧夜晚、大小便失禁、说话困难(如口吃)、食欲减退等。5—10岁的儿童,表现为易怒、哭诉、黏人、攻击性行为、寻求父母的关注、畏惧夜晚、做噩梦、害怕黑暗、逃避上学、在同伴中退缩、在学校失去兴趣或不能专心等。

3—5岁的儿童可能否认死亡的事实而只关心他们自己的需要,例如,谁会照顾他们,他们有时也会通过表述自己的愿望来表达感受。

（三）学前儿童发生创伤后应激障碍的影响因素

学前儿童发生创伤后应激障碍的影响因素是多方面的,是复杂的交互关系共同发生影响的。只有基于对影响因素的深入分析,开展及时的心理干预,对创伤后应激障碍的预防和改善才能真正有效。

1. 个人因素

心理因素有焦虑敏感、归因方式、应对方式、社会支持等。许多因素会加重学前儿童的心理伤害:经历巨大的破坏和恐怖情景,儿童自己受伤或遇到困难;灾难中不能迅速撤离、撤离受阻或延迟;失去家园、学校或财产;失去宠物;过去曾经经历过某种形式的损失、灾害或其他事件。

2. 家庭因素

家人或同伴死亡;看到重伤员或死亡;家庭成员失踪;与家庭受到的创伤程度,尤其是家庭完整性有关。家庭成员中有人员伤亡,将增加发生创伤后应激障碍的可能性;当家庭中母亲有创伤后应激障碍时,其子女的创伤后应激障碍的发生率将大大增加。父母的关心程度也是重要影响因素。

3. 社会因素

家庭和社会恰当的干预(物质帮助、精神抚慰等)能增强儿童的应对能力,减少创伤后应激障碍的发生率。

（四）学前儿童创伤后应激障碍的干预

现有研究大多是从创伤后应激障碍医治的角度来讨论的。近年来,有学者认为,这种最初运用于成人的心理救助忽略了学前儿童的身心发展特点,没有考虑到伤害对学前儿童的冲击力和产生的后果具有差异性,对学前儿童的心理伤害的干预需要充分考虑其身心发展特点,不能完全照搬成人的干预模式,学前儿童的心理本身就处于变化的非稳定状态,他们的认知、情绪和自我意识水平处于不断成熟的过程中,应倾向于从以下方面出发进行救援。

1. 遵循优势视角理论

优势视角理论强调赋权、抗逆力、伙伴关系、同理心以及原生资源在心理重建中的运用,强调人类精神的内在智慧,强调所有人都有应对糟糕境遇的内在转变力量。在优势视角理论的指导下,社会工作者扮演倾听者、合作者、理解者、启发者、同行者的角色。从儿童的整体成长来看,我们不仅要正视儿童的心理问题,干预其心理发展轨迹、重构正常心智,还可以引导儿童发现自身优势、挖掘自身潜能。

2. 建立起全方位的社会支持系统

学前儿童心理救援的关键是创造一个良好的社会支持系统,在帮助儿童消除认知偏差的同时,加大社会支持系统的力度。促进康复的心理基础主要有:归属感、安全感和自信心。在伤害紧急救援的过程中,即使在避难设施里面,也应该开始实施对儿童心理损伤的帮助,促进其康复。营造一个有安全感的环境,协助儿童重建原有的控制感和安全感。温和的话语与身体接触,如拥抱、亲吻、握手等肢体接触可以增强儿童的安全感。提供人性化的安慰和支持,如对其经历表达同情和认可,是心理援助的重要方式,可保护儿童远离进一步的伤害,满足其基本需要。

3. 运用整合的思路选择适合学前儿童的干预方法

干预疗法可以分为两类:以语言为中介的疗法和以非语言为中介的疗法。以语言为中介的疗法在矫治由不合理认知或信念所引起的心理疾病时有效,但在处理情绪障碍、创伤体验等以情绪困扰为主要症状的心理问题时,效果就不太显著。以非语言为中介的疗法有游戏疗法、艺术疗法,例如综合式艺术疗法、音乐疗法、绘画疗法,还有认知行为疗法。

由于创伤后儿童通常会采取各种防御机制来保护自己,例如否认、退化、幻想、逃避等,与他们进行交流、实施辅导干预有一定的难度。因此,对学前儿童的干预措施适合采用以非语言为中介的疗法,尽量多采用游戏方式进行,或者运用绘画、音乐为媒介,辅助儿童更自然地表达出痛苦与恐惧。同时,对于学前儿童的危机干预不能仅仅局限于某一种方法,而应该尝试运用整合的观点。

(1)游戏疗法:通过治疗性的游戏,并借助引导技巧,与儿童的互动,来发现特殊问题,有助于儿童在现实世界中真正改变。

(2)艺术疗法:即使用艺术(绘画或音乐)的思考去除创伤儿童的心理障碍,解决危机以及转化内在的冲突,并通过行动表达出来。艺术疗法是比谈话更重要的方法。艺术疗法不同于谈话等其他的教育方式,可让儿童讲述失落的故事以及表达哀伤的感受。在悲伤的过程中,将这些内在的情绪经验表达出来,进而将这些经验转化为积极向上的力量和意念。

① 以综合式艺术疗法为例。这种疗法使用沙、水、玩具模型等象征工具对儿童进行心理援助。疗法中使用的沙、水、玩具模型三者所产生的非语言性特征和游戏性特征,为儿童提供了安全表达内心世界的通道,从而实现深层次的心理治愈。

② 再以音乐疗法为例。成人与儿童进行语言交流沟通,很难达到治疗所需的程度。尤其是在创伤发生的两个月内,交谈干预治疗甚至很危险。大量温情慰问或热情鼓励,也许反而加深了其内心残酷记忆与美好场景的矛盾,或许强化了儿童对心灵的锁闭性防护。可以根据儿童的年龄特征、地域文化、家族背景等多元因素,制定个性音乐治疗方案,促进他们自我唤醒,激发对未来的热情,进行体会、再现、表达,并接受悲哀。音乐的波动,短期内可以优化儿童的性情、心态和智力。适当运用也会有一定效果,然而其操作难度比较大。

③ 再以绘画疗法为例。绘画疗法在儿童的心理治疗中具有简便易行的优势。对于低龄

儿童来说,除了安排足够的玩具、鼓励他们玩耍之外,还可以给儿童一面墙,让他们在上面作画,可以给他们一些小主题,例如地震时,我家发生了什么事情? 或者以绘画的方式编写故事,再以团体讨论的方式拓展每个人的经验。

绘画过程为儿童创造了一个安全的过渡空间,有助于他们将内外世界连接起来。绘画使人拥有满足感,它没有标准答案,每个人都可以有成功的可能。绘画还有宣泄情感的作用,绘画的过程中儿童可以宣泄不满、压抑和烦恼的情绪。总之,绘画疗法能在一定程度上帮助儿童走出心理阴影。

表 7-13　绘画疗法的实施原则

方法	原　则
重在心理救治	重在心理救治而不是为了教学辅导
引导儿童动手	原则上要先考虑儿童的肢体功能、手眼协调能力、体力耐力,然后再为儿童设计出难易度适中,能引发其高度兴趣的活动
营造群体氛围	以个体为主,并结合群体治疗,会取得较好效果
多维互动活动	在幼儿园开办艺术展览、墙报、兴趣小组等多维的互动活动,有助于增强群体意识
慎重诠释作品	不强求儿童在伦理、美学上的判断,放下自我判断和自我意识的包袱,完全融入创作当中

艺术疗法的目的不是追求审美,而是在于心理,因此过程更为重要。对儿童绘画的诠释是我们进入儿童心理世界的重要途径,但并非每个治疗活动的必要过程。

(3)认知行为疗法。

具体操作方法主要包括:对症状的重新认知;想象创伤场景或不良情绪并加以控制;对创伤情境分等级并实施放松技术;利用想象技术增强控制力;引导进行积极的活动;同伴交流焦虑管理的方法。

认知行为疗法可以单独进行,也可以适当组织家长进行辅导,并可以利用幼儿园环境在一日活动中开展。这一方法适用于轻度及中度的创伤后应激障碍。如果是严重患儿,或者伴有创伤性精神病症的患儿,不适用于此方法。

4. 紧急干预时应该避免的事项

不要否定儿童的想法。干预者必须建立起合理即正常的理念,即涵盖在这个模式中的任何想法和情感都是正常的。

不要批评儿童出现的退化行为,如吮吸手指、吮吸奶嘴等,这些退化行为是学前儿童对突发灾难表现出的常见的心理反应。

问题与思考 ————————————————————————●

1. 观察一所幼儿园的户外活动,结合伤害发生的原因,寻找潜在的安全隐患,并尝试提出优化建议。

2. 观察与记录一所幼儿园的活动室,结合伤害发生的原因,寻找潜在的安全隐患,并尝试提出优化建议。

3. 练习儿童发生气管异物时的急救方法(又称海姆立克急救法)。

4. 学习《中华人民共和国民法典》中与校园伤害有关的内容,结合本章内容,从法律的视角进行理解。

参考文献

1. 陈荣华,赵正言,刘湘云.儿童保健学(第5版)[M].南京:江苏凤凰科学技术出版社,2017.

2. [美]J·瓦西纳.文化和人类发展[M].孙晓玲,罗萌,等译.上海:华东师范大学出版社,2007.

3. [美]珍妮特·冈萨雷斯－米纳,黛安娜·温德尔·埃尔.婴幼儿及其照料者:尊重及回应式的保育和教育课程(第8版)[M].张和颐,张萌,译.北京:商务印书馆,2016.

4. 孟昭兰.婴儿心理学[M].北京:北京大学出版社,1997.

5. 柳倩,徐琼.0—3岁儿童健康与保育[M].上海:华东师范大学出版社,2012.

6. 庞建萍,柳倩.学前儿童健康教育与活动指导(第3版)[M].上海:华东师范大学出版社,2023.

7. 顾荣芳.学前儿童健康教育论(第三版)[M].南京:江苏教育出版社,2009.

8. 桑标.儿童发展[M].上海:华东师范大学出版社,2014.

9. [美]艾略特·阿伦森,乔舒亚·阿伦森.社会性动物(第12版)[M].邢占军,黄立清,译.上海:华东师范大学出版社,2020.

10. 李立明,姜庆五.中国公共卫生理论与实践[M].北京:人民卫生出版社,2015.

11. [美]丹尼尔·利伯曼.人体的故事:进化、健康与疾病[M].蔡晓峰,译.杭州:浙江人民出版社,2017.